New Wun Ching Developmental Publishing Co., Ltd.

New Age · New Choice · The Best Selected Educational Publications — NEW WCDP

第三版

民主法治與生活

總編纂　田博元

主　編　余元傑　趙學維　林文斌

作　者　趙學維　黃源謀　黃明棋　林信雄
　　　　陳溪清　李育禹　黃坤山　吳建德
　　　　張蜀誠　林文斌　李明正

Democracy and
the Rule of Law

Third Edition

國家圖書館出版品預行編目資料

民主法治與生活/趙學維等作；余元傑, 趙學維, 林文斌
主編. － 三版. － 新北市：新文京開發, 2018.09
　　面；　　公分

ISBN　978-986-430-451-6（平裝）

1. 民主政治　2. 法治

571.6　　　　　　　　　　　　　　　　107014910

民主法治與生活（第三版）　　　　（書號：E423e3）

總 編 纂	田博元
主　　編	余元傑　趙學維　林文斌
作　　者	趙學維　黃源謀　黃明棋　林信雄　陳溪清
	李育禹　黃坤山　吳建德　張蜀誠　林文斌
	李明正
出 版 者	新文京開發出版股份有限公司
地　　址	新北市中和區中山路二段 362 號 9 樓
電　　話	(02) 2244-8188（代表號）
Ｆ Ａ Ｘ	(02) 2244-8189
郵　　撥	1958730-2
初　　版	西元 2016 年 08 月 31 日
二　　版	西元 2017 年 09 月 01 日
三　　版	西元 2018 年 09 月 10 日

總序
Preface

　　廿一世紀是人類重新反省並重建人文價值的新世紀，以人為本的人文教育受到重視，尊崇人性的人文精神更成為教育理念的核心。歷經上一世紀「重科技，輕人文」的偏差發展，所導致人類價值觀念的變化，已然對人類自我以及自我所處的社會與自然環境產生負面影響，原本美善的人類本質受到衝擊，而人類賴以生存的社會與自然亦受到破壞。雖然科技達到空前發展，人類生活得到前所未有的便利，然而精神層次的空虛貧乏卻造成生命意義的失落，即使物質世界日新月異目不暇給，徒然使人迷失於外在華麗的堆砌，找不到內在心靈的依靠。

　　廿一世紀的大學通識教育，正是為了補「重科技」之偏，以救「輕人文」之弊，提出科學與人文並重的教育方向，並進一步直指問題的關鍵，以人文價值的建立為一切教育的根本目的，從而奠定人文精神在通識教育的核心地位。中國的「人文」觀念源遠流長，先秦時期「以人為本」思想的成熟之作《易傳》，即提出「人文」一詞以與「天文」對舉，《周易·賁卦·彖辭》說：「剛柔交錯，天文也；文明以止，人文也。觀乎天文，以察時變；觀乎人文，以化成天下。」「人文」在此泛指一切由人類所建立的文明，包括精神與物質層面，它與「天文」一樣燦然可觀。人類以天道運行為範式，高度發揮自主力量的結果，其成就自是可與頭頂之天比擬。源於《易傳》的「人文」一詞，所指涉的相當於現代所謂廣義的人文的概念，近人譯介西方教育思想，則常以之作為「humanism」與「humanities」的中譯。進一步區分之，則「humanism」指人文精神；「humanities」指人文學。不論以之作為廣義或是狹義，皆說明「人文」是吾國本有的思想，「以人為本」是我中華民族的文化本質。因此，廿一世紀人文精神的重建，實際上是一種固有傳統美德、優良文化的復興。

嘉南藥理大學自創校時代起，即注重學生人文素養的培育，專業教育與通識教育並重，以貫徹全人教育的辦學理念。自九十一學年度起，更提升通識教育委員會層級，由校長擔任主任委員，同時更名人文社會中心為通識教育中心，重新規劃通識教育之理念方向與課程架構，以與全校各系之專業課程應合，使之相得益彰，共同提升本校學生的專業知能與雅博素養。

　　九十二學年度起，本校通識課程規劃更趨完善，分為「核心通識課程」與「發展通識課程」，前者以培養學生的基礎能力為目標，包含「文學」、「哲學」、「英文」、「台灣史」、「憲法」、「資訊」、「體育」、「國防教育」、「勞動合作教育」等課程；後者以擴展學生視野、涵養博雅氣質為目標，分從「人文」、「社會」、「自然」、「生命」、「藝術」五大領域，提供多元的知識觀點，幫助學生據以建構省思生命價值與意義的基礎。

　　九十七學年度起，因應本位課程的推動，本校通識課程再度調整：核心通識部分，增列「素養導向」課程，而將原有科目統整為「基本能力」與「認識臺灣」課程；發展通識部分，增列「外語領域」，而將「生命領域」併入「自然領域」。此一全新的課程設計，符合教育部「推動大學通識核心課程方案」八大核心能力之建議，並兼顧在地化的人文關懷與全球化的宏觀視野，必能使本校學生並具專業能力與通識素養，成為「博雅的專業人」，當完成學業踏出校門進入職場，不僅擁有紮實專精的競爭力，更是一位重視操守、胸襟寬闊、樂觀奮鬥的美善的人。

　　本校「通識叢書」編撰計畫，源於本人忝任社會科學暨管理學院院長時之構想，並在九十五學年度正式啟動付諸實行，由本人擔任總編纂，通識教育中心主任、文化事業發展系主任及資深教授擔任主編，敦請各領域學有專精的教師參與編撰，預計完成全系列專為科大學生編寫的通識教科書。此一「通識叢書」編撰計畫，以核心通識課程用書為起點，逐步擴及

發展通識課程用書。目前核心通識「基本能力」課程的「中國文學欣賞」、「應用文及習作」、「英文聽講訓練」、「英文閱讀寫作」等科目,「素養導向」課程的「中國哲學導論」、「藥物科技應用概論」、「環境永續與生活」、「健康與生活」等科目,以及「認識臺灣」課程的「台灣歷史與文化」、「民主法治與生活」科目,已陸續完成或正進行教材編纂,部分科目並於九十六學年度起正式使用本「通識叢書」作為教科書,為授課教師與修課學生提供莫大便利與助益。本校將持續針對發展通識「人文」、「社會」、「外語」、「自然」、「藝術」五大領域所開設的近百門選修課程,審慎評估,精擇內容,延攬授課教師編寫教材,充實本「通識叢書」內涵,嘉惠莘莘學子。

　　期盼在「通識叢書」編寫團隊的共同努力下,本校通識教育能幫助學生養成美善的人格,並落實在生活實踐上,不僅自我能發現生命的意義,建立生命的價值,也讓自我賴以生存的社會安和樂利,自然環境永續長存。

田博元　序於嘉南藥理大學文化事業發展系講座辦公室

　　2011 年我們出版了《公民素養：民主法治與生活》一書，經過 3 年多的教學經驗與檢討後，並鑑於近年台灣國內外政治、經濟、社會變化快速，在 2014 年中再度修訂內容，決定邀請新作者一起加入、增刪內容，並將書名更改為《民主法治新論》。時光荏苒，2014 年迄今，雖不過 2 年多，但台灣國內外發生許多重大事件，如：外有歐盟治理問題、東亞及跨太平洋的經濟整合；內有立法院改選及總統大選導致的二次政黨輪替、兩岸關係的「馬習會」…等，都對台灣民眾有深刻的影響。因此，作者群經過數次討論，認為有改寫、更新需要，在 2016 年初著手繕寫。我們基於原有章節架構，邀請更多學有專精的作者加入，並適度修改章名、重新調整內容，如：加入新近的法治與民主政治案例和說明，調整部分不合時宜文字和段落，以使全書讀來更為簡潔、順暢。不過，2016 年 5 月民進黨再執政後，進行諸多政策改變，影響兩岸關係、勞動權益等。作者們因此決定即時修訂。

　　以下簡述各章變動部分，以利讀者及使用本書作為教材的老師參考。由趙學維撰寫第一章〈緒論〉維持原架構內容並增訂例舉；黃源謀撰寫的第二章〈大學校園的生活法律〉維持原架構內容並修訂例舉；黃明棋撰寫的第三章〈婚姻與家庭〉維持原架構內容並加修訂；第四章由林信雄撰寫的〈職場與工作〉，增列討論「一例一休」的爭議及相關修法；陳溪清、李育禹撰寫的第五章〈權利的救濟－訴訟程序〉維持原架構內容；第六章〈我國的選舉制度與公民投票〉由黃坤山、吳建德、張蜀誠、李明正撰寫；林文斌撰寫的第七章〈民主政府體制〉及第八章〈國際與兩岸關係〉則加以修訂，並更新兩岸關係的進展情況。

我們期待第三版的《民主法治與生活》有助於技職體系同學，更容易明瞭民主生活和法治社會的種種規範，也感謝使用本書作為相關課程教材的老師們，並希望不吝繼續給我們建議，讓本書更臻至善。

　　　　　　　　　余元傑、趙學維、林文斌　謹識於嘉南藥理大學

目錄
Contents

CHAPTER
1 緒 論

> 民主並不是什麼好東西，但它是我們迄今為止所能找到最好的一種制度。
>
> 　　　　　　　　　　　　　　　　　　　　　　　－前英國首相邱吉爾
>
> 　長期而言，民主的確具有自我糾正的機制，這使得我們可以修正存在的問題，只不過，有時候自我糾正的過程緩慢而耗時。
>
> 　　　　　　　　　　　　──法蘭西斯・福山，《歷史之終結與最後一人》作者

壹、民主與立憲主義

　　臺灣從 1987 年解除戒嚴，開始邁向民主化的過程中，同時目睹了 1989 年中國大陸的六四天安門事件、前東歐社會主義國家的民主抗爭，以及 1991 年底的蘇聯解體。從當時的趨勢來看，民主化的浪潮勢不可擋；美國政治學者法蘭西斯・福山於 1989 年發表的〈歷史之終結？〉一文，更讓世人深信「自由民主是普世價值」。

　　時序進入 2018 年，回顧民主政治過去 30 年在世界各地和台灣的進展，卻讓人無法過度樂觀。第一個警訊，就是全球民主政體的數目與比例經過 1990 年代的成長後，正逐漸下降。根據長期關注各國自由民主狀況的「自由之家」觀察，全世界可歸類為自由民主國家的比例，從 1987 年的 34.5%上升至 2007 年的 46.6%，其後就逐漸下降至 2017 年的 45.1%(Freedom House, 2018)。進入 21 世紀後，雖然有 2004 年 11 月在烏克蘭爆發的橘色革命以及 2010 年 12 月底從突尼西亞開始的茉莉花革命，但是，除了突尼西亞成功轉型為民主國家外，烏克蘭政府經歷了貪腐和復辟的政權交替，在 2014 年被俄羅斯用保護俄國公民的藉口兼併了東部的

克里米亞。2003 年美英聯軍入侵伊拉克以及「阿拉伯之春」帶給北非和中東地區的，是無休止的內戰和難民潮，並造成「伊斯蘭國」(ISIS)恐怖組織的壯大。亞洲的泰國，也在 2014 年發生軍事政變，推翻了民選政府。這些都是民主退潮的鮮明跡證。

如果民主退潮的趨勢只發生在社會經濟條件不夠成熟的新興民主國家，我們還可以辯稱這些挫敗是學習過程的一部分。但是，2016 年 11 月，億萬富豪川普(Donald Trump)當選美國第 45 任總統的結果，卻讓世人對於美式民主的前途充滿疑懼。川普的當選對於民主的衝擊，除了他是美國歷史上第五位贏得「總統選舉人團」票，卻在普選票輸給對手的少數總統外[1]，也表現在競選期間他對於女性與少數族裔的歧視言論，以及他強調美國安全與經濟利益優先，不再堅持人權自由價值的外交政策上。關於美國總統選舉制度以及美國外交政策的轉變對於國際關係的影響，本書將在第七章和第八章進行比較詳細的討論。但是，民主的過程導引出令人疑懼的結果，人類歷史上出現過不只一次類似的情景。本章的目的，就是要從民主意義的演變來說明人類尋找最能保障人性尊嚴的政治制度的過程和現有的結論，也就是法蘭西斯‧福山宣稱的－民主的自我纠正機制。

---

[1] 美國憲法規定，美國總統透過「總統選舉人團」投票產生。全美國總共有 538 位總統選舉人代表，總統候選人必須獲得過半數（270 票）的選舉人代表票方可當選。各州總統選舉人代表的數目，是該州聯邦參議員和聯邦眾議員數目的總和。全美國 50 個州有 48 州都用「贏者全拿」的原則來分配選舉人代表票：只要候選人在該州的普選票領先，該州所有的選舉人代表票便全部投給此候選人。這種「贏者全拿」而不依得票比例分配選舉人代表票的計票方式，很容易出現少數總統。根據 2016 年美國總統大選的計票結果，川普獲得的普選票比希拉蕊‧柯林頓(Hilary Clinton)少二百九十多萬票，相當於總票數的 2.1%，但是川普贏得 30 個州的 306 張選舉人代表票，所以是川普當選。

一、民主的意義

　　大學教授在教每一門課的時候，都要先對專有名詞下定義，看過印度片《三個傻瓜》這部電影的讀者應該不會陌生。本書也不例外，只是在介紹學者專家對民主所下的定義以前，我們想先請讀者試著替民主下一個您自己的定義。

　　根據筆者的教學經驗，一般大學生在課堂上對於民主的定義，最常見的是「民主就是選舉」、「多數決」、「少數服從多數」，比較有學問的同學還會提出「統治者必須獲得被統治者的同意」的答案。這些答案代表民主確實已經落實成為台灣民眾日常生活的一部分，從班級幹部到總統，大家都知道必須透過選舉來產生。這個「民主就是選舉」的觀點曾經被一位奧地利學者熊彼德(Joseph R. Schumpeter)用一種比較學術的方式表達出來：

 **定　義**

　　民主是政治領袖透過競爭性的普選程序獲得選民支持，來做成政治決策，或是選擇統治者的一種制度安排。(Schumpeter, 1976: 269)

　　熊彼德把民主當作一種選舉程序的定義，其實是對古典民主理論的修正。他認為 18 世紀洛克、盧梭以來的古典民主理論過於強調公民的理性，以為民主是公民自己決定「共善」(common good)的具體目標後，透過選舉選出民意代表和國家領導人來實現全民意志的制度設計。熊彼得指出，工業革命以來，經濟結構和社會利益日趨複雜，即使選民都很理性，由於信仰和利益的差別，也很難對所謂的「共善」，或是追求「共善」的手段達成共識。古典民主理論的另一個問題是，如果公民都很理性，也能充分了解每個重要的公共議題，並且做成決定的話，民意代表和政治領袖

就只是被公民選出來執行政策的工具而已，居次要的地位(Schumpeter, 1976: 269)。

熊彼德認為古典民主理論高估了公民掌握公共議題與理性審議的能力，低估了政治領袖與領導能力在民主政治所扮演的角色。因此，他提出修正的民主理論，主張：民主政治只是一種程序或遊戲規則，並不是甚麼普世價值的追求；選舉的意義在於有志角逐權力的政治菁英向人民推銷自己，而不是由選民主動推舉最信任的人物擔任公職（江宜樺，2001：29）。熊彼得在 1943 年提出的這個定義，相當程度反映了 20 世紀初歐洲主流社會和學術界對於民主的理解。值得注意的是，這種強調程序民主、菁英民主的理論，忽略了人民參與公共事務、有效監督執政者的價值，很快就面臨嚴峻的挑戰。

第一次世界大戰後，德國面臨鉅額戰爭賠款的負擔，經濟蕭條失業嚴重，引發多起社會暴動。德國民意轉向支持強調社會秩序、降低失業人口的右派，希特勒領導的納粹黨趁勢崛起。納粹黨執政後，先是利用國會縱火事件，逮捕當時國會第二大黨共產黨的領袖，並禁止共產黨員參加國會改選。改選後，納粹黨的國會席次比例從 33%增加到 44%，在國會裡聯合其他黨派並透過脅迫或賄賂的手段，強行通過《授權法》，把國家權力完全交給內閣。有了《授權法》的依據，納粹政府拒絕承認戰爭賠款，並取締所有非納粹政黨，最後發動了第二次世界大戰(Evans, 2003)。如果根據熊彼德對民主的定義，納粹黨是透過民主的選舉取得政權，由國會多數決制定的《授權法》也合乎法定程序，可是程序民主的結果卻踐踏了威瑪憲法的民主共和，造成人類歷史的一大悲劇。這個慘痛的教訓說明，民主的理念雖然可以包容極左的共產黨和極右的納粹黨，但是如果不善加維護民主價值本身，就有可能被表面打著民主旗號實際上卻是反民主價值的政治勢力所顛覆。

經過納粹執政的歷史教訓，世人對於單方面強調多數決民主的缺陷，有了更深刻的體認。戰後德國基本法建立了所謂「防衛性民主」的制度（法治斌、董保城，2004：17~19，33，44~48，100~102）。法政學者也進而修正了關於民主的定義，不再把多數決等同於民主。

多數決的界限：

1. 不可用多數決拋棄國民主權原理和權力分立原則（例如：否定民主共和體制而恢復君主制；制訂「授權法」將國家權力完全授予行政機關，授權行政機關任命或遴選國會議員。）

2. 多數決原理正常運作所不可或缺的基本權利，例如：言論、講學、著作、出版自由，和集會結社自由，不可藉多數決來否定其內容。

3. 攸關少數民族權益、身心障礙民眾權益、或政策風險必須由特定地區住民承擔的政策議題（例如：核電廠和垃圾焚化爐的場址），必須對直接利害關係人的意見予以最大尊重，避免形成多數暴力。（李鴻禧，1982：51~52）

畢生研究民主政治的美國耶魯大學榮譽教授道爾(Robert Dahl)總結歐美與二次大戰後新興民主國家的經驗，認為民主政治必須完全符合「公開競爭」與「包容（成員）」兩大標準，前者代表一個政體自由化的程度，後者則是平等原則普及化的表現。根據這兩大標準，道爾整理出衡量政體多元程度的六個制度上的必要條件，也被多數學者引用為評斷一個國家民主程度的指標：

民主政治的制度要件：

1. 有決策權的官員及議員，都必須經由選舉產生。

2. 選舉必須自由、公正、定期。

3. 人人擁有表達意見的自由，不必擔心為此遭到壓抑或懲罰。

4. 法律保障人們可以自由取得獨立的、不受政府控制的訊息。

5. 公民有集會結社的自由，以表達或追求共同的意見與利益。

6. 普及的公民身分：每一位永久定居且守法的成年人，都擁有行使上述五項政治制度所必須的權利。（道爾 Dahl，1999：98~99）

　　從「程序民主」到強調多數決有其界限，再到民主政治的制度要件，民主的定義變得越來越嚴密，民主與不民主的差別，不再只是有沒有全國性選舉而已，還要看是否有相關的法律可以保障反對黨與弱勢群體的自由與權利。一個國家的民主狀態可能進步，也可能退步，關鍵就在於相關的思想、言論、新聞、資訊、出版、集會結社等自由受到法律實質保障的程度。

　　總結這一段關於民主意義演進的介紹，目的只是想提醒讀者注意以下三點：

1. **多數決和選舉不等於民主**：多數決只是民主決策的一種方式，或計算選票勝負的一個基本原理。民主政治必須保障人民的基本權利，假如多數的決議侵犯人民的基本權利自由（例如決議要少數去跳太平洋），被侵犯的少數，可以透過公正的司法程序來宣判這個決議違反憲政原則而無效。一個不容許反對黨存在的威權政體，或是選舉制度明顯不利於在野黨的國家，就算選舉有超高的投票率，也不能算是民主國家。（江宜樺，2001：34）

2. **民主政治強調政治機會的平等**：民主相信「多數」只是暫時的，今天的少數以後也有機會變成多數。因此，民主的制度要尊重每位公民表達意見的自由、集會結社自由與參政權，並防止多數暴力的發生。這才是「多數尊重少數、少數服從多數」的民主精神的真諦。

3. **不同立場之間的溝通和說服是提升民主品質的必要條件**：民主保障公民表達意見自由的目的，一方面要讓民眾可以獲得不受政府控制的資訊，以便做成更明智的決定，另一方面則希望立場不同的公民能理性傾聽對方的意見和道理。因為多數的意見不一定就是最正確的決定；少數的意見就算不正確，傾聽和溝通的過程卻能夠豐富我們對事情的理解，降低雙方的敵意，這樣才有可能找出社會的共識，建立共同努力的目標。

二、立憲主義

　　前面關於民主定義與內涵的說明，基本上是根據西方自由主義民主(liberal democracy)傳統的理解[2]。自由主義萌芽於 17 世紀英國的憲政革命，發展於 18 世紀的啟蒙運動，而茁壯於 19 世紀的資本主義社會。自由主義主張每個人都擁有一些基本的自由與權利，為了確保個人自由的行使不致妨礙他人的自由，才同意組成政府來維持秩序和治安。可是自由主義很清楚人性難以抵抗權力誘惑的缺陷，因此不信任柏拉圖主張的哲學家皇帝，或是貴族統治。為了防止執政者大權在握以後，蛻變為難以駕馭的怪

---

[2] 立憲主義雖然強調憲法是國家的最高規範，但是這並不表示有憲法的國家都符合自由主義民主的精神。例如中共所信奉的社會主義民主，強調「工人階級領導的，以工農聯盟為基礎的人民民主專政」、「民主集中制」、「社會主義經濟制度的基礎是生產資料的社會主義公有制」，就和自由主義民主強調的「政治機會平等」、「分權制衡」、「尊重私有財產」大相逕庭。

獸，必須用種種方法減少它濫權的機會。第一種方法是以憲法為根本規範，把一些重要的個人自由列為不可侵犯的基本人權，這就要確立「法律主治」的傳統。第二種方法就是分散權力的職掌單位，以避免政治權力的專擅，這就是分權制衡的設計（江宜樺，2001：143，286~287）。自由主義用來防止政府濫權的這兩種方法，具體落實到政府制度的設計上，就成為立憲主義(constitutionalism)的規範。其內涵至少包括以下五點：

1. 國民主權：或稱為主權在民原則。憲法雖然是國家最高規範，但是必須由國民全體來行使憲法制定權。國民主權原則同時還表現在透過定期改選國家領導人和民意代表，產生具有民主合法性的政府，以及公民投票。

2. 法治國家：政府必須依法行政，依法審判；若無法律依據，施政者不得擅自限制人民之權利，或課以義務。

3. 權力分立：政府的權力要分別交給行政、立法、司法三種機關來分別行使，互相監督制衡，不能完全集中在行政部門身上。

4. 基本權利保障：法律的保障和司法訴訟程序上的保障。

5. 違憲審查，或稱為司法國家原則：司法權具有審查國會的立法和行政機關的命令有無違背憲法之權限。

　　以上五點內涵中，法治國家原則是立憲主義最重要的組成部分，許多憲法學者歸納的法治國家要素和立憲主義的內涵往往互相重疊[3]。筆者愚見以為，國民主權與權力分立的具體內涵與實際政治運作密切相關，比較適合從民主政治針對人性缺陷所設計的制度邏輯來進行討論，我們將在第

---

[3] 例如，美國法學家 Louis Henkin 整理的立憲主義七原則，和德國學界對於法治原則內涵的界定，幾乎完全相同。關於 Louis Henkin 整理的內容，請參考：林子儀、葉俊榮、張文貞，2003：10~11；德國學界的界定，請參考：法治斌、董保城，2004：49~52。

六章和第七章加以說明。基本權利的保障與救濟和法治國家的思考邏輯相同，但是更貼近讀者生活上的需求，我們在第五章會比較具體的說明訴訟程序的設計。這裡先介紹法治國家和違憲審查兩個原則的主要內涵與思考邏輯。

貳、法治國家

　　法治國家原則和立憲主義都是自由主義從 17 世紀以降，不斷對抗專制、獨裁、暴君、酷吏而發展出來的概念。古典自由主義對於國家權力的基本態度，就是「有限政府」、「最好的政府是管理最少的政府」。為了限制政府對人民生活的干預，除了要把權力的職掌機關分散開來，避免政治權力的專擅以外，更要設計一套嚴謹的法律體系來約束政府的行為，才能保障人民的基本權利。即使後來社會經濟情勢改變，國家的角色逐漸從有限政府轉變為社會福利國家，人民要求國家積極介入經濟社會生活，以消弭貧富差距、設定最低工資與最高工時等勞動條件，但是國家在實踐社會福利原則時，仍然必須一併注意法治原則的要求（法治斌、董保城，2004：87，90~91）。因此，認識法治國家的核心概念可以說是現代公民必備的基礎素養。我們在這一節先介紹依法行政原則、比例原則和平等原則，然後在第二章到第五章，用生活中常見的法律議題來說明這些原則的應用。

一、依法行政原則

　　法治國家原則要用法律來約束政府的行為，其具體的表現就是依法行政原則。依法行政原則要求行政權必須受立法權所制訂的法律所拘束，這個原則是由「法律優位」與「法律保留」兩個原則所構成。

1. 法律優位

　　法律優位原則是一個法律規範位階的問題。根據這個原則，在一個國家的法律體系裡，憲法的地位最高，其次為法律或條約，接著是法規命令，最後就是地方自治規章，而下位法律牴觸上位法律者無效。我國憲法也明文規定：法律與憲法牴觸者，無效(§171)；命令與憲法或法律牴觸者，無效(§172)；省法規與國家法律牴觸者，無效(§116)；縣單行規章與國家法律或省法規牴觸者，無效(§125)。

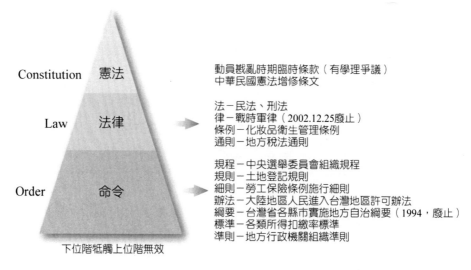

Constitution　憲法 ─ 動員戡亂時期臨時條款（有學理爭議）
中華民國憲法增修條文

Law　法律 ─ 法－民法、刑法
律－戰時軍律（2002.12.25廢止）
條例－化妝品衛生管理條例
通則－地方稅法通則

Order　命令 ─ 規程－中央選舉委員會組織規程
規則－土地登記規則
細則－勞工保險條例施行細則
辦法－大陸地區人民進入台灣地區許可辦法
綱要－台灣省各縣市實施地方自治綱要（1994，廢止）
標準－各類所得扣繳率標準
準則－地方行政機關組織準則

下位階牴觸上位階無效

⊃ **圖 1-1　法律的位階**

　　憲法只有一部，很好辨認，可是法律和行政命令要怎麼區分？根據我國《中央法規標準法》的規定，法律專指立法院三讀通過，總統公布的社會規範。這類規範只能有四種名稱：法、律、條例、通則[4]。命令則是各

---

[4] 如果規範的對象和性質屬於全國性、一般性和基本性的，就用「法」為名，例如民法、刑法、刑事訴訟法等。「律」是正刑定罪的意思，具特殊性。《戰時軍律》是我國唯一以「律」為名稱的規範，已經在 2002 年 12 月 25 日廢除。如果是就法律已經規定

行政機關依據法律的授權或社會需要，根據職權或上級機關之委任所制定或發布之規範。命令的名稱可以取：規程、規則、細則、辦法、綱要、標準或準則。

《中央法規標準法》對於法律和命令名稱的統一規定，讓法律位階的高低從法規的名稱就可以很容易判斷出來，這是一種形式上的標準，主要是說明法律效力優先順序的問題，可是行政機關在應用法律來處理個別案件的時候，法律適用的順序正好和法律的位階相反，位階最低的法律反而要最先適用。因為位階越低的法規，內容越具體，與個案關係最直接，最方便用來解決問題。在適用具體事件時，不可以自行引用憲法的條文，只有在法律缺少規定，或法律規定有疏漏時，才可以適用憲法規定，或者使用根據憲法推導出來的法律原則（陳敏，2007：99）。

如果有相同位階的兩種以上法律對於同一事項都有規定，規定的內容又不一樣時，就要依照以下三個原則來處理：（一）特別法優於普通法：特別法規範的事項性質、受規範者的身分或是地理位置等與普通法不同，具有特殊性，應優先適用。例如，民法是普通法，消費者保護法是民法的特別法，有關消費行為的爭議和訴訟，優先適用消費者保護法之規定。我國與外國簽訂之條約與國內一般法律牴觸時，依特別法優於普通法之原則，應優先適用條約之規定。（二）後法優於前法：同一事項有兩種不同的法律都加以規範時，應優先適用較晚近公布施行的法律。例如，姓名條例第 6 條和民法第 1059 條都屬於姓氏的規定，因民法在 2010 年才修正賦予成年子女姓氏選擇權，不需經父母同意，所以應優先適用。要說明的

的事項，再做特別、補充之規定，或是屬於地區性、專門性、臨時性的規範，就用「條例」，例如《化妝品衛生管理條例》、《台灣地區與大陸地區人民關係條例》。以「通則」為名者，是根據法所定之原則，分別制定同一類事項共通適用的法規，例如《地方稅法通則》、《農田水利會組織通則》等。

是，後法優於前法原則只適用於同為普通法的情形；如果特別法是舊法（即前法），普通法是新法（即後法），特別法仍然優先適用。（三）從新從優：一個疑似不法或違法的行為是否應該處罰，法律如果沒有規定，就不可以訴追或處罰。不僅如此，行為後法律有變更者，應以「從新從優」標準定罪，就是刑法第二條第一項所規定「行為後法律有變更者，適用裁判時之法律。但裁判前之法律有利於行為人者，適用最有利於行為人之法律。」

2. 法律保留

　　法律保留原則是指：政府如果要限制人民的重要權利事項，一定要有法律的明確授權，不可以光憑行政命令就加以限制。這個原則是古典自由主義的代表性法治理論。當時強調「最好的政府是管理最少的政府」，政府如果要對私人經濟與社會生活進行干涉和規定，一定要有人民的同意，這個同意的依據就是由市民選出來的民意代表所制定的法律（李惠宗，2006：17）。因此，法律保留又稱為「國會保留」，用白話文來說明就是：政府限制或剝奪人民自由權利的權力，必須保留給國會通過的法律，不能由行政機關自行做成決定。

　　前面介紹的法律優位原則告訴我們：法律的效力優於行政命令，但是低於憲法。如果只有國會通過的法律才能限制人民的權利和自由的話，憲法、法律和行政命令對於人民權利和自由的限制，一定要有所分工，法律優位和法律保留這兩個原則才有意義。這個分工的標準，就是根據憲法所保障的人民基本自由權利重要性的不同，來區分不同的限制條件和程序。

　　我國憲法最重視的自由就是人身自由，因為人身自由是行使其他一切自由權利的基礎。如果有民眾因為犯罪嫌疑必須逮捕拘禁，以接受司法的審問和處罰的話，《憲法》第 8 條規定，只有司法或警察機關有權依法定

程序逮捕拘禁嫌犯，只有法院有權依法定程序來進行審問和處罰嫌犯。這就是憲法保障人身自由程序上的權利，就算是立法院也不可以用《憲法》第 23 條做理由，另外制定超出《憲法》第 8 條所規定之程序的法律來限制人身自由。

過去有一部《違警罰法》，該法在條文中規定由警察機關來裁決是否應將嫌犯拘留在拘留所內或處罰勞役。1972 年 2 月 5 日，臺北市警方引用《違警罰法》66 條「奇裝異服，違反公序良俗」的規定，在西門町將 500 多名的長髮男子、短裙女子帶回警察局，要求家長簽字帶回，甚至剪完髮才能回家，引起社會不小震撼（唐偉民，2007）。後來大法官會議釋字 166 號與 251 號解釋認為，違警罰法規定的拘留和罰役，屬於對人身自由的處罰，可是《憲法》第 8 條規定，只有法院有權依法定程序處罰嫌犯。所以違警罰法由警察機關來裁決是否拘留和罰役的規定，違反《憲法》第 8 條，應宣告失效（法治斌、董保城，2004：205~206）。而警察管頭髮的權限，一直到立法院於 1991 年三讀通過《社會秩序維護法》取代違警罰法後，才徹底消失。

我國屬於憲法保留的事項，除了人身自由以外，還有政府分權制衡的權責架構、總統選舉的絕對多數或相對多數制，領土範圍以及憲法修改的程序等，因為事關重大，不能用修憲以外的途徑來創設，一定要經過修憲的嚴格程序才可以變更，以示慎重。

重要性僅次於人身自由，但是仍然受我國憲法第二章保障的自由權利還包括：平等權、非現役軍人不受軍事審判權、居住遷徙自由、表現自由、祕密通訊自由、信教自由、集會結社自由、生存權、工作權及財產權、請願、訴願及訴訟權、參政權、應考試服公職權、受國民教育之權與第 22 條規定的不妨害社會秩序公共利益之其他自由權利。這些自由及權利，只有在符合《憲法》第 23 條之條件時，才可以用法律來加以限制。

《憲法》第 23 條：以上各條列舉之自由權利，除為防止妨礙他人自由，避免緊急危難，維持社會秩序，或增進公共利益所必要者外，不得以法律限制之。

　　《憲法》第 23 條的文字內容只是說明，如果要用法律來限制《憲法》第 7 條、第 9~18 條、第 21~22 條所保障之各種自由及權利，必須合乎的條件，並沒有進一步指出哪些事項應該以法律直接規範或可以委由行政機關予以規定。大法官會議在第 443 號解釋中，對於憲法保留、國會保留（絕對法律保留）、相對法律保留（可以由法律授權行政機關用行政命令規定）之間的區別標準，做了比較清楚的說明，建立了所謂「層級化的法律保留體系」：

(1) 憲法保留：例如《憲法》第 8 條關於限制人身自由程序的規定、政府分權的架構、總統選舉的絕對多數或相對多數制，領土範圍以及憲法修改的程序。

(2) 絕對法律保留：要剝奪人民生命或限制人民身體行動的自由，一定要透過國會制定的法律。

(3) 相對法律保留：涉及其他人民權利（例如財產權、工作權）之限制時，原則上也應該用法律來規定，如果要用法律授權主管機關發布命令補充的話，授權必須符合具體明確之原則。涉及社會保險、社會福利等給付行政亦同。

(4) 非法律保留：執行法律之細節性、技術性事項，因為對人民影響輕微，故沒有法律保留亦可允許。

　　其中，相對法律保留要求法律對行政機關的授權必須符合「授權明確性」原則，授權不明確之母法所為之授權，不發生授權之效力；子法（法

規命令）不符合授權目的所為之規定，或增加法律所無之限制，都屬無效。另外，法律如果沒有轉委任之授權，被授權機關不得再授權其所屬機關另行發布行政命令，這是所謂「再授權禁止」原則（李惠宗，2006：19，36）。我們就用聲請釋字 443 號的案例，來說明這兩個原則。

實例討論

　　我國過去實施徵兵制，為避免家長安排兒子到國外長期居留逃避兵役，衝擊兵役制度的公平性，行政院根據《兵役法》和《兵役法施行法》的授權，在 1956 年制定「徵兵規則」，再由「徵兵規則」授權內政部訂定「役男出境處理辦法」，限制屆齡役男出境。結果造成除了少數特殊狀況外，所有年滿 16 歲，尚未服役的役男，統統不得出境。行政院的作法有沒有問題？

　　法律保留原則告訴我們，這個案例要判斷政府的這個限制是否合理，就要考慮以下幾個問題：

(1) 出國自由是不是憲法保障的基本人權？行政院的作法是否合乎《憲法》第 23 條的規定？

(2) 這個自由是否重要到一定要用法律才能加以限制，絕對不可以由法律授權行政機關發布命令來補充？

(3) 如果可以由法律授權行政機關發布命令來補充的話，授權是否明確？

　　底下我們依序回答這幾個問題。

(1) 《憲法》第 10 條規定人民有遷徙之自由，因此出國的自由是憲法保障的基本自由，這是沒有疑問的。只是遷徙自由和人身自由不同，憲法沒有特別規定限制遷徙自由的法定程序，所以遷徙自由屬

於法律保留的自由，政府可以在符合《憲法》第 23 條所列舉的條件下，用法律來加以限制，只要不超過必要的程度即可。在案例中，行政院為了維護兵役制度的公平性，限制尚未服役之役男出國的自由，合乎《憲法》第 23 條列舉的維持社會秩序，或增進公共利益之目的。接下來的問題就是：行政院的作法是否合乎法律保留原則的要求？

(2) 役男出國自由的限制到底屬於絕對法律保留，還是相對法律保留？這個問題同時涉及《憲法》第 10 條規定的遷徙自由和《憲法》第 20 條規定的人民有依法律服兵役之義務。大法官在釋字 443 號的解釋理由指出，對於遷徙自由的限制，應該依《憲法》第 23 條的規定以法律限制，屬於絕對法律保留；對於依法律服兵役義務的限制，則是指有關人民服兵役之重要事項都應該用法律或法律明確授權的命令予以規定，屬於相對法律保留。

(3) 確定了對役男出國自由的限制屬於相對法律保留以後，全案的關鍵就在於：「役男出境處理辦法」有沒有獲得兵役法或兵役法施行法的明確授權？這只要去查兩個法律的法律條文就可以得到答案。由於《兵役法》及《兵役法施行法》（母法）並沒有任何限制役男出境之條款，而且《兵役法施行法》第 45 條僅授權行政院訂定徵兵規則，不僅沒有具體明確授權行政機關訂定任何限制役男出境事項，更沒有所謂行政院可以委由內政部訂定辦法之規定，因此，行政院制定《徵兵規則》第 18 條授權內政部訂定《役男出境處理辦法》（子法）的作法，同時違反了「授權明確性」原則與「再授權禁止」原則，與《憲法》第 23 條的意旨不符，應在六個月內失效。釋字 443 號解釋出爐後，政府也在 1998 年修正了《兵役法施行法》，明確規範尚未服役之役男申請出國的限制條件，並授權內政部訂定「役男出境處理辦法」規範接近役齡男子出境的審查作業，放寬了尚未服役男子出國的條件。

二、比例原則

　　法律優位與法律保留兩項原則規定，行政機關沒有法律的授權就不能行使行政行為。就算有了法律的授權，政府在執行法律或制定法律來限制人民的基本權利自由時，還必須受到比例原則和平等原則這兩個憲法原則的拘束。前面提到政府可以為了防止妨礙他人自由，避免緊急危難，維持社會秩序，或增進公共利益的目的而以法律來限制人民的自由與權利，可是《憲法》第 23 條同時還要求，法律的限制必須是為了達成上述目的「所必要者」，這就是我國憲法關於比例原則的具體規定。

　　比例原則要求，國家即使是為了達到公益目的而干預人民的自由與權利，這種干預的行為仍然必須注意其對人民權利侵害的比例，不可以過度侵害。比例原則源自於十九世紀普魯士警察法中所謂「警察不得以大砲轟小鳥」，與我國「殺雞焉用牛刀」的俗語相似，都在強調目的與手段間的均衡（法治斌、董保城，2004：65）。換句話說，比例原則要求政府的施政，不可以「為達目的不擇手段」。

　　比例原則包括三個子原則：適當性、必要性、與過度禁止原則。

1. 適當性原則（或稱有效性原則）

　　適當性原則要求國家所採取的措施必須是有助於目標達成的有效手段。如果國家干預的措施對想要達成的目標沒有幫助，甚至可能妨礙目標達成的話，就不符合適當性原則的要求。例如立法規定開車禁止講手機，有助於降低車禍事故發生的可能性，就符合適當性原則；可是，如果立法規定開車禁止聽音樂，這個規定就違反適當性原則，因為禁止聽音樂並無法達到減少車禍事故的立法目的，兩者之間沒有直接的因果關聯（陳佳慧，2010：11）。

2. 必要性原則

　　必要性原則要求，如果有兩種以上合乎適當性的行政措施可以選擇，行政機關必須選擇對當事人權利侵害最小的措施。像前面提到 1998 年以前的「役男出境處理辦法」，用限制所有年滿 16 歲男生出國自由的方式來維護兵役制度的公平性，這樣的做法雖然合乎適當性原則，卻過度限制了當事人的遷徙自由。另外，筆者有一位男學生曾經騎機車沒有兩段式左轉，被路旁執勤的警察揮手示意攔下。這位男同學已經打方向燈減速，只是從照後鏡看到右後方好像有車，所以沒有馬上靠邊。結果男警察上前用手臂勾住男同學的右手，害他連人帶車摔倒在地。這位員警如果擔心男同學騎車逃避臨檢，可以用拍照或抄下機車牌照號碼的方式，一樣可以達到告發的目的，結果他卻選擇了肢體暴力的手段，造成這位男同學身體和財產的損傷。這樣的臨檢行為屬於執法過當，明顯違反必要性原則的要求（陳彥勳等，2011）。

3. 過度禁止原則

　　過度禁止原則又稱限制妥當性原則或狹義比例原則。這個原則是指國家採取限制基本權的措施，就算有助於目標的達成（適當性），也屬於對當事人權益侵害最小的手段（必要性），但是仍然不能為了達成很小的公益之目的，造成人民過大的損失。除了行政機關的行為「不得以大砲轟小鳥」或不要「殺雞用牛刀」以外，國家對於犯罪行為雖然可以用刑罰來限制人身自由，但是刑罰對人身自由之限制與刑罰所要維護的法益[5]之間，仍須合乎比例之關係，尤其法定刑度之高低應與行為對於社會的危害程

---

[5] 法益是社會大多數人認為基於「社會共同生活」的前提必須保護的利益，例如：生命、身體、自由、名譽、財產、隱私、信用等。對於法益的侵害，就構成犯罪。請參考：陳志龍，1990。

度、行為人責任之輕重相符，才符合罪刑相當原則。例如：搶奪強盜罪的處罰就要比竊盜罪來得嚴重；同樣是妨害性自主的行為，強制性交罪的處罰就應該比猥褻罪嚴重，猥褻罪的處罰又應該比肢體性騷擾的懲處嚴重。

三、平等原則

　　民主政治強調政治機會的平等，賦予每位公民相同的政治權利。但是人類社會往往因為性別、宗教、種族、階級、黨派等因素造成社會資源的差異，最後轉化成為實質政治影響力的不平等。有鑑於此一事實，許多國家對於社會上的弱勢群體，往往透過立法，在升學與就業方面給予優惠的對待，期望能拉近弱勢群體和主流優勢群體之間資源上的差距，以促進弱勢群體在自我發展上機會的平等，這就是所謂「立足點」的平等。因此，平等的概念至少包括：

（一）形式平等，就是不可以有差別對待，所有的人都享有相同的對待，絕對不允許任何例外的存在。例如《選舉罷免法》規定的投票權，一人一票、票票等值，不因為任何人的身分、階級而有差別，這就是形式平等。

（二）實質平等，就是只要有合理的立法目的，可以因為具體事物本質上的差異，以及立法目的之要求，而實施合理的差別對待。我國立法委員和縣市議員選舉的婦女保障名額就是追求女性參政權實質平等的例子。根據歷次大法官會議的解釋，我國憲法所主張的平等，屬於實質平等，可以依據一定的標準，實施差別對待（朱敬一、李念祖，2003）。

　　從實質平等的概念出發，我們可以得知法律上的平等原則，並不是絕對不可以有差別對待，而是要參酌事實上的差異而為合理的差別待遇。也就是要求：對相同的事件作相同的處理，不同的事件依其特性之不同，而

作不同處理。國家不可以對於本質相同的事件，任意地差別處理，或者對本質不相同的事件，任意地作相同處理（法治斌、董保城，2004：243）。平等原則要求國家的行為不得「任意」，就是不可以「沒有客觀明確的標準」。法律上可以作為差別對待標準的事件，主要是要彌補人為的不平等所導致的機會不平等。例如，我國《憲法》第 7 條強調的性別、宗教、種族、階級、黨派平等，其中除了階級以外，都可以找到客觀明確的標準。此外，除了憲法第七條所列舉的條件，國家也可以針對肢體殘障人士給予差別對待。

針對憲法與法律所列舉可以實施差別對待的事件，我國基本上採取兩種差別對待的方式：(1)對於種族和性別差異，用政策優惠來促進實質平等，例如原住民參加大學入學考試可加分，和民意代表選舉的婦女保障名額等措施；(2)對於宗教和黨派差異，則是將這些差異排除於公權力行使的考量因素以外，不可以用這些因素作為差別對待的標準。例如政府不得設立國教，以及法官、考試委員、監察委員、軍人須超出黨派等要求。釋字340 號解釋也指出，《選罷法》對於選舉保證金的要求，不可以因為候選人有無政黨之推薦而有差別待遇。

另外，平等原則雖然要求行政機關應切實執行法律，但是行政機關對於眾多違規或違法的事件，仍然可以有是否要取締和如何取締的裁量權。那麼被取締的民眾能否基於平等原則要求公權力對其他違規或違法事件相同對待？答案是不能。因為在不法事件中，沒有不法平等的概念。不法行為本身既然不是法律所保障的對象，自然沒有權利可言（法治斌、董保城，2004：248）。所以，不法的行為不得主張平等權利。例如開車超速被拍照罰款的駕駛，就不能主張因為警方沒有把其他超速的駕駛都抓到，違反平等原則，所以自己有抵抗罰單拒繳的權利。

平等原則不但拘束行政機關和司法機關，同樣也拘束立法機關的行為。平等原則對於立法權的拘束，最重要的就是不可以針對個案立法。如

果立法者真的要對相同事物予以差別規定時，一定要找出一個可以普遍被接受的理由，而不是針對個案量身定做一個規定，否則就違反平等原則（李惠宗，2006：46）。

參、違憲審查

　　前面介紹的法治國家四大原則，除了拘束行政機關必須依法行政，立法機關不得針對個案立法之外，同時還拘束司法機關必須依法審判。也就是說，行政機關和司法機關都必須依據國會制定的法律來執行政策和進行審判。可是法律優位原則提醒我們，有時候國會制定的法律可能會違反憲法，這時候應該由哪一個機關來做最後的裁判，判斷國會制定的法律是否真的違反了憲法？關於這個問題，早期的三權分立理論並沒有答案。原因很簡單，國會議員是直接選舉產生的民意代表，有民主的正當性，而且是以多數決的方式來行使立法權，如果國會制定的法律還會被國會以外的機關審查是否違憲的話，這個審查的機關就等於擁有超越多數決原則的最高權威。換言之，設立一個機關來審查國會法律是否違憲的做法其實是對多數決原則的不信任，也是對民主政治基本原則的挑戰。因此，儘管英國學者洛克在十七世紀就提出政府權力必須分立的理論，可是一直要到十九世紀初的 1803 年，美國最高法院首席大法官馬歇爾(John Marshall)才在「馬伯瑞控告麥迪遜」(Marbury v. Madison)一案的判決書中，創設了司法機關有權宣告立法機關所制定之法律或行政機關的行為違反憲法而無效的司法違憲審查(judicial review)原則。

　　馬歇爾大法官在判決書中創設的違憲審查原則並不是一開始就廣被各方接受。在「馬伯瑞控告麥迪遜」一案中的被告麥迪遜(James Madison)是傑佛遜總統(Thomas Jefferson)所任命的國務卿。雖然當年最高法院的判決

結果是原告依據的法律違憲，政府勝訴，傑佛遜總統仍然認為，馬歇爾大法官創設的違憲審查原則，會把美國政府的行政與立法部門「置於最高法院法官的寡頭專制統治之下」（維基百科，2011a）。到了 1930 年代，小羅斯福總統為了拯救經濟大蕭條所推出的系列「新政」措施，有不少被最高法院宣告違憲，小羅斯福總統甚至一度揚言要求國會修法增加大法官的人數，以便影響最高法院的審查結果。而強調議會至上原則的英國，則是把違憲審查的範圍限縮在行政機關的行為與相對法律保留所授權制定的行政命令，英國國會通過的法律不受違憲審查的拘束（維基百科，2011c）。

　　一直要到第二次世界大戰結束以後，以及 1990 年代第三波民主化浪潮，違憲審查的原則才逐漸受到歐洲老牌民主國家以及亞洲、非洲、拉丁美洲新興民主國家的重視。首先是德國在 1945 年公布 1949 年通過的《德意志聯邦共和國基本法》中，設立了聯邦憲法法院專門負責違憲審查的職權，以避免納粹黨先利用國會大廈消防法令暫停威瑪憲法對人權的保障，驅逐國會共產黨員，然後透過《授權法》奪權的歷史重演。奧地利與義大利也差不多在同時恢復或建立了類似德國的違憲審查制度[6]。法國則是在 1958 年的第五共和憲法中設置了憲政理事會(Constitutional Council)負責違憲審查。等到 1990 年代蘇聯瓦解後的第三波民主化，新興民主國家幾乎都在憲法中設置了違憲審查的機構或職權(Ginsburg，2003：6~9)。

　　為什麼違憲審查制度要到第二次世界大戰以後才受到重視？主要的原因恐怕還是違憲審查制度本身對於多數決原則的懷疑，與二次大戰前強調民主就是一種選舉程序的天真信念之間的衝突，使得多數民主國家不願意

---

[6] 奧地利根據法學巨擘凱爾森(Hans Kelsen)的規劃，於 1920 年首先設置憲法法院。由於奧地利政治在 1933 年以後轉趨保守，於 1938 年被納粹德國合併，憲法法院在 1934～1945 期間終止運作，直到二次戰後才恢復。歐陸的憲法法院大多效法奧地利的設計（法治斌、董保城，2004：373）。

相信毫無節制的多數決程序最後會導致民主共和的價值被顛覆的可能性。美國憲法學者畢寇(Alexander Bickel)就指出，讓一個不是經由選舉產生的政府部門來評斷民選的國會議員透過多數所制定的法律違憲，這種制度設計本身就是一個「抗衡多數決的難題」(countermajoritarian difficulty)。在強調議會至上的內閣制國家，例如英國和威瑪共和的德國，違憲審查的抗衡多數決本質不容易被接受。反倒是基於有限政府理念，強調三權分立、互相監督制衡的體制比較容易接受違憲審查的制度(Ginsburg，2003：2~3)。其他憲法學者也認為，如果民主政治的核心價值不單單只是謀求最大多數人的最大幸福，而是要保障少數的基本人權的話，三權分立的政府部門中，獨立的司法部門最適合負責違憲審查的職權。因為司法部門不必直接向選民負責，可以和群眾的政治激情保持距離。當高漲的多數民意威脅到某些個人或某些被孤立的政治團體的權利時，司法審查就應責無旁貸的發揮他守護憲法對個人自由與權利保障的功能（蔡佩蓉，2001：61）。

以上觀點基本上可以說是針對二次世界大戰前夕納粹與法西斯政權在歐陸民主國家崛起的歷史反省，以及對美國最高法院透過重要的判決打破種族隔離藩籬經驗的詮釋。至於第三波新興民主國家普遍接受違憲審查制度的理由，政治學者金斯堡(Tom Ginsburg)認為其實是基於理性計算的結果。因為專門負責違憲審查的終審法院法官如果不是終身職也都有固定的任期，不受政黨輪替的影響。制憲或修憲時的多數黨如果接受一個讓幾名法官就可以否決國會多數意見的司法違憲制度，在自己執政時就可以任命與自己立場較接近的法官，等到政黨輪替以後就不會全盤皆輸。金斯堡還發現制憲時多數黨預期自己在制憲後變成少數的可能性越高，就會越傾向於在憲法裡採納積極的違憲審查制度(Ginsburg，2003)。金斯堡的這個論點也許還有待更多的研究結果加以確認，不過綜合以上憲法學者與政治學者的觀察可以得到一個結論，就是違憲審查的制度並不是一個完美的設計，法官的任命過程也難免有政治因素的介入，如果要建立民眾對司法違

憲審查制度的信心，只能靠法官在獨立任期的保障下擺脫黨派立場，在審查案件的判決理由中清楚說明所適用的立憲主義原則，這樣才能贏得民眾的信賴。美國最高法院也是經過多位法官多年的努力，在保障被非法搜索逮捕的刑事被告權益、打破公立學校的種族隔離措施、促進婦女平等權益等重要案例上做出重要判決，導正主流社會成見以後，才建立了司法違憲審查的權威。

在我國，司法院的大法官會議是職掌我國司法違憲審查的職權機關，同時負責解釋憲法及統一法令解釋。和美國最高法院只有九名大法官，而且都是終身職的規定不同，經過歷次修憲以後，根據《憲法增修條文》第5條的規定，我國司法院設有十五名大法官，任期八年，不得連任。由於十五名大法官的屆次不同，而且兼任司法院正副院長的大法官不受任期保障，因此，我國幾乎每四年就要任命四到五位新的大法官。這個規定除了配合總統四年任期的提名權以外，也有助於大法官的新陳代謝。

在過去威權統治的年代，大法官往往在案件的解釋中為了遷就社會安定，而就若干重要的人民基本權利加以妥協，例如釋字第 263 號關於唯一死刑的解釋、釋字第 265 號關於軍人返鄉入境限制之解釋、釋字第 272 號關於非軍人受軍事審判於解嚴後不得上訴或抗告之解釋等（翁岳生，1998：316），都是為維持社會安定而犧牲人民基本權利之憲法解釋。但是在 1987 年 7 月解除戒嚴以後，大法官會議在匡正威權統治時期許多不符合憲法而不當侵害人民基本權利的案件上，卻相當積極，發揮了實質的功能（朱敬一、李念祖，2003：21~22）。例如前面提到的釋字 251 號解釋，認定違警罰法由警察限制人身自由處分之規定違憲，促成了違警罰法的廢止，回復民眾不受法院以外機關處罰的程序保障；釋字 340 號解釋，認為選罷法對於選舉保證金的要求，不可以因為候選人有無政黨之推薦而有差別待遇，保障了民眾參政權的平等；釋字 443 號解釋，認定「役男出境處理辦法」違憲，回復了役男遷徙的自由。因此，在經過三次政黨輪替，民

主政治步上常軌以後，我們應該可以合理期待大法官繼續扮演憲法維護者的角色。

肆、民主與法治在台灣的發展

從立憲主義的角度來回顧民主與法治在台灣的發展，可以說是波瀾起伏，有沉重的過去，也有充滿希望的遠景，但現實中仍存在不少挑戰。

一、中華民國的憲政發展

我國施行的是《中華民國憲法》。中華民國在 1911 年創立時，雖然是亞洲第一個民主共和國，但是內憂外患接踵而至，一直到 1945 年對日抗戰結束後，才在 1946 年底通過《中華民國憲法》，一年後正式施行。當時由於國共內戰日益擴大，國民政府逐漸失利，台灣又在 1947 年爆發二二八事變，導致國民政府在正式行憲剛過半年的 1947 年 7 月，宣布動員戡亂時期臨時條款，凍結憲法相關規定，賦予政府緊急應變的權力。隨著國民政府在內戰中節節敗退，轉進台灣的同時，為了穩定動盪的民心士氣，台灣地區在 1949 年 5 月 19 日宣布戒嚴，一直到 1987 年 7 月 15 日才解除。而《動員戡亂時期臨時條款》則要到 1991 年 5 月 1 日才宣告終止。這段超過四十年的漫長歲月，政府藉著動員戡亂的名義與戒嚴令的實施，訂定許多限制言論、出版、集會結社、罷工、和遷徙自由等基本人權的法令，導致不少知識分子因爭取言論自由而入獄。其中較著名的有 1957～1960 的自由中國雜誌的雷震案，以及 1979 年的美麗島事件。

一直要到 1986 年的教師節，黨外人士在圓山飯店成立民進黨，蔣經國總統沒有下令鎮壓，反而選擇在 1987 年宣布解除戒嚴，啟動民主化的浪潮後，李登輝總統進一步在 1991 年中止動員戡亂時期臨時條款，後續

進行了七次修憲，立憲主義的國民主權與法治原則才逐漸在台灣落實。黨禁報禁的解除、集會遊行和言論自由的鬆綁，海外黑名單的解禁都讓反對黨的訴求有機會傳達給民眾，開啟了換黨執政的機會。而民主政治也在經歷過兩次政黨輪替以後，正式鞏固。

　　上面所描述的立憲主義在台灣的演進過程，除了朝野政黨的政治菁英與知識分子之外，小市民也沒有缺席。大法官會議釋字 535 號解釋就是最好的例證。

　　釋字 535 號解釋的背景事實大致如下。1998 年 1 月的一個晚上，台北縣（現已改為新北市）縣民李榮富徒步行經台北市重陽橋時，遇到保安大隊員警攔檢，要求出示身分證，李榮富因沒帶證件拒絕員警搜身，並以三字經罵員警，因此遭到警方逮捕，以刑法妨害公務罪送辦。因為家境不好，請不起律師，他的弟弟李榮龍向政治大學法律服務社求救，政大的學生告訴他警察當時沒有搜索票不能隨便搜身，李榮龍就用這點去作抗辯。一審的地方法院以此認為李榮富是因為受到不法的搜索而為的正當防衛行為，判無罪。檢察官提起上訴，高等法院合議庭認為《警察值勤條例》第 11 條第 3 款就是警察臨檢時可以搜索的法條依據，所以撤銷原判決併發回地院更審。更審的地方法院為了怕再被發回更審，只好遵從上級法院的意思判處李榮富二十天拘役，緩刑兩年。雖然哥哥不用坐牢，卻留下了前科，弟弟李榮龍不服氣，繼續尋求法律系學生和教授的協助。最後獲得康復之家諮詢律師張炳煌的協助，幫他寫了聲請書聲請釋憲，認為《警察勤務條例》第 11 條不當限制人民自由，也不符合比例原則，違背《憲法》第 8 條及第 23 條。

■ 表1-1　我國民主政治發展大事紀

1945.10.25	臺灣脫離日本殖民統治，成為中華民國的領土
1946.12.25	國民大會通過中華民國憲法
1947.02.28	爆發二二八事件
1948.05.14	正式實施動員戡亂時期臨時條款
1949.05.19	臺灣地區宣布戒嚴
1950	臺灣實施地方自治
1970	中央民意代表增補選
1979.12.10	美麗島事件
1986.09.28	民進黨成立，突破黨禁
1987.07.15	解除戒嚴，11月開放大陸探親
1991.05.01	廢止動員戡亂時期條款，公布中華民國憲法增修條文
1991.12	第一屆國民大會代表、立法委員、監察委員全面退職，第二屆國大代表選舉
1992.12	第二屆立法委員選舉
1994.12	省長民選
1996.03	首次總統直接民選
2000.03	陳水扁贏得總統選舉，第一次政黨輪替
2008.03	馬英九贏得總統選舉，第二次政黨輪替
2016.01	蔡英文贏得總統選舉，第三次政黨輪替

　　大法官會議在 2001 年 12 月 14 日作出釋字 535 號解釋。解釋文認為《警察勤務條例》並沒有違憲，可是該條例並沒有授權員警可以不顧時間、地點及對象任意臨檢。警察執行對場所的臨檢勤務，必須限於已發生危害或依客觀、合理判斷易生危害之處所、交通工具或公共場所來進行。對於人的臨檢，必須有相當理由足可認定其行為已構成或即將發生危害者為限，且均應遵守比例原則，不得逾越必要程度。總而言之，大法官認為，《警察勤務條例》第 11 條沒有違憲，但是要大幅限制該條例的適用時機，警察實施臨檢時也必須按照一定的法律程序來走。

　　李榮富本人只有國小畢業，而且有輕微的精神耗弱，弟弟李榮龍只有國中文憑，家境也不好。但是憑著對「走路幹嘛帶證件？」的基本自由的信念，自己閱讀法律書籍，尋求各種免費的法律諮詢服務，終於不花一毛錢成功地聲請大法官釋憲。不但李榮富本人可以根據這項解釋文聲請非常上訴，尋求無罪判決，台灣的人權保障更向前邁進了一大步。

　　法律本身並不完美，政府的執法也難免會有不合時宜的情事發生。當自己遇到這種情形的時候，你會摸摸鼻子自認倒楣？還是不甘心，想要改變頹勢？希望李榮富的案例能夠帶給讀者一些啟示：法律只保障權利的勤勉者，不保障權利的睡眠者。

二、民主政治的新挑戰

　　我國的民主政治雖然已經趨於鞏固，然而，就像川普的當選衝擊了美式民主價值一樣，臺灣的民主與法治仍然面臨許多挑戰。這裡僅舉最近的兩個例子，供讀者討論。

（一）「公民不服從」對法治的衝擊

　　2014 年 3 月 18 日爆發的「太陽花學運」，是台灣近年規模最大的社會運動，不但成功阻擋《海峽兩岸服務貿易協議》（以下簡稱：服貿協議）的審查，也促成了第三次的政黨輪替。學運期間，群眾除了占領立法院議場外，還曾有部分群眾試圖攻占行政院，這些行為分別可能觸犯刑法的「煽惑他人犯罪」、「無故侵入建築物」、「妨礙公務」、「毀損」等罪。「太陽花學運」的領導者在法庭上以「公民不服從」作為辯護的理由，主張自己的行為無罪。審判結果，群眾攻占立法院的部分，一審和二審都判決被告全部無罪（自由時報，2018）。攻占行政院的部分，一審的法官認為「煽惑他人犯罪」的罪名不成立，但是「妨礙公務」和「毀損公物」有罪

（自由時報，2017b）。儘管攻占行政院的部分還在上訴審理中，但是審理兩個案件的法官對於公眾抗爭行為看法的差異，卻很值得我們深思。

　　審判攻占立法院案的一審法官，依國內外學說及見解，列出「公民不服從」七大要件，包括「抗議政府或公眾事務具重大違法或不義、目的是關切公益、抗議行為和對象具關聯性、公開又非暴力、手段有助於達成訴求、無其他合法有效的替代手段、危害小於利益」。合議庭認定，當時因再過三天就要表決服貿協議，除透過占領立院讓院會無法順利召開，無其他即時救濟管道，其行為是對公共事務表達意見，群眾是透過臉書等社群主動到場，並非受學運領袖煽惑；且立委仍可改地點召開會議，造成的損害小於利益，因此判決無罪（臺灣臺北地方法院，2017）。二審法官則認為，由於「檢察官只針對煽惑、集會遊行、侮辱公署及妨害公務等部分起訴，並沒有起訴被告等人占領立法院的行為本身是否構成犯罪，所以沒有抵抗權、公民不服從運動等理論的問題。」。二審判決無罪的理由，主要是認為「群眾進入立法院，以占領立法院之方式以防阻服貿協議草率通過，確已屬最後之必要手段。」這種「以占領立法院之方式進行抗議，為達到阻止立法院院會草率通過服貿協議之目的而為之政治性言論」屬於意見表達，「應受我國憲法第 11 條言論自由之保障，而不具實質違法性。」（臺灣高等法院，2018）。

　　審判行政院案的法官則認為，縱使服貿送立法院存查有爭議，立委仍可協商討論如何處理；有關行政、立法權限間爭議及兩岸關係條例是否違憲，還可透過大法官釋憲等體制內的中立途徑解決紛爭與救濟，並不是只能違法抗爭（聯合報，2017）。換句話說，審理兩案的法官，對於服貿爭議當時是否可用「體制內手法擋下來」有不同看法，才會對於侵入立法院和行政院的舉動是否具有阻卻違法的正當性及必要性，做出不同的判斷。

法官的結論也許不同，但是他們論斷案情的邏輯仍然是相同的，就是：抗爭可以分為理由和手段兩方面，除非有非常充分的理由可以豁免刑責，否則違法的手段仍然應該接受法律的處罰。所以，接受「公民不服從」可以作為阻卻違法事由的法官，必須在判決書裡強調政府行為重大違法或不義，以及行為的目的關切公義等「公民不服從」的七大要件，做為學運抗爭理由正當而不必受到制裁的依據。可是，要用「公民不服從」的七大要件作為判斷抗爭理由是否充分，其實還必須回答幾個更根本的問題：哪一個抗爭不是抗爭的人認為理由正當？抗爭的理由正當不正當又是誰說了算？應該由立法機關三讀通過的法律來界定？還是由應當依法審判的法官來自行界定？社會大眾對於這些問題的討論，將有助於釐清民主政治的「遊戲規則」及法治的界限。

（二）〈促進轉型正義條例〉對權力分立原則的挑戰

2016 年第三次政黨輪替，民進黨不僅贏得總統大選，也第一次成為立法院的多數黨。2017 年 12 月，立法院通過《促進轉型正義條例》（以下簡稱《促轉條例》），目的是希望「徹底處理」「威權統治時期，統治者違反自由民主憲政秩序之不法行為與結果」。根據民進黨團提出的說明，《促轉條例》將做為一個框架式的上位法律，未來將再分別以《檔案法》、《不當黨產條例》等法，分別處理台灣的政治檔案開放、國民黨不當黨產、當代歷史記憶、日後司法平復等四大議題（立法院議案關係文書，2016）。

二二八事件後，政府在臺灣地區實施戒嚴長達 38 年，期間的大規模人權侵犯事件對臺灣社會留下巨大傷痕。為了撫平社會集體創傷，使受壓迫而分裂的社會得到和解，推動轉型正義確實有其必要。但是，前面幾節關於立憲主義的討論告訴我們，《促轉條例》存在一個嚴重的問題。根據《促轉條例》的規定，促進轉型正義委員會這個直接向行政院院長負責的

獨立機關，不但有傳喚權、調閱權與調查權（第 14、15 條），還有調動憲警權（第 17 條），甚至刑事處罰權（第 19 條），而且任何個人與團體，都有不得拒絕促進轉型正義委員會的配合義務（第 16 條）。

　　這樣的規定，其實已經違背了權力分立的重要原則（王健壯，2016）。本章前面討論法律保留原則時，曾經舉大法官會議釋字 166 號與 251 號對於「違警罰法」的解釋，其結論就是，根據《憲法》第 8 條規定，只有法院才有權依法定程序處罰嫌犯，警察機關不得自行裁決是否拘留嫌犯和處罰勞役。大法官會議釋字 392 號解釋更進一步剝奪了檢察機關－廣義的司法機關－裁定嫌犯是否需要羈押的權限。換句話說，大法官會議釋字 166 號、251 號與 392 號解釋確立了：法院才是唯一可以審問處罰人民的憲政機關的「司法一元主義」（朱敬一、李念祖，2003：365-378）。「促轉條例」創設促進轉型正義委員會，同時賦予該委員會調查權和刑事處罰權的作法，明顯與「司法一元主義」的精神相牴觸。

　　根據「促轉條例」衍生出來的「不當黨產條例」也有類似的違憲疑慮，因而分別遭到監察院和台北高等行政法院聲請大法官會議釋憲（蘋果日報，2017；自由時報，2018b）。

　　在臺灣民主化的進程中，民進黨可以說是重要推手，在戒嚴時期總是揭櫫民主法治與人權的理念來和執政黨相抗衡，為一般民眾爭取更多的自由與權利。大法官會議釋字 392 號解釋的緣由就是民進黨籍的立法委員李慶雄與張俊雄等人分別領銜提出的釋憲聲請。等到完全執政以後，民進黨竟然提出兩部明顯違反權力分立原則與「司法一元主義」的法案來推動轉型正義，這確實是令人訝異的轉變。

　　民主政治和專制王權的改朝換代最大的差別，除了用數人頭代替打破人頭之外，更強調手段的合法性，就是：絕對不可以為達目的不擇手段。如果我們不希望轉型正義淪為政治報復，除了盼望促進轉型正義委員會的委員能以最大限度節制自身權力的行使，避免濫權擴權外，根本的解決之道，還是應該回歸到憲政主義的原則，重新修訂「促轉條例」各項有爭議的設計。這樣才能從制度面，鞏固臺灣得來不易的民主和法治的基石。

問題與討論

1. 「謀求最大多數人的最大幸福」和「保障少數的基本人權」這兩個目標在哪些情形下可能會發生衝突？

2. 什麼是多數暴力？

3. 民主的自我糾正機制包括哪些制度性的設計？

4. 「別問國家能為你做什麼，要問你能為國家做什麼？」是已故美國統甘迺迪(John F. Kennedy)的名言。這句話合乎法治國家的精神嗎？為什麼？

5. 釋字 535 號解釋認為《警察勤務條例》第 11 條沒有違反《憲法》第 8 條，但是有沒有牴觸《憲法》第 23 條的精神？

6. 何謂「司法一元主義」？

7. 何謂「轉型正義」？新興民主國家推動「轉型正義」時應該注意哪些重要的法治國原則？

參考書目

王健壯（2016）。**蔡英文該跳出來說不許做**。《聯合報》，7 月 3 日，A13 版。

立法院議案關係文書（2016）。**促進轉型正義條例草案**。立法院第 9 屆第 1 會期第 7 次會議，院總第 1215 號委員提案第 18785 號。

江宜樺（2001）。**自由民主的理路**。台北：聯經。

朱敬一、李念祖（2003）。**基本人權**。台北：時報。

自由時報，2018a，〈太陽花學運占領立院被告 22 人二審全部無罪〉，3 月 13 日。

自由時報，2018b，〈不當黨產條例違憲？北高行裁定大法官釋憲前停止訴訟〉，6 月 15 日。

自由時報，2017，〈《323 佔領政院宣判》魏揚、許立等 8 人無罪〉，4 月 10 日。

李惠宗（2006）。**中華民國憲法概要－憲法生活的新思維**（五版）。台北：元照。

李鴻禧（1982）〈多數決定原理之民主憲政真義〉，《中國論壇》。第 290 期，7 月，頁 45~53。

林子儀、葉俊榮、黃昭元、張文貞（2003）。**憲法－權力分立**。台北：學林。

林超駿（2008）。〈司法違憲審查制度與人權保障-Marbury v. Madison 乙案簡介〉，教育部人權教育諮詢暨資源中心／生活議題放大鏡／社會觀察，網址：http://hre.pro.edu.tw/zh.php?m=18&c=726。

法治斌、董保城（2004）。**憲法新論**。台北：元照。

翁岳生（1998）。〈我國釋憲制度之特徵與展望〉，《司法院大法官釋憲五十周年紀念論文集》。台北：司法院書記處，頁 290~323。

唐偉民（2007）〈話說從頭／違警罰法〉，《自由時報》，9 月 25 日，社會版。

陳志龍，1990。**法益與刑事立法**，台北：陳志龍。

陳佳慧（2010）。**民主、人權與法治**，台北：新文京。

陳彥勳、陳郁穎、韋琮智、宋明勳、彭育思、曾心妤（2011）。〈車禍糾紛〉，民主法治與生活課堂小組報告，嘉南藥理大學觀光系二年甲班。

陳敏（2007）。**行政法總論**。台北：陳敏發行，新學林。

道爾(Robert A. Dahl)著，李柏光、林猛譯（1999）。**論民主**。台北：聯經。

道爾(Robert A. Dahl)著，張名貴譯（1989）。**多元政治：參與和反對**。台北：唐山。

蔡佩蓉（2001）。〈由違憲審查析論大法官之選任〉，《立法院院聞》，29 卷 9 期，頁 58~72。

臺灣高等法院，2018，〈臺灣高等法院 106 年度矚上訴字第 1 號被告黃國昌等妨害公務等案件新聞稿〉，8 月 12 日查詢，網址：

http://jirs.judicial.gov.tw/GNNWS/NNWSS002.asp?id=320481

臺灣臺北地方法院，2017，〈臺灣臺北地方法院有關被告黃國昌等 104 年度矚訴字第 1 號妨害公務等案件新聞稿〉，7 月 6 日查詢，網址：

http://jirs.judicial.gov.tw/GNNWS/NNWSS002.asp?id=260918

聯合報，2017，〈抗議手段必要性 判決不同關鍵〉，4 月 11 日。

蘋果日報，2017，〈監委提出 7 大罪狀 認定《不當黨產條例》違憲〉，3 月 14 日。

Evans, Richard J., 2003. The Coming of the Third Reich. New York: Penguin

Freedom House, 2018, *Freedom in the World: Democracy in Crisis*, p.4, retrieved at August 12, 2018, https://freedomhouse.org/report/freedom-world/freedom-world-2018.

網站

維基百科，2011a，8 月 5 日查詢，網址：

http://en.wikipedia.org/wiki/Marbury_v._Madison

維基百科，2011b，8 月 3 日查詢，網址：

http://en.wikipedia.org/wiki/Nazi_Germany

CHAPTER
2
大學校園的生活法律

中：法律乃善良及公平之藝術。
拉丁：Jus est ars boni et aequi.
英：Law is the science what is good and just.
德：Das Recht ist die kunst des Guten und Gerechten.
日：法は，善および衡平の術である。

壹、前言

　　大學是各位同學正式「轉大人」的人生重要階段。憲法規定，我國國民年滿二十歲有投票權，年滿廿三歲有被選舉權，這是參政權。男生年滿十八歲，女生年滿十六歲經法定代理人之同意可以結婚；不分男女，年滿十八歲就可以考領機車和汽車駕照，這是受益權。享受權利的同時，也要負擔義務，即責任：年滿十八歲的國民觸犯刑法，必須負起完全的法律責任，不能再用少年人不懂事的理由要求減刑。也就是說，多數同學到了大學三年級以後，都是法律認定的成年人，享有成年人的權利，也要負起成年人應盡的義務。本章之主要目的，就是要幫助同學認識一些基本的法律常識和社會經驗，減少不必要的錯誤嘗試，以便能順利適應社會生活。希望能以過來人的身分，幫助大家及早適應大學生活，使大學生涯過得更愉快且更充實，尤其在法律層面達到好自在、零負擔。

　　往往法律常被誤解只保護懂得法律的人，或請得起大律師團的有錢人，一般民眾不僅不能有效的應用法律，甚至常有畏懼法律的情狀。法律用語確實每每認知失之毫釐，差以千里，如下頁方框所示。此外如何區別違法、犯法、非法、不法；原則與例外；出席（有表決權）與列席（無表

決權）；消滅時效[1]與除斥期間；自訴與公訴；拘提與羈押；自首與自白；現行犯與通緝犯；規範範疇（可能規定）與現行規定；創新、繼承、採借等概念也是很有用且有趣的。因為從明白法律、進而喜歡法律、到應用法律，絕對可以豐富您的美好人生，如主張信賴利益或懲罰性賠償，以得到較高理賠；提出情事變更或與有過失，以降低自己的賠償責任，應用之妙，存乎一心（黃源謀等，2008：167）。

重要基本法律用語差異：

1. 得 vs.應：可做可不做謂之「得」；一定要那樣做是為「應」。

2. 權利 vs.權力：可主張的法律上利益為權利；能影響他人的強制力量為權力，公權力最典型。

3. 賠償 vs.補償：承認有錯且負起責任為賠償；基於人道給予同情及幫助為補償。

4. 善意 vs.惡意：法律上的事先不知情稱為善意；事先知情即為惡意。

5. 推定 vs.視為：得提出反證推翻為推定；直接認定不得以反證推翻稱視為。

6. 聲請 vs.申請：向司法機關提出請求是為聲請；向行政機關提出請求則為申請。

7. 罰金 vs.罰鍰：司法機關所為之財產罰稱罰金；行政機關所為之財產罰稱罰鍰。

8. 假執行、假扣押、假處分：「假」並非不做而是「先行」，採取暫時作為以俾保障權益。

※ 假扣押：先行將金錢或得易為金錢之請求，對債務人之財產予以查封，禁其處分，以保全將來能強制執行為目的之特別訴訟程序。例如 2016年 2 月 6 日（0206 震災）台南維冠金龍大樓倒塌致 117 人死亡事故，為

---

[1] 消滅時效：指的是請求權因一定期間不行使而消滅或效力減損的時效制度。

　　預防黑心建商和建築師脫產，台南市政府法制處結合法律扶助基金會台南分會及台南律師公會，於 2016 年 2 月 11 日向台南地方法院提出財產假扣押。

※ 假處分：先行就金錢以外之標的，暫定其法律關係狀態之特別訴訟程序，如禁止不動產或動產過戶。

9. 裁定與判決；抗告與上訴：針對程序事項法院若用裁定，當事人得提抗告，最常見檢察官向法院聲請羈押被告時，由法官裁定交保與否，被告或其訴訟代理人（律師）得提出抗告；判決則是法官對於實體事項之訴訟審判結果，訴訟原則上採三級三審，當法院判決未定讞，當事人或其訴訟代理人得於法定上訴期間內提出上訴。

■ 表2-1　年齡與法律

年齡	法律	備註
零歲	胎兒可以享受權利，但不負擔義務（將來非死產者為限，視為既已出生）。	民法§7
滿6歲	應入國民小學受國民教育（6~15歲為適齡國民，前6年國小；後3年國中）。	強迫入學條例§2、§7 國民教育法§2
未滿7歲	無行為能力，必須由其法定代理人代為意思表示或代受意思表示。	民法§13；§76；§1079
14歲	刑事責任能力的基準（未滿14歲人之行為不罰。但得施感化教育）。	刑法§18；§86
	男女是否理解性交能力的基準	刑法§227
15歲	從事勞動工作的基準（僱主不得僱用未滿十五歲之人從事工作）。	勞基法§45-1
	女子訂婚年齡之基準。	民法§973
未滿16歲	不具有立遺囑能力一立遺囑無效。	民法§1186
	無「具結能力」一到法院作證，法院不得令其具結。	民訴§314、刑訴§186

■ 表2-1 年齡與法律（續）

年齡	法律	備註
未滿16歲	童工－15歲以上未滿16歲之受僱從事工作者。	勞基法§44
	不得與之姦淫，也不得對之猥褻，也不得引誘其與他人姦淫或猥褻行為。	刑法§227、§233
	16歲－女子的結婚年齡。	民法§980
17歲	男子訂婚的基準（男子未滿17歲，女子未滿15歲，不得訂婚）。	民法§973
18歲以前	14歲以上，未滿18歲者，如犯罪，得減輕其刑；未滿18歲人，不得處死刑或無期徒刑。	刑法§18-2；刑法§63
	18歲以下之人犯刑法§227對未成年人為性交猥褻罪者，減輕或免除其刑。（兩小無猜條款－告訴乃論）	刑法§227之1（88新增修）
	適用「少年事件處理法」，上「少年法庭」。	少年事件處理法§75
	男子的結婚年齡。	民法§980
	男子年滿18歲之翌年1月1日起役。	兵役法§3
	滿18歲可以考領機車、汽車駕照。	交通部公路總局機車、汽車駕照考試須知3
20歲	成年的基準－成年人，具「行為能力」。 ＊限制行為能力－滿7歲以上而未滿20歲者。	民法§12；民法§13
	有選舉權	憲法§130；選罷法§14
	外國人或無國籍人歸化本國籍之要件。	國籍法§3
	滿20歲可考領職業駕駛執照。	交通部公路總局考照相關規定注意事項2
	滿20歲，並具有一般重型機車駕照1年以上，且必需體格檢查合格，可考領大型重型機車駕駛執照。	大型重型機車考照須知
23歲	有被選舉權。	憲法§130；選罷法§31

■ 表2-1　年齡與法律（續）

年齡	法律	備註
26歲	得被選為鄉鎮（市）長。	選罷法§31
30歲	得被選為直轄市長、縣（市）長。	選罷法§31（96新修）
35歲	監察委員提名資格。	監察院組織法§3-1
36歲	男子屆滿36歲之年12月31日除役（不再接受後備點召）。	兵役法§3（98新修）
40歲	得被選為總統、副總統。	憲法§45
60歲	勞工退休年齡。	勞基法§54
	公務人員－任職滿5年，且年滿60歲，可申請「自願退休」。	公務員退休法§4
65歲	公務人員「強制退休」年齡（命令退休）。	公務員退休法§5
80歲	犯罪得減輕其刑。	刑法§18-3
	滿80歲人犯罪者，不得處死刑或無期徒刑。	刑法§63-1
	滿80歲者，得於（老人）失蹤滿三年後，為死亡之宣告。 ＊ 一般人失蹤須滿七年；特別災難滿一年；航空器失事滿六個月，才能為死亡的宣告。	民法§8-2；民航法§98

貳、憲法與基本人權簡介

　　憲法是國家最大的社會公約數，是全國人民之圭臬，有母法、基本法、根本大法、國家構成法及人民權利保障書之稱。中華民國憲法是由張君勱先生所起草，於民國 35 年 12 月 25 日由制憲國民大會於南京議決通過，民國 36 年 1 月 1 日公布，民國 36 年 12 月 25 日施行生效，因而 12 月 25 日為「行憲紀念日」。憲法主要有立國精神、人民基本權利義務、國

家政府組織及基本國策四大部分，其中人民的基本權利義務，明白規範人民的平等權、自由權、受益權及參政權；依法律納稅、服兵役、受國民教育。憲法第 17 條有關參政權的規定，給人民選舉、罷免、創制、複決四個政權，用來監督憲法第 53 條以下規定之政府的五個治權，即行政、立法、司法、考試、監察，相關條文參見下列圖 2-1。

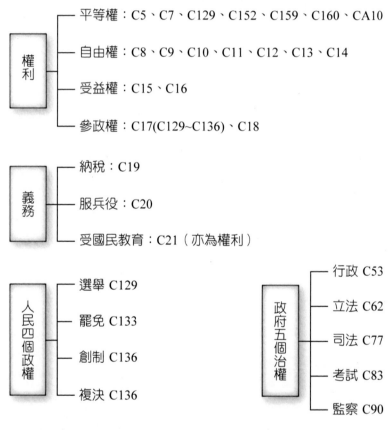

平等權：C5、C7、C129、C152、C159、C160、CA10

自由權：C8、C9、C10、C11、C12、C13、C14

受益權：C15、C16

參政權：C17(C129~C136)、C18

權利

納稅：C19

服兵役：C20

受國民教育：C21（亦為權利）

義務

選舉 C129

罷免 C133

創制 C136

複決 C136

人民四個政權

行政 C53

立法 C62

司法 C77

考試 C83

監察 C90

政府五個治權

＊C為Constitution憲法，A為Amendment增修條文。

⊃ 圖 2-1　人民權利義務對應憲法條文

　　憲法之目的在維護人性尊嚴，保障基本人權，尤其基本權利影響人民最大。人權(Human Rights)，乃是人類往昔所稱之「自然權」(Natural

Rights)之現代用語；人權乃是「無法出讓的權利」(Inalienable Right)，實做為一個現代人之基本權利。希望由中華民國憲法規定、聯合國的世界人權 30 條（詳見附表 2-2）及各國人權發展最新趨勢，讓同學了解與切身最攸關之基本權利。其中憲法基本權利採列舉、概括再排除的精緻立法，列舉部分由平等權之各民族一律平等，男女、宗教、種族、階級、黨派一律平等。人身自由；不受軍審自由；居住及遷徙自由；言論、講學、著作及出版自由；秘密通訊自由；信仰宗教自由；集會及結社自由等。受益權有生存權、工作權、財產權及請願、訴願及訴訟之權。參政權除選舉、罷免、創制、複決之外，尚有應考試、服公職之權。概括部分則有凡人民的自由權利不妨害社會秩序公共利益者，均受憲法之保障。排除部分在於以上各條列舉之自由權利，除為防止妨礙他人自由，避免緊急危難，維持社會秩序，或增進公共利益所必要者外，不得以法律限制之。憲法概括、列舉、排除條文經典立法結構參見圖 2-2。

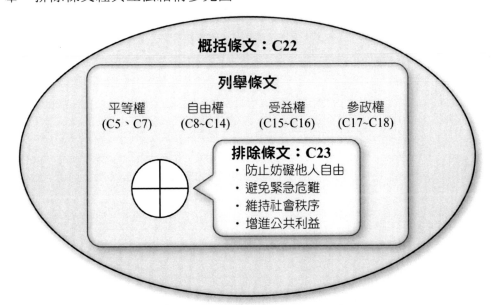

➲ 圖 2-2　憲法基本人權經典立法模式圖

■ 表2-2　世界人權影片30部清單

世界人權宣言	世界人權影片
第一條	我們天生自由且平等
第二條	不要差別待遇
第三條	生存權
第四條	不要奴隸制度
第五條	沒有折磨
第六條	不管你到哪裡，你都有權利
第七條	法律之前人人平等
第八條	你的人權受到法律保護
第九條	沒有不公平的拘留
第十條	審判的權利
第十一條	直到被證明有罪之前，我們都是清白的
第十二條	隱私的權利
第十三條	行動的自由
第十四條	尋求安全居所的權利
第十五條	有國籍的權利
第十六條	婚姻與家庭
第十七條	擁有屬於你自己東西的權利
第十八條	思想的自由
第十九條	表達的自由
第二十條	公眾集會的權利
第二十一條	民主的權利
第二十二條	社會保障
第二十三條	工作者的權利
第二十四條	玩的權利
第二十五條	所有人都有食物與居所

■ 表2-2　世界人權影片30部清單（續）

世界人權宣言	世界人權影片
第二十六條	接受教育的權利
第二十七條	著作權
第二十八條	一個自由而公平的世界
第二十九條	責任
第三十條	沒有人可以剝奪你的人權

参、校園內法律問題

　　和高中生活比起來，大學沒有髮禁、不用穿制服，男女不分班，有課才到教室，沒課就可以離開，更不會發生老師搜全班書包找違禁品的事情，確實自由許多。可是自由不等於「只要我喜歡，有什麼不可以」。這一單元我們先用大學生活最常遇到的感情和著作權保護問題說明一些基本的法律觀念，然後介紹大學生和學校之間的關係，讓同學了解該如何「發乎情、止乎禮、不踰矩」。

一、既期待又怕受傷害的感情問題

　　十八歲到三十歲以前是人生最美好的時光，青春正盛的同學對異性或同性感到好奇與憧憬是非常自然的現象。只是我們的社會民風比較保守，大部分家長和老師不好意思和子女或學生討論或分享感情的事。同學往往是從電視、電影或是同儕那裡獲得對於兩性關係的資訊。媒體為了戲劇效果，所傳遞的兩性關係，容易誇張或扭曲，同學如果受媒體的誤導而模仿做出不恰當的行為，很可能要面對嚴重的法律後果。這裡舉幾個例子和同學分享。

（一）怎樣的表白才不構成性騷擾？

<u>狀況 1-1</u>：偶像劇裡男主角的告白被拒絕了，可是他不氣餒，不管風雨，每天到對方家門口站崗，真情終於感動了對方。我應該效法男主角的癡情嗎？

　　根據表 2-3 的說明，每天到別人家或宿舍門口站崗，只要沒有講猥褻的言語或動作，這樣的表白不算性騷擾，法律不會處罰。可是，換個角度，從被告白者的立場來看，事情不見得這麼浪漫。

■ 表2-3　性騷擾的定義與罰則

　　性騷擾泛指一切不受歡迎，與性或性別有關的言行舉止。只要是讓被害人感到不舒服，覺得被冒犯、侮辱的言行，都可稱之為性騷擾。因此：

(1) 不論男性或女性都有可能成為騷擾者或被騷擾者。

(2) 性騷擾不一定只跟「性」或「身體」有關，也包括「性別騷擾」。

(3) 法律對於性騷擾的構成要件，雖然強調被行為人的主觀感受，但也兼顧客觀的認定標準，並需衡酌事發情境。

　　具體來說，性騷擾的言行包括下列幾方面：

(1) 言語方面：性方面的笑話、挪揄、嘲諷（如死GAY、娘砲、娘娘腔、男人婆）、就對方生活上或容貌上與性有關的評論或質問、邀約或性關係上之引誘等。

(2) 視覺方面：色情圖畫、照片或影片的寄送或出示、AV女優裸照之張貼等。

(3) 文書方面：色情書刊之閱讀、寄送、或於書信中作性方面的描述。

(4) 動作方面：不必要之身體上接觸、強制猥褻、性暴力等行為。

　　根據《性騷擾防治法》第25條的規定：「意圖性騷擾，乘人不及抵抗而為親吻、擁抱或觸摸其臀部、胸部或其他身體隱私處之行為者，處二年以下有期徒刑、拘役或併科新台幣十萬元以下罰金。前項之罪，須告訴乃論。」也就是說，性騷擾防治法只針對不必要的肢體接觸，有二年以下有期徒刑處罰的規定。如果同學在學校、工作場所、或公共場合遇到肢體接觸以外的性騷擾，可向加害人所屬機關，或縣市政府的性騷擾防治委員會提出申訴。

<u>狀況 1-2</u>：有一個自己不想交往的人天天跟蹤我，這雖然不是性騷擾，可
是會讓我心裡產生恐懼，難道沒有法律可以阻止這種痴心漢？

　　如果被告白的同學感受不到對方的癡情，就要明白告訴對方不要再繼
續跟蹤，否則可以報警處理。根據《社會秩序維護法》第 89 條第 2 款的
規定：「無正當理由，跟追他人，經勸阻不聽者」，處新台幣三千元以下罰
鍰或申誡。

　　這裡要提醒同學的是，表達感情的方式很多，每個人能夠接受的表達
方式也不盡相同。尊重對方的感受，適度調整自己的追求方式，才能打開
對方的心扉，共譜戀曲。如果忽略了對方的感受，只是一味用偶像劇裡學
來的手段，強調自己的真心和痴情，結果反而可能適得其反。畢竟，除了
你自己滿腔的痴情，還要有對方的含情脈脈，才談得成戀愛。

<u>狀況 2</u>：偶像劇裡男女主角吵完架後，男主角抓住女主角當場狠狠親下去，
女主角雖然有掙扎反抗，最後還是屈服在男主角的柔情攻勢下。這
招好 man，把男子氣概發揮得淋漓盡致，可以學起來用嗎？

　　從前面表 2-3 關於性騷擾的說明可知，如果事後女主角提起告訴，男
主角的這種行為已經觸犯了《性騷擾防治法》第 25 條的規定。假如男主
角無法克制自己的衝動，在燈光變暗以後進一步扯破了女方的衣服，甚至
發生性關係。這樣衝動的行為觸犯了《刑法》第 224 條的強制猥褻罪（要
處六個月以上五年以下有期徒刑），以及《刑法》第 221 條的強制性交罪
（三年以上十年以下有期徒刑）。刑法這兩條罪屬於「非告訴乃論」之罪
和《性騷擾防治法》第 25 條屬於「告訴乃論」之罪不同，「非告訴乃論」
之罪，一旦檢察官知道有犯罪發生，就一定要依法訴追。「告訴乃論」之
罪，告訴人於第一審辯論終結前，還可以撤回告訴（刑事訴訟法§238）；
「非告訴乃論」之罪，提出告訴後，就不得撤回。在此敬告諸位同學：一

定要學習尊重對方的身體自主權，千萬不要被偶像劇誇張的劇情誤導。一旦踏出錯誤的第一步，年輕人血氣方剛，很難在緊要關頭懸崖勒馬，誤觸法網之後，真的就後悔莫及。

（二）得不到對方的人，難道連當初的物質付出也無法討回嗎？

<u>狀況 3</u>：分手時，可以要求對方退還當初送給她的禮物或是其他花費嗎？

一方願意把自己的財產無償給與對方，對方也願意接受，這種情形法律上稱為贈與。談戀愛交往期間，為追求對方所做的物質付出，就是贈與的一種形式。除了熱戀中的情侶以外，家長和子女之間，朋友和朋友之間，甚至陌生人之間都有可能發生各式各樣的贈與，法律的相關規定也比較複雜。這裡僅就分手的時間點是在訂婚前還是訂婚後的情形，分別說明法律對於能否討回贈與物品的相關規定。

如果是還沒訂婚就分手，要討回當初送給對方，而且已經完成所有權移轉的贈與物品（鑽戒、跑車或 iPhone 等動產，只要轉交給對方就完成移轉；土地、房屋等不動產的移轉，必須完成登記才算數），是缺少法律依據的。因為《民法》第 416 條所規定的撤銷贈與條件，只有當受贈人故意侵害贈與人的近親，或是受贈人不履行對贈與人的扶養義務時，才可以撤銷贈與。如果還沒有訂婚就分手，表示雙方還沒有任何承諾，也就沒有法律上的義務，贈與人無法要求撤銷當初的贈與。

如果是訂婚以後才分手的話，當初因為訂婚所贈送的物品或金錢，在婚約無效、解除或撤銷時，根據《民法》第 979 條之 1 的規定，付出聘金的男方可以請求女方返還贈與物。但是如果女方真心誠意的想結婚而收下聘金，後來不結婚的責任其實在男方的話，男方就很難要回聘金。

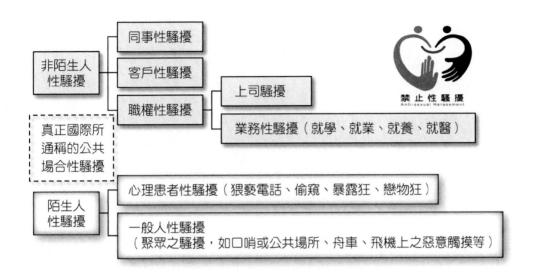

⮎ 圖 2-3　性騷擾分類表解圖

■ 表2-4　防範性騷擾的相關法規及保障場域

法律名稱	保障範圍	適用場域
性別工作平等法	保障員工工作權	主要處理職場性騷擾
性別平等教育法	保障學生受教權	主要處理校園性騷擾
性騷擾防治法	保障個人人身安全	處理前二法以外之性騷擾（如公共場所）

※ 彰化地方法院的「舌吻五秒無罪」、「襲胸十秒無罪」等判決，不但引發各界爭議，更造成婦女恐慌不安，其實性侵害雖未能成罪，都已構成告訴乃論的性騷擾防治法罪嫌。

二、著作權與著作的合理使用

　　智慧財產權（Intellectual Property Rights，簡稱 IPR；大陸稱為知識產權），係指人類精神活動的成果而能產生財產上之價值者，並由法律所創設保護之一種權利。因不具實體特性，故有無體財產權之稱，包括商標專用權、專利權及著作權。說到「財產」，一般人可能只會聯想

到的，就是不動產（如土地、房屋）；動產（現金、珠寶、股票⋯）等「有形」且具體可見的物品，但其實在人類的文明發展史中，「無形」的財產也逐漸受到大家的重視。所謂「無形的財產」就是人類基於思想，進行創作活動而產生的精神上、智慧上的無形產物，因此，智慧財產權必須兼具「人類精神活動之成果」，以及能「產生財產上價值」之特性。保護的目的在於鼓勵研究發展及創作，防止不公平競爭，加強投資人對新產品投資的興趣及信心，促進文化與科學的進步及產業之發展。

同學在大學校園最常遇到的著作權問題，就是原版教科書的使用和電腦音樂檔案的交換。這裡僅就我國著作權法的重要概念，以及校園裡的「合理使用」範圍做介紹。

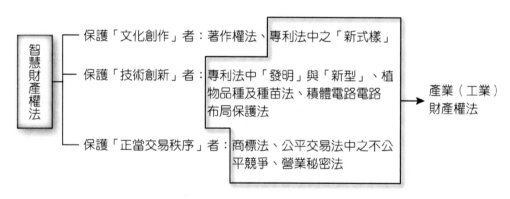

智慧財產權法
— 保護「文化創作」者：著作權法、專利法中之「新式樣」
— 保護「技術創新」者：專利法中「發明」與「新型」、植物品種及種苗法、積體電路電路布局保護法
— 保護「正當交易秩序」者：商標法、公平交易法中之不公平競爭、營業秘密法

產業（工業）財產權法

⮕ **圖 2-4　智慧財產權之分類（圖片來源：黃源謀，原始引自謝銘洋）**

（一）著作權的內容與範圍

著作權屬於智慧財產權的一部分，都是為了確保創作者與發明家能夠從他們的創作與發明所產生的價值中獲得利益，進而繼續努力創新，推動人類文明進步的法律概念。智慧財產權涵蓋的範圍比較廣，只要是技術上的創新、物種的新發現、商標的新式樣、商業經營的祕密等，都包括在內。著作權專指精神領域的文學、科學、藝術或其他學術領域的作品。著

作權是在著作完成的時候立即發生的權利，也就是說著作人享有著作權，不需要經由任何程序，當然也不必登記。著作權包括了著作人格權與著作財產權兩個部分。

1. 著作人格權：用來保護著作人的名譽、聲望及其人格利益的，因為和著作人的人格無法分離，所以不可以讓與或繼承。著作人格權包括有公開發表權、姓名表示權及禁止不當修改權等三種權利。法律對於著作人格權的保障不因著作人死亡而中止，屬永久保護。如牛希濟之「記得綠羅裙，處處憐芳草」；范仲淹之「先天下之憂而憂，後天下之樂而樂」，永遠是他們的作品。

2. 著作財產權：賦予著作人財產上的權利，使他獲得實質上的經濟利益，促使作者繼續從事創作活動，精進創作的質與量，豐富文化內容。主要內容包括重製權、公開口述權、公開播送權、公開上映權、公開演出權、公開傳輸權、公開展示權、改作權、編輯權、出租權、散布權及輸入權等十二項權利。著作財產權可以全部或部分轉讓或授權他人行使。法律對於著作財產權的保障會一直延續到著作人死亡後五十年才終止。但使用別名的著作或不具名著作、法人為著作人的著作、攝影、視聽、錄音及表演之著作財產權存續至著作公開發表後五十年。如坊間印售四大名著《三國演義》（羅貫中）、《西遊記》（吳承恩）、《水滸傳》（施耐庵）及《紅樓夢》（曹雪芹）的書局，不需給著作人的後代任何費用，反而擁有印製版權。

　　另外，基於公眾方便利用的考量，或因其通用性，著作權法特別明定下列各種著作，沒有著作權保護的問題：
(1) 憲法、法律、命令或公文，以及政府對這些文書的翻譯或編輯物。
(2) 標語及通用之符號、名詞、公式、數表、表格、簿冊或時曆。

(3) 單純為傳達事實之新聞報導所作成之語文著作。

(4) 依法令舉行之各類考試試題及其備用試題。

※司法院的官方出版品，甚至標明歡迎翻印，以俾普法利民。

■ 表2-5　著作（權）之類型

著作權法§5	(1) 語文著作（詩詞、散文、相聲、演講）	(2) 音樂著作（曲譜、歌詞）
	(3) 戲劇、舞蹈著作（舞蹈、歌劇、話劇）	(4) 美術著作（繪畫、國畫、漫畫、書法、雕塑）
	(5) 攝影著作（照片、幻燈片）	(6) 圖形著作（地圖、科技或工程設計圖）
	(7) 視聽著作（電影、錄影、碟影）	(8) 錄音著作（錄音於錄音帶、唱片）
	(9) 建築著作（設計圖、模型）	(10)電腦程式著作
§6	(11)衍生著作：原著作改作之創作為衍生著作	
§7；§7-1	(12)編輯著作：指就資料之選擇及編排具有創作性者(§7)	(13)表演：指對既有著作或民俗創作之表演(§7-1)

（二）著作權法之「合理使用」（著作權法§44~63，§65 第二項）

　　著作權法除了保障著作人的著作權益之外，還有「調和社會公共利益，促進國家文化發展」的目的。為了讓其他人能夠傳承前人的智慧，進一步發揚光大，而不至於受到著作權保障的過度限制，法律也允許社會大眾在合理的範圍內，縱使未經著作權人的授權，自由、無償地利用其著作，尤其允許社會大眾為學術、教育、個人利用等非營利目的，得於適當範圍內逕行利用他人之著作，此即所謂「合理使用」。就算著作權人對使用者提起侵害著作權之訴訟時，使用者可以用「合理使用」的主張來免除

侵害著作權之責任。但是「合理使用」不是一個固定的比例，實務上必須注意以下四點，做為判斷的基礎：

1. 利用的目的－商業目的還是非營利的教育目的。

2. 著作的性質。

3. 利用部分在整個著作所占之比例。

4. 利用結果對著作潛在市場與現在價值之影響。

以下用幾個校園常見的例子和同學討論。

狀況 4-1：原版的原文教科書價格昂貴，如果只影印其中幾章，算不算合理使用？

首先考慮利用的目的。如果同學覺得原版教科書太貴，影印整本課本來使用，這種行為就侵犯了著作權。如果是同學自己用學校圖書館的影印機影印整本課本，這是非法重製；如果是請影印店代為影印整本課本，影印店就成為侵害重製權的共犯或幫助犯，也要負擔民、刑事責任。

接著考慮著作的性質：教科書是公開發行的著作，其原創概念的成分比沒有公開發行的著作多，受到著作權法保護的程度比較高，對於此類著作之使用，其所能主張合理使用的範圍也就比較小。至於影印教科書的行為對於著作的潛在市場與現在價值所造成的影響，這個標準除了要考慮影響書本的銷售量問題之外，還要視影印重製的部分在整個著作所占之比例而定。關於這個問題，我們用另一個狀況來說明。

狀況 4-2：許多圖書館在影印機旁張貼「尊重著作權‧影印請勿超過三分之一」的警告標示，這是不是代表只要沒有影印超過三分之一，就是合法的？如果一次印五分之一是合理使用，那將一本書分成五次或是更多次影印，每一次都是合理的使用，就不會被告了吧？

　　第一個問題涉及使用的部分在整個著作所占的比例。著作權法和我國法院實務上並沒有所謂少於三分之一就是合理使用的規定。如果一本書的精華部分不到全書十分之一的頁數，同學把這十分之一的頁數全部影印下來，雖然沒有超過三分之一的頁數，但都是精華所在，這就很難主張是合理使用。

　　第二個問題非常富有想像力，但是法律已經把這個「巧門」給關上了。從法律的角度觀察，基於同一目的而分次完成的行為，還是會被當作是「一個行為」。也就是說，就算把一本書分成五次來影印，由於其目的仍然是影印完整的一本書，所以法律上會認為是分為多次進行的「一個行為」。法院也會用影印整本書的行為，去判斷這個行為是否屬於合理的使用。因為影印整本書並不是合理的使用，所以就算分成五次來影印，這整個分批影印的行為還是無法主張是合理的使用。（經濟部智慧財產局，2005）

　　總之，從判斷是否構成合理使用的四個標準來看，由於第三和第四個標準（利用部分在整個著作所占之比例，利用結果對著作潛在市場與現在價值之影響）並不明確，影印教科書的行為在法庭上很難主張是著作權的合理使用。

（三）電腦數位音樂檔案的合理使用

　　大學校園裡常常看到同學戴著耳機到處走。這些同學有的是在學語文，更多的是享受 MP3 數位隨身聽裡的流行音樂。這一小節，我們針對電腦音樂檔案著作權的合理使用做介紹。

　　同學購買正版音樂光碟片以後，就獲得了這張音樂光碟片（所謂的「著作物」）的所有權。但是這張光碟片內容音樂（亦即「著作」）的重製權、公開傳輸權、散布權等著作財產權，仍然屬於享有著作權的詞曲原作

者和唱片公司。如果同學要把音樂光碟中的歌曲燒錄在另一片光碟片上，或是轉檔成為 MP3 的檔案格式儲存在 MP3 數位隨身聽中，這種供個人為非營利目的的重製行為，只要是使用自己的電腦設備，而且重製的質量與比例不至於影響這張音樂光碟的潛在市場與現在價值，就屬於「合理使用」的重製行為，可以不需要事先取得唱片公司的同意。但是如果是為了分贈朋友而重製音樂光碟內容的話，就不能說是重製行為的「合理使用」。（教育部電算中心，案例1）

另外，隨著網路功能的日新月異，越來越多的網友繳費成為軟體網站之會員，使用軟體業者提供的交換軟體（例如：P2P 搜尋軟體），任意在網路上交換受著作權法保護的音樂。同學必須注意，國內相關網站的業者大多尚未取得詞曲著作人和唱片業者合法的授權。網友向國內軟體業者所繳交的會費，只是用來取得會員資格和使用業者所提供之軟體與平台的花費而已，並不包括詞曲著作人、唱片業者授權的費用。如果網友透過該軟體與平台大量交換使用他人的音樂與錄音著作，就會發生侵害他人音樂與錄音著作權之問題。切勿以為繳交會費，即可無限制利用他人的音樂著作。

有鑑於網友利用未獲授權網站平台交換音樂檔案的行為日益猖獗，著作權法於 2003 年修法時，把「公開傳輸權」增訂為著作財產權的內容。這次修法通過以後，同學如果未經著作權人的授權，就利用 P2P 電腦軟體供其他網友從自己的個人電腦硬碟資料夾中，下載受著作權保護之他人錄音著作，這種「供他人下載」的行為就算沒有營利，仍然可能構成侵害著作權人的公開傳輸權。由於網際網路的公開傳輸行為，無遠弗屆，影響深遠，構成侵害著作權的可能性極高，從而須負擔民事責任的可能性亦極高。就刑事責任而言，因網路使用者一般交換音樂的數量或金額，極易超出合理使用範圍，依法須負擔刑事責任的可能性亦極高。同學不可不慎。（教育部電算中心，案例2）

（四）認識創用 CC (Creative Commons)

1. 何謂創用 CC 授權？

　　創用 CC (Creative Commons)是一種針對受著作權保護之作品所設計的公眾授權模式。任何人在著作權人所設定的授權條件下，都可以自由使用創用 CC 授權的著作。目的在於藉由創作者的互助合作，豐富文化的共用資源。即以分享以及創作與利用人互助合作為導向的授權架構。

2. 創用 CC 核心授權要素

授權要素	代表圖像	定　義
姓名標示 (Attribution)	（圖）	利用人必須按照作者或授權人所指定的方式，表彰其姓名；但不得以任何方式暗示其為利用人（或利用人使用該著作的方式）背書。
非商業性 (Noncommercial)	（圖）	利用人不得為商業性目的而使用著作。
禁止改作 (No Derivatives)	（圖）	利用人不得改變、轉變或改作原著作。
相同方式分享 (Share Alike)	（圖）	利用人改作自原著作的衍生作品，必須採用和原著作相同或類似的創用CC授權條款。

（黃泰然主編，2010：3-5）

3. 創用 CC 核心授權條款

	姓名標示
	姓名標示－禁止改作
	姓名標示－相同方式分享
	姓名標示－非商業性
	姓名標示－非商業性－禁止改作
	姓名標示－非商業性－相同方式分享

　　創用 CC 六種授權條款的共通特色是：

(1) 要求姓名標示：利用於必須標示創作者的名稱（或筆名）、著作名稱、出處或網址、原有的授權方式。

(2) 允許非商業性的重製、轉載、引用：只要遵守「姓名標示」的要求，利用人非商業性的重製、轉載、引用等行為，都無須另外取得授權。

(3) 適用於全世界：創用 CC 是對世界上的不特定公眾授權，並沒有限制特定區域。

(4) 不得事後撤銷：創用 CC 授權契約的效力會持續到作品著作權存續期間屆滿為止，且為了保護不特定人對授權範圍的信賴，不能中途撤銷。（黃泰然主編，2010：P6-7）

肆、校園外法律問題

一、車禍處理流程

　　車禍是個文明病，也是個大問題，世界各地每天車禍頻傳。台灣在車禍發生的比率與頻率上，應可算數一數二，因為太多的車輛穿梭來往，導致交通亂象叢生，和不太講求禮讓的民族性，多項因素促成惱人之車禍糾紛，尤其車禍每每是「與有過失」，常常雙方都有責任，如何互賠抵扣，往往並不單純，故為幫助同學如何處理，其流程歸納如下：

（一）防範故意致死（保命）：防止肇事逃逸；辨識是否為假車禍。及時求救並確認自己受到傷害情況。若有傷患，立即打 119 或 110 叫救護車協助送醫。

（二）保全證據：車禍現場要保持原狀完整（有受傷者要先行送醫），尋求物證（手機拍照、對方車牌號碼、行車紀錄器、監視錄影資料）及人證（請目擊證人留電話、附近商家）。若有重大傷亡要有防止肇事者脫產之警覺。

（三）原則上要報警【打 110 報案】：視損害狀況及對方私下和解誠意。須注意的是，私下和解時，須防範將來有被冤枉的可能，必要時製作簡易和解書。（訴訟曠日費時要加以考量）

※確認自己之對錯，並檢視對方有無駕照？是否酒駕【酒測】？超速或闖紅燈…等違規情事。

（四）交通筆錄：確認筆錄之公正性（不利於己之不實陳述一定要拒簽），必要時得尋求奧援，亦可申請車禍鑑定。

（五）保險理賠：確認雙方是否保險（強制險；任意險－車體險、第三人責任險…），並儘速通知保險公司尋求將來順利理賠。

（六）調解委員會：運用鄉鎮市區公所及法院之調解委員會，尋求合理賠償之和解（雖無強制性，但若經法院認證，與判決生同等效力）。

（七）提告時效：刑事訴訟法§237 告訴乃論（例如過失傷害罪）－告訴權人知悉六個月內提出；民法§197（知有損害 2 年；侵害時起 10 年）；國家賠償（知 2 年；5 年）。

（八）上法院：通常以車鑑報告為依據，要在法庭上做有利於己之陳述（善意、學生、守法、來自弱勢家庭等）。

※一定要在三天內請求法院查封其財產（聲請假扣押－金錢或假處分－非金錢），以防脫產而得不到理賠。

（九）賠償內容

1. 修車費：修理之賠償給付與認定要審慎；保修－修理費高於車子現值時。

2. 醫藥費：備齊醫療費用（掛號、診療、復健、藥品、醫材⋯等）收據。

3. 減少工作收入：薪資證明或所得稅繳納證明；無僱主者以勞委會所定最低基本薪資計算。

※基本薪資自 2017 年 1 月 1 日起，最低時薪已調整為 133 元；最低月薪則為 21,009 元。

4. 增加生活支出：拐杖（助步器）、輪椅、交通、看護等單據。

5. 慰撫金（精神）：本人；不法侵害致死者，被害人之父母、子女及配偶亦得請求。

6. 喪葬費：一般行情 30 萬元（依《犯罪被害人保護法》第 9 條第 1 項第 2 款）。

7. 法定扶養義務費用：加害人對已死被害人法定扶養義務之第三人亦應負損害賠償責任。

8. 其他：補品、增加之水電費、家人接送等等。

（十）法條依據及刑責（刑事、民事責任及行政罰責任。民事和國家賠償提告、與有過失、交通筆錄、和解書）

時效：民法§197：知有損害 2 年；侵害時起 10 年。

刑法告訴乃論之過失傷害提告期限僅 6 個月內。

民法§184：侵權行為責任，損害賠償請求權基礎

民法§192：侵害生命權

民法§193：侵害身體、健康

民法§194：侵害生命權之非財產

民法§195：侵害身體、健康之非財產

民法§188：僱用人之責任－連帶損害賠償責任（選任監督已盡相當注意者可免責）

【法院得因聲請斟酌雙方經濟情況，令僱用人為全部或一部之損害賠償】

刑法§284 條：過失傷害（6 個月以下；1 年以下）；過失重傷害（1 年以下；3 年以下）

刑法§276 條：過失致死（2 年以下；5 年以下）

※ 以上三個括號內，分號前面刑責較輕者為一般駕駛，後面較重者為職業駕駛。

刑法§185-4條：肇事逃逸（6個月以上，5年以下）

國家賠償法：侵害若係公務員或受委託執行公務或行使公權力所造成，得
申請國賠。
補充：民法§196－物品毀損之賠償
民法§217－損害賠償之過失相抵（與有過失）

※小車禍處理方式：**放**（警示標誌）、**撥**（110、119）、**劃**（現場劃記）、**移**（移至不妨害
交通處）、**等**（警察到場處理）。

二、租屋須知

有些同學初次離鄉背井，客居他鄉，若住學校宿舍，住宿問題與安全
性比較單純，但在校外租屋，則特別要注意自身的安全與權益。根據媒體
統計一般租屋糾紛之前五名如下表，其中，關於租屋之權益保障，從不同
立場角色分析如下文：

■ 表2-6　2011年上半年租屋糾紛前五名

糾紛類型	件數	預防建議
終止租約	27	租屋前做足功課，多觀察、多察看，跟房東把合約談清楚
房客欠費用	9	搞清楚費用計算方式、收費時間、負擔比率等
押金、租金返還	8	合約內容看清楚，如被扣押金的條件
修繕問題	7	與房東講好責任歸屬，合約上白紙黑字寫清楚
房東擅自入屋	5	跟房東溝通租屋其不得擅入屋內，也可自行換鎖或加按（暗）扣，保留舊鎖到退租時回復原樣

資料來源：2011年8月29日蘋果日報：地產－地產焦點－學生租屋－中途毀約糾紛多
http://tw.nextmedia.com/apptenews/articte-id/33630/90/IssueID/20110829

（一）承租人權利（房客）

1. 出租人之修繕義務

　　房屋老舊漏水，造成同學住居不便時，可依《民法》第 423 條及第 429 條第 1 項規定：「租賃物之修繕，除契約另有訂定或另有習慣外，由出租人負擔」，要求房東修理。

2. 房客自行修繕得請求房東給付費用（房租若採月繳，可由租金中扣除）

　　房東提供之熱水器壞掉，同學沒有熱水洗澡時，可依《民法》第 430 條之規定通知房東請其在一定時間內修理，如果房東不肯修理時，同學可自行請人修理後向房東請求償還修理費用或從房租中直接扣下修理費用。

3. 可依急迫、輕率、無經驗之理由，請求減少房租之給付或撤銷租約

　　同學自行在外租屋，如果房東要求同學自 102 年 4 月起即須繳房租，實際上同學要到 102 年 9 月後才會進住。此時房東係利用同學擔心如不先租屋，待到開學時會租不到房子的心理，使同學預付房租，此時可引用《民法》第 74 條規定，請求房東減少房租之給付或撤銷此一租約。

4. 買賣不破租賃原則

　　許多大學租屋族最常遇到的類似問題，繳了整年房租，卻在原屋主將房屋買賣後被新房東趕出來。新的屋主不肯繼續將房子租給同學時，同學便可引用《民法》第 425 條，請求新屋主繼續履行租賃條約，此即「買賣不破租賃原則」，係保障弱勢承租人之規定。即在租約期中房屋買賣，房客仍可享有居住的權利，房東不得要求已繳租金的房客搬遷，亦不得向房客索討房租。

5. 租賃契約存續期間，房客擁有絕對使用權

　　房屋租賃契約存續期間，房客擁有承租標的（房屋或房間）之絕對使用權，房東沒有權利擅自闖入，更不得私自換鎖。若未經房客允許，尤其經警示後仍強行進入者，即構成隱私權(Primacy)的侵犯。

6. 房租逾期，房東不可侵占物品

　　如果房客因故繳不出房租，房東不可以將房客物品丟棄或是闖入房間淨空，否則將吃上侵占官司，房東必須依照法律途徑，透過法院強制執行。

（二）出租人權利（房東）

1. 房客違反租約，得終止租賃契約

　　房東出租一間房間，聲明只供兩人居住。若同學一口氣住進三人或三人以上，則有違誠信原則或信賴保護原則，房東可依《民法》第 438 條第 1 項規定終止租賃契約。

2. 房東對於租金債權，享有留置權

　　房東對於房客未準時交付租金並在押金抵扣及催繳後，得於租金額度內，對於房客房租處之私人動產物品（除禁止扣押物外）留置，以為租金債務之擔保，但沒有權利將其處理掉。

3. 房屋（出租）損害賠償請求權

　　房東就租賃物所受損害，或因租賃契約受有損害，對於房客有損害賠償請求權，不過此權利與對房客之償還費用請求權及工作物取回權，均在二年間不行使而消滅。

4. 違法全部轉租，房東得終止契約

　　同學可將一層房屋租下來，然後分租其他同學，惟不可全部轉租，違者出租人可依《民法》第 443 條第 1 項及第 444 條來終止契約。且法律上賦予擔任二房東較重之責任，及二房東須對因次承租人應負責之事由所生之損害負賠償責任，所以請勿輕易轉租。

5. 租金給付遲延逾二個月，並經催告得終止契約

　　依據《民法》第 440 條規定：「承租人租金支付有遲延者，出租人得定相當期限，催告承租人支付租金，如承租人於其期限內不為支付，出租人得終止契約。」一般為逾二個月。

（三）租屋常識

1. 押金：最普遍慣例是兩個月租金，除非是店面或辦公室才有三個月以上甚或半年的押金，依照法律的規定超過兩個月以上的押金得折抵租金。

2. 違約金：違約金部分法律並無規定，房客在租賃期間退租，通常須支付一個月租金的違約金，但若在簽約時有約定，則以約定為準。

3. 稅賦：地價稅及房屋稅皆由房東負責，營業用租賃稅必須講清楚由何方支付，政府是直接向承租的營業單位扣稅，若未約定清楚，租賃稅就是由房客付。

4. 租期：租期通常是一年，超過一年以上租約，房客最好註明承租超過一年不扣違約金，另外，房東與房客之間亦可視情況簽兩年或三年的租約，只要註明承租超過一年即不扣違約金即可。若雙方未簽訂書面契約，則會形成「不定期租賃」，一般對承租人較有利，因只要持續繳付租金，便能繼續租用。

5. 房東違約：房東若在租期中要收回房子，除非房客同意，否則不管房東要賠多少都是不行的，不過慣例上，通常房客會接受一個月租金的違約金，另找房子。

6. 房子損壞：房子結構性的缺陷如漏水龜裂等是由房東負責修繕，若房東不處理，房客得照相後請商家修繕，款項由租金或押金中扣，消耗性物品的損壞由房客負責如燈管、燈泡、橡膠墊片等，如因房客的不正常使用而損壞也由房客負責。

7. 證件：房客提供給房東的身分證影本，請在正反兩面註明「僅供租屋使用不做其他用途」，並請房東提供房屋稅單或房屋權狀影本。

8. 水電費：通常依使用者付費原則，由房客繳納，除非另有約定者，從其約定。

三、打工權益

（一）導正學生觀念　讓打工成助益

　　據人力銀行調查發現，有八成五零用錢不夠用的大學生，會利用課餘打工，以補足經濟缺口，而目前打工的大學生每週平均「工作」16.4 小時，逼近每週「上課」18 小時，其中有三成五的學生打工時數多過上課時數。其次，打工對於學業有何影響？有人認為這不利於課業學習，也有人認為沒有影響，甚至對學習有正面的影響，說法眾說紛紜而莫衷一是。前監察院長王建煊曾經以愛之深責之切的心態，強力批評大學生浪費生命，殊不知打工已變成不少大學生生活中不可或缺的一部分，尤其對經濟弱勢的學生而言，打工變成了他們不得不的選擇，不但減輕父母負擔，自己也可有零用錢花用。

　　既然打工已成為大學生活一部分，因此學校、家長應該導正學生的打工觀念，學生也要有正確認知，讓打工成為助益，而非不良影響。首先，可確定的是，打工確實壓縮了學習與社團活動的時間，因為若打工時間過長，不但不利學習與同學互動，甚至影響師生關係，因此，打工時間不宜過長，且不能太晚，以免影響隔日的課業學習。其次，不管在校內或校外打工，重複性、替代性高的工作，雖然可賺取工讀費用，對同學未來在職場上實質助益不大，最好選擇與所學相符，或未來所希望從事的工作，不僅可了解產業結構與變化，還可學習到職場人際關係與互動。

（二）職場陷阱多多　如何保護自己

　　勞工局業務服務中心統計，去年有兩百多通打工諮詢申訴電話，有 10 件正式申訴，多數遇到雇主惡意苛扣薪資或超時工作等；去年也針對較多學子打工的場所進行暑期稽核，在 108 件勞動條件訪查，就有 85 件被命令限期改善。

　　勞工局指出，青少年求職打工時易受「錢多事少」這類不合常理的不實廣告迷惑，過去常見有學生懷抱明星夢，被徵演員或模特兒廣告吸引，上門後才知要繳大筆拍照費用；甚至還有所謂高薪伴遊司機，業者詭稱工作只要載著「貴婦」出遊，月領十多萬，許多大學生上門後，反被索取數萬元的租車費。

　　暑期打工注意事項：

‧ 勿輕信高薪、輕鬆等不合理工作。

‧ 適當拒絕雇主不合理要求，如不給休假、超時工作等。

‧ 雇主若要求扣押證件、金錢等，應予以拒絕。

‧ 留意是否有保勞保以免權益受損。

（三）打工應慎選場所，避免被虛報薪資

學生打工萬一被虛報或浮報薪資，可向戶籍所在地國稅局提出檢舉，並檢附實際領取薪資之證明文件，供國稅局作為查核參考。經調查結果，如確屬虛報薪資，該被虛報之薪資將可註銷，至於不肖業者將予處罰。國稅局提供下列方法，讓打工的學生及其家長參考：

1. 不可在未填明工作期間或金額的薪資表上簽名或蓋章。

2. 不可隨便將身分證、學生證等證件交予他人，亦不可隨便提供他人影印。

3. 領取薪資時，應詳細核對薪資單上的金額與實際核發金額是否相符，並保留薪資單，做為將來舉證證據。

4. 不可貪圖小利，答應不肖雇主虛報或浮報薪資，以免觸犯幫助他人逃漏稅刑責。

（四）注意安全提防詐騙

人力派遣公司所導致學生打工糾紛案例，近年迭有增加，派遣人員工作出問題時，派遣公司卻馬上劃清界線，導致學生權益受損，不建議學生暑期應徵人力派遣公司工作。例如曾禱玫同學，到人力派遣公司應徵工作，應徵時公司宣稱，只做處理文書、坐辦公室接電話等靜態工作，但上工不到 3 天，有家工廠假日人力不足，她隨即被派去工廠當作業員，從事高危險的機械工作，一不小心，她左手來不及縮回就被機器壓住，自此左手成殘。

關於人力派遣打工糾紛，另一案例是有一名男大學生莊孝偉，被派到飲料工廠當理貨員，未經妥善教學就奉命駕駛堆高機，不慎撞破 2 箱飲料，不僅被解僱，工作 2 天的薪資也沒領到，最後二家公司（派遣及僱用）互踢皮球拒絕支付莊生薪資。

另一個案例，英文系女學生鄭惠歡，花 2 個月幫出版社翻譯數十萬字，只拿區區幾千元稿費，新書出版時，翻譯人卻不是她，質問後才知自己當時為把握打工機會，簽約時竟放棄著作權，即使打官司也討不回公道，落得為她人作嫁衣裳之下場。

四、網路糾紛

資訊網路帶來生活便利性，改變消費者購物行為模式，網路交易成本遠低於實體店面，致使經營網路拍賣或網路店面業者越來越多，相對地，網路詐騙與購物糾紛問題層出不窮，最基本法律常識是在網路上進行任何交易物品，一律都有七天的鑑賞期，此外，如何防範網路詐騙及避免網路購物糾紛，也是該了解的課題。

（一）網路詐騙

網路詐騙是一種詐騙手法，目的在竊取您的身分資訊。在網路詐騙的詭計中，詐騙者會試圖以欺詐手段獲得您的信任，以取得您的個人資料（像是信用卡號碼、密碼、帳戶資料或其他資訊）。詐騙詭計可能由詐騙者親自進行、透過電話，或透過垃圾郵件或快顯視窗於線上進行。

歹徒在盜取網站的會員的購買資料後，進而打電話給這些購買者，首先自稱「客服人員」，於電話中清楚告知過去的購買內容明細，再謊稱因超商店員於送貨時，誤將電腦契約選單勾選為「分期付款」，目前帳戶內會有扣錯款的情況，然後要求購買者拿出金融卡，將背面的 24 小時銀行客服電話告知，且說稍後會有銀行人員來電，協助辦理「解除分期設定扣款」，可於核對「來電顯示」後，配合銀行人員解除錯誤，許多人因為聽到詳細的購買資料，又看見來電顯示正是網站及銀行的客服專線，在聽信電話指示中操作自動提款機，卻在與歹徒失去聯絡後發現被騙。

詐騙案件一再發生，許多網友開始對網路交易的安全性產生質疑，究竟歹徒是如何取得這些交易資料的？國內 PayEasy 購物網曾發現該公司資料庫有異常登入現象，共攔截到 3 萬 9 千多筆來自數個特定 IP 的帳號、密碼，歹徒以「資料拼圖」手法，將已蒐集而來的會員帳號與密碼，不斷以人工登入方式，企圖測試每一組帳號與密碼所歸屬的網站，就像拿著幾萬把「鑰匙」來開各大網站的門，目的在盜取客戶購買資料，其實，要讓歹徒的鑰匙無效，最簡單的方法就是換一副「鎖頭」，這裡的「鎖頭」就是您的密碼，只要經常更換全新密碼，您就沒有風險，另外必須養成一個好習慣，就是在不同的網站使用不同組密碼，許多人因怕輸入錯誤或遺忘，都傾向使用同一組密碼，進入不同網站，這很容易成為歹徒成功登入的目標，因此務必針對不同網站使用不同帳號與密碼。

其實目前網路詐騙手法是「千騙、萬騙，不離 ATM！」請務必注意，各大購物網站，或是網路賣家不會主動要求購買者更改結帳方式或提供個人資料，更不會要求您去操作 ATM，若接到類似電話，可直接撥打警政署 165 反詐騙專線查證，亦可上刑事警察局網站「165 專區」閱覽或參考相關案例。（資料來源：內政部警政署刑事警察局）

（二）購物糾紛

根據中華民國網路消費協會選出的「2010 年網路消費十大新聞」，「網路購物糾紛多、標錯價爭議、詐騙橫行，消費者小心免被騙」、「駭客入侵購物網站，網路刷卡危險多」名列一、二名。網路消費協會統計，2010 年向該協會申訴的網路糾紛，共有 1,052 件，其中又以網路拍賣、線上遊戲、線上購物申訴案件最多，三者加總案件超過所有申訴案件的一半以上，顯示三大類服務雖最受網友歡迎，但糾紛也最多。

因此，中華民國網路消費協會對網路拍賣買方建議購買時要注意：

1. 檢查賣家的評價。

2. 仔細閱讀拍賣商品說明並以鍵盤螢幕列印(print screen)方式保留商品頁面。

3. 多利用電話、電子郵件或網路問答方式，與交易對象聯繫。

4. 保留交易過程中所有證據及匯款紀錄，以便事後追查。

5. 交易過程中發生糾紛，應先尋求拍賣網站的申訴管道。

6. 不要提供自己的身分證號、信用卡號、私人聯絡方式等資料給交易對象。

7. 面交地點應選擇比較安全、好找、明確的地點（如果你是女生最好找人陪同）或大目標，如：百貨公司、車站、捷運站服務窗口。

8. 當場檢查物品有無錯誤、拆裝、試用再付款。

9. 若匯款不要按錯號碼與金額，並保留匯款收據。

10. 發生交易糾紛，注意風度，使用禮貌的文字，勿出惡言。

11. 不要在拍賣中買違禁物品（法令禁止販賣之商品），因為萬一發生交易糾紛，賣方也不敢出面處理。（詳見附表 2-7）

12. 求助於拍賣平台，或網路消費協會的網路拍賣爭議處理中心。

■ 表2-7 法令禁止販賣之商品

1. 菸及外觀印有菸品品牌之商品。	2. 酒類、色情或暴力出版品。	3. 侵害他人著作權、商標、專利等權利之侵權物品。
4. 藥品、毒品、相關產製品及吸毒用品。	5. 眼鏡、醫療器材。	6. 保育動物產製品，如象牙。
7. 活體動物。	8. 武器彈藥，包括刀械、槍枝。	9. 人體器官。
10. 彩券。	11. 有價證券，如股票流通貨幣。	12. 政府核發之證件、證照或執照。
13. 禁止轉讓之權利證明文件，如會員證。	14. 警用物品。	15. 二手內褲／絲襪。
16. 教導或鼓勵他人自殺之物品或書籍，例如：完全自殺手冊。	17. 贓物。	18. 煙火、炮竹。
19. 一歲以下嬰兒配方奶粉。	20. 專用垃圾袋。（台北市政府）	21. 經濟部公告應施檢驗商品。
22. 其他需領有執照或許可才能銷售之物品。	23. 其他違反公共秩序、善良風俗或依法令禁止販售之商品。	

黃源謀製表

 # 伍、賞善罰惡下之道德與法律的趨避衝突

　　撿到東西也是大家很常遇到的事，然而，這麼通俗的人生經驗，法律知識又是如何？道德標準又是怎樣？又撿到而不還，則恐觸及《刑法》第337 條之侵占遺失物罪。回顧 2010 年成功大學及高雄大學（法律學系在學及財經法律學系畢業）同學先後發生遺失物拾得，法定報酬的爭議問題，其中爭點，在於《民法》第 805 條第 2 項三成法定報酬請求權，並可利用

《民法》第 805 條第 4 項的留置權行使，以達索取法定報酬之目的，但當遺失物的失主是貧窮弱勢，又拒絕支付法定報酬時，法律與道德之衝突便十分的突顯，因為當法定請求權利對上拾金不昧的道德，讓我們進一步思考法的社會性問題。即有如權變理論一樣，審慎的再做「利益衡量與價值判斷」。

立法委員的職責除為民服務，為民喉舌外，最重要的即是修法，故於 2012 年 6 月通過民法關於遺失物拾得之修正案，並於 2012 年 12 月 13 日施行。現拾得人最高只能主張十分之一的報酬，當遺失人是經濟弱勢等給付報顯失公平者，並得請求法院減少或免除其報酬，不失為反映民意，體恤弱勢之修補式修法案例，只是拾獲遺失物是否歸還，深涉道德問題，法有窮盡而難動其心，誠如《論語》〈為政篇第三〉：「道（導）之以政，齊之以刑，民免而無恥。道（導）之以德，齊之以禮，有恥且格。」值得吾人深思。

一、遺失物拾得之處理

1. 拾得遺失物→應通知其所有人

　（民法§803）　不知所有人或所有人所在不明　→　應為招領之揭示

　（民法§804）　　　　　　　　　　　　　　→　或報告警署或自治機

　　　　　　　　　　　　　　　　　　　　　　　關，並應將物交存

　（拾得物易腐壞或保管需費過鉅者，警署或自治機關得拍賣存其價金－民法§806）

2. 報酬之請求：遺失物所有人六個月內出面認領，拾得人得請求報酬。但不得超過其物財產上價值十分之一（一成）；其不具有財產上價值者，拾得人亦得請求相當之報酬。有受領權人依前項規定給付報酬顯失公平者，得請求法院減少或免除其報酬。（民法§805II）

3. 逾期未認領：遺失物拾得後六個月內所有人未出面認領者，警署或自治機關應將其物或其拍賣所得之價金，交歸拾得人所有。（民法§807）

4. 埋藏物：發現者與物所在動產或不動產所有人各分一半（民法§808）；漂流物或沉沒物最高一成，準用關於拾得遺失物規定。（民法§810）（例外：埋藏物若具學術、藝術、考古或歷史等價值依特別法－民法§809）

■ 表2-8　發現各類型動產得主張之權利比較

類　型	可主張權利比例	依據法律	方式
無主物	全部	民法第802條	先占取得
埋藏物	全部或五成（所有人）	民法第808條	與所有權人均分
遺失物	最高一成	民法第805條第2項	拾得人得主張，有爭議時由法官裁定
漂流物、沉沒物	最高一成	民法第810條	準用關於拾得遺失物規定
礦及天然力	無	憲法第143條	所有權屬於國家
埋藏物具學術、藝術、考古或歷史等價值	（依特別法）	民法第809條	依相關特別法規定

黃源謀整理製表

陸、結語

　　法律與我們生活息息相關，不僅維持社會秩序，避免社會動盪不安，更保障人民生命、身體、自由及財產的安全，多接觸瞭解法律有利保障個人基本權益。

　　法律乃善良及公平之藝術（鄭玉波譯解，1984：1），故法律每每優先保護公益、善意及經濟上的弱勢。懇切希望同學多學習法律，因為法學教育不僅在賦予法律知識，且在訓練法律思考(Training the Legal Mind)，用心讀法律，更能深入了解社會及人性。總之，是己權利莫放棄，非我該得勿強求。法律只保護權利的勤勉者，不保護權利的睡眠者。多讀法律，保障權益。（黃源謀等，2008：213）最後，謹推薦三本書：《正義：一場思辨之旅》、《尋找法律的印跡》、《台灣通史》及「全國法規資料庫」網站，和民主與法治教育影片（請見表 2-8；表 2-9）供同學學習之參考。

　　唯有從小培養民主的彼此妥協精神、具有法治的救濟概念，若干年後，民主法治的憲政國家才會在台灣焉然成行，台灣的公民社會雛型才能逐漸奠定基礎，憲法與人民的生活也才真正緊密相連。（許育典，2011：二版序）

　　民主與法治如孔明車之兩輪，載乘憲政步上坦途，衷心期盼台灣繼經濟奇蹟、政治奇蹟之後，能締造法治奇蹟，成為華人社會之典範。

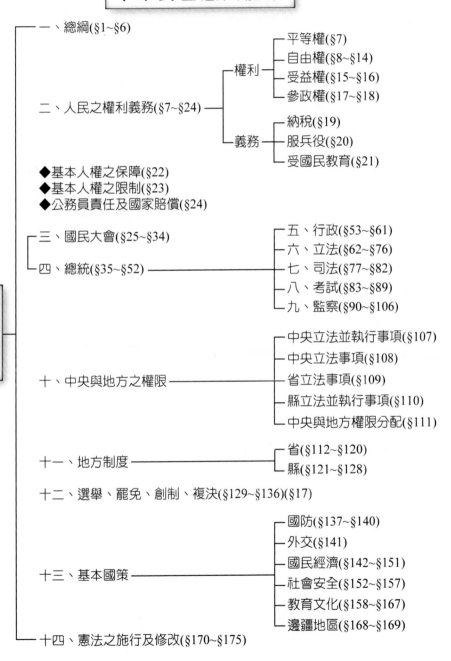

中華民國憲法體系

中華民國憲法

一、總綱(§1~§6)

二、人民之權利義務(§7~§24)

　　權利
　　　　平等權(§7)
　　　　自由權(§8~§14)
　　　　受益權(§15~§16)
　　　　參政權(§17~§18)

　　義務
　　　　納稅(§19)
　　　　服兵役(§20)
　　　　受國民教育(§21)

◆基本人權之保障(§22)
◆基本人權之限制(§23)
◆公務員責任及國家賠償(§24)

三、國民大會(§25~§34)

四、總統(§35~§52)

五、行政(§53~§61)
六、立法(§62~§76)
七、司法(§77~§82)
八、考試(§83~§89)
九、監察(§90~§106)

十、中央與地方之權限
　　中央立法並執行事項(§107)
　　中央立法事項(§108)
　　省立法事項(§109)
　　縣立法並執行事項(§110)
　　中央與地方權限分配(§111)

十一、地方制度
　　省(§112~§120)
　　縣(§121~§128)

十二、選舉、罷免、創制、複決(§129~§136)(§17)

十三、基本國策
　　國防(§137~§140)
　　外交(§141)
　　國民經濟(§142~§151)
　　社會安全(§152~§157)
　　教育文化(§158~§167)
　　邊疆地區(§168~§169)

十四、憲法之施行及修改(§170~§175)

■ 表2-9 民主教育推薦影片

	片名	出版年分	討論主題	背景
1	再見列寧Goodbye, Lenin	2003【普】	東西德統一【柏林圍牆倒塌】	1989年11月9日德國統一前後
2	決戰時刻Patriot	2000【限】	美國獨立戰爭之戰與不戰的抉擇	美國1776年獨立前後
3	打不倒的勇者Invictus	2009【普】	南非曼德拉的族群整合	世界盃橄欖球賽
4	盧安達飯店Hotel Rwanda	2006【保】	盧安達種族內戰時救援感人事蹟	非洲盧安達
5	為人民服務The Candidates	1998【保】	台灣政治問題探討之大補帖【台灣】	吃素人民黨
6	金法尤物2 Legally Blonde 2	2003【保】	到華盛頓DC眾議院推動禁止動物實驗之法案	國會、助理辦公室(95 min)
7	全民公敵Enemy of The State【隱私權】	1998【輔】	隱私權及國家權力（威爾史密斯）	CIA
8	以愛之名－翁山蘇姬The Lady	2011【輔】	一個有理念女子的勇氣和親情的犧牲，改變了國家及人民的命運	緬甸諾貝爾和平獎得主
9	辛德勒的名單Schindler's List	1993【限】	二次世界大戰納粹集中營故事	納粹集中營

■ 表2-10　法治教育推薦影片

	片　名	出版年分	討論主題	背　景
1	金法尤物Legally Blonde	2001【保】	哈佛法律人之養成與實習（瑞絲雷斯朋）	哈佛大學與麻州法庭(94 min)
2	刺激1998 Return to Paradise	1998【輔】	利益衡量價值判斷【馬來西亞法庭】【吊死】	馬來西亞司法
3	費城Philadelphia【*C7】	1993【輔】	歧視愛滋病與平等權（湯姆漢克）	醫院與法院
4	分居風暴A Separation	2012【保】	伊朗經典探討夫妻分居及小孩監護權	全球近四十項大獎
5	HERO執法英雄（日）【刑法§271】	2007【普】	檢察官辦案（木村拓哉）【日本法庭】【檢察官】	檢察署
6	以父之名 In the Names of Father【誤判冤獄】	1993【輔】	感人父愛下之刑求、誤判與冤獄【英國法庭及監獄】	愛爾蘭共和軍、英國監獄
7	永不妥協Erin Brockovich【環保訴訟】	2000【保】	環保與集體訴訟（茱莉亞羅伯茲）【集體訴訟經典】	單親媽【環境倫理】
8	北國性騷擾 North Country【性騷擾】	2006【保】	性騷擾集體訴訟（三代金獎影后合演）【性騷擾】	礦場
9	法外情（香港） The Unwritten Law【訴訟法】	1985【保】	英美法庭檢辯攻防；司法人員迴避制度【香港法庭】	香港（劉德華）【司法倫理】

*C 為憲法(constitution)。

※ 國防大學逼退愛滋生，涉及愛滋患者受教權，堪稱台版《費城》（資料來源：2016.8.15 聯合晚報 A1~A3 版；2016.8.17 聯合報 A6 版）（衛福部開罰國防部 100 萬元）

問題與討論

1. 女朋友沒追成，贈與禮物能要回嗎？

2. 性騷擾認定標準應如何訂定？

3. 共同筆記版權究竟該歸屬於誰？

4. 房東所有權衍生之進屋權，該如何限制？

5. 追撞由後車負全責，此慣例合理嗎？

6. 撿到東西報酬最高一成，應該如何主張？

 **參考書目**

專書

邁可‧桑德爾(Michael J. Sandel)著,樂為良譯(2011)。**正義:一場思辨之旅**。台北市:雅言文化。

余定宇(2008)。**尋找法律的印跡**。台北市:博雅書屋。

黃源謀(2015)。**台灣通史**(3版)。新北市:新文京開發。

黃源謀(2010)。**教育部 98 年度法學教育教學研究創新計畫〈法律通識－快樂學法律〉結案報告書**。

黃源謀(2011)。**法律與職場倫理－拼盤式教學模式**。新北市:新文京開發。

李銘義主編(2008)。**憲法體制與人權教學:本土案例分析**。高雄市:麗文文化。

李惠宗(2006)。**中華民國憲法概要－憲法生活的新思維**(2版)。台北市:元照。

許育典(2011)。**人權、民主與法治－當人民遇到憲法**(2版)。台北市:元照。

許育典(2010)。**從法治國家到人權保障的希望工程－以人權教育為中心**。台北市:元照。

中華民國私立大學校院協進會主辦(2011)。研討「司法院大法官釋字第 684 號解釋對大專校院教務相關事務之衝擊與因應」會議成果報告。

黃泰然主編(2010)。**認識創用 CC 授權**。台北市:教育部。

黃泰然主編(2010)。**創用 CC 授權實務參考手冊:教育行政機關篇**。台北市:教育部。

黃源謀等編著,余元傑、林文斌、趙學維主編(2011)。**公民素養:民主法治與生活**。新北市:新文京開發。

王泰升(2010)。**具有歷史思維的法學:結合台灣法律社會史與法律論證**。台北市:王泰升出版:元照總經銷。

王泰升(2001)。**台灣法律史概論**。台北市:元照。

吳清山、林天祐著(2007)。**教師 e 辭書**。台北市:高等教育。

鄭玉波譯解(1984)。**法諺(一)**。台北市:三民書局。

田博元主編,林文斌、黃源謀等合著(2008)。**民主法治與生活**。新北市:新文京開發。

邢泰釗（1999）。**教師法律手冊**。台北市：教育部。

林有土（1999）。**倫理學的新趨向**。台北市：正中書局。

潘維大（2000）。**法律與生活**。台北市：三民書局。

民間司法改革基金會著（2006）。**老師，你也可以這樣做：校園法律實務與理念**（2版）。台北市：五南。

李永然、成永裕、帥嘉寶、葉建廷（1999）。**大專學生生活法律實用手冊：求職就業篇**。台北市：教育部。

謝銘洋（1997）。**智慧財產權之基礎理論**（2版）。台北市：翰蘆圖書。

謝震武（2004）。**當代法律王謝震武**。台北市：我識。

羅瑞昌（2004）。**法律急診室**。台南市：漢風。

王麗能（1999）。**我是生活法律高手：日常法律問題不求人**。台北市：月旦。

薩孟武、梅仲協、林紀東、劉慶瑞主編（1992）。**法律辭典**（再版）。台北市：國立編譯館。

臺灣臺南地方法院(2016.9.28)《國定古蹟臺南地方法院導覽志工培訓研習手冊》。

黃源謀。**憲法與立國精神**。自編講義。自行出版。

網站

中華民國網路消費協會 http://www.nca.org.tw/

司法院網站 http://www.judicial.gov.tw/

行政院消費者保護協會 http://www.cpc.gov.tw/index.asp

法務部全球資訊網 http://www.moj.gov.tw/mp001.html

教育部創用 CC 資訊網 http://isp.moe.edu.tw/ccedu/download.php

教育部電子計算機中心，大學校園著作權（10 個案例）
http://www.edu.tw/moecc/content.aspx?site_content_sn=5283

經濟部智慧財產局，〈校園著作權百寶箱：圖書館篇〉，2005，(2008.05.07)
http://oldweb.tipo.gov.tw/copyright/copyright_book/copyright_book_57_2.asp#2

蘋果日報(2011.8.29)
http://tw.nextmedia.com/applenews/article/art_id/33630190/issueID/20110829

CHAPTER 3 婚姻與家庭

> 假如你問我要不要結婚，我可以這樣回答，你不結婚會後悔，但
> 如果你結了婚也一樣會後悔。
>
> —蘇格拉底

壹、前言

在童話故事中，其結局通常是王子與公主結婚了，然後呢？然後就沒有了。因為兩個人從相識到相戀，最後有情人終成眷屬。一場盛大的、夢幻般的婚禮為故事畫下美好的句點。

現實的婚姻則非如此，有一句話說「因為想了解對方，結婚；因為太了解對方，離婚。」這才是現實生活中的婚姻。在西方國家，結婚、離婚那是家常便飯。在台灣，根據內政部戶政司統計，2012 年共有 55,980 對夫妻離婚，平均每天有 150 餘對夫妻離婚，每小時有 6 對，即每 10 分鐘就有一對夫妻離婚。離婚比率排名世界第三，亞洲第一。如此高的離婚率，其衍生的相關法律問題也就層出不窮，因此，所有已經結婚或尚未結婚的人都應該對此有相當的概念與基本的了解。

本章將婚姻關係中比較常見的問題或狀況分為三個階段，第一階段為結婚前，主要為婚約的訂定、解除及婚前協議等；第二階段為結婚後，包括結婚的要件、婚姻的無效與撤銷、夫妻財產制、父母及子女關係及家庭暴力等；第三階段為離婚及因離婚而衍生的贍養費、子女監護權及探視權等相關問題。

貳、結婚前

一、婚約之訂定

婚約是男女雙方以將來結婚為目的，預先約定，而使當事人受法律上的拘束，俗稱為「訂婚」。婚約應該在兩情相願的情況下，由男女雙方當事人自行訂定（民法 972 條）。因此父母、祖父母或其他人代訂之婚約無效。另外，未成年人因為思想尚未成熟，故《民法》第 973 條亦規範，男未滿 17 歲，女未滿 15 歲，不得訂定婚約。

男女訂婚後，雖成為未婚夫妻，但在法律上並不發生身分關係。因此如有一方違約，僅負賠償責任，另一方不得強求履行婚約。

二、婚約之解除

男女雙方訂定婚約後，如果雙方皆同意，當然可以將婚約解除，不需任何理由。但是如果有一方不願意解除時，則須有法定原因，始得解除婚約。依《民法》第 976 條，婚約當事人之一方，有下列情形之一者，另一方得解除婚約：

1. 婚約訂定後，再與他人訂定婚約，或結婚者。

2. 故違結婚期約者。（已擇定婚期，而他方故意延遲不為遵行）

3. 生死不明已滿一年者。

4. 有重大不治之病者。

5. 有花柳病或其他惡疾者。

6. 婚約訂定後成為殘廢者。

7. 婚約訂定後受徒刑之宣告者。

8. 有其他重大事由者。

　　婚約當事人之一方若依上列事由解除婚約者，如事實上不能向他方為解除之意思表示時，無須為意思表示，自得為解除時起，不受婚約之拘束。

　　婚約當事人之一方，若無上述理由而違反婚約者，對於他方因此所受之損害，應負賠償責任。同時，因訂定婚約而贈與對方之物品、金錢，在婚約無效、解除或撤銷時，當事人之一方，得請求他方退還。（民法 979-1 條）

　　上述損害賠償及贈與物之退還請求權，必須在二年內為之。（民法 979-2 條）

三、婚前協議

　　所謂「婚前協議」（或稱「婚前契約」），即未婚男女在婚姻關係成立前，就結婚後雙方各種權利義務如何分配等事項預先約定並作成書面，所以也算是一種「契約」行為，具有一定的法律效力，不過其內容必須未違反法律的強制、禁止規定，亦未違背公共秩序或善良風俗，否則無效。例如，若男女雙方在婚前協議內約定：夫或妻結婚後不得探視、孝順父母；夫妻之一方得任意與第三人發生性行為；結婚後數月內或數年內夫妻不得同居、不得發生性行為；夫或妻不得信仰特定宗教；或顧慮結婚後恐有不能同居之情事，或恐有受他方虐待或他方發生重婚、通姦等情事，而在「婚前協議」內預先約定有關分居條款或離婚條款等，因違反《民法》第 1084 條（子女應孝敬父母、父母對於未成年子女有保護、教養的權利義務）、《民法》第 1001 條（夫妻互負同居之義務）、《民法》第 17 條（自由

權不得拋棄）等強行規定、公共秩序或善良風俗等，均屬無效。（李永然，2004：12-13）

四、婚前協議的內容

依照民法規定及實務上婚姻常見的問題，婚前協議的內容可以有下列幾項（現代婦女基金會）：

（一）夫妻姓氏

《民法》第 1000 條規定，夫妻各保有其本姓，但得以書面約定以本姓冠以配偶之姓，並應向戶政機關登記。

（二）夫妻住所

《民法》第 1002 條規定，夫妻之住所由雙方共同協議定之，未為協議或協議不成，得聲請法院定之。

（三）夫妻財產制

民法規定，夫妻得於婚前或婚後，以契約就本法所定之約定婚姻財產制中，選擇其一為夫妻財產制（民法 1004 條）。夫妻未以契約訂立夫妻財產制者，以法定財產制為其夫妻財產制（民法 1005 條）。

（四）家務分工

男女雙方可預先約定，家務工作哪些由先生負責，哪些由太太負責，但不是絕對的，原則上夫妻應互相協助他方之家務工作。

（五）家庭生活費負擔

對於婚後日常生活中食、衣、住、行、育、樂及醫療等各項生活支出及子女扶養費由誰負擔，可選擇先生負擔全部、太太負擔全部、雙方各出一半或雙方依經濟能力及家事勞務狀況比例分擔。

（六）自由處分金之約定

此概念類似零用金或私房錢，即約定婚後扣除家庭生活費後，每月由夫提供妻或由妻提供夫一筆錢讓對方自由運用，用剩的也可自行存起來。

（七）子女姓氏

婚後子女從父姓或母姓，亦可於婚前協議中約定，子女出生後便可依約定至戶政機關辦理登記。

（八）對未成年子女監護權行使的限制

《民法》第 1089 條規定，對於未成年子女之權利義務，由父母共同負擔。在婚前協議內，可約定雙方應共同遵守之行為。

（九）違反貞操義務及發生家暴事件時的精神賠償

約定夫妻之一方若發生外遇、家暴等違反婚姻忠誠義務、破壞生活和諧並侵害他方權利之情事時，應給付他方一定金額的精神慰撫金。

當然所有的婚前協議都是準備結婚的男女雙方自己約定的，因為大家的條件都不同，因此也沒有一定的標準。

參、結婚及結婚後

一、結婚之要件（洪嘉仁，2010：29-30；陳棋炎，2008：96-111）

結婚之要件有二，一為實質要件，另一為形式要件。茲分述如下：

（一）結婚之實質要件

1. 須達法定結婚年齡

男未滿 18 歲，女未滿 16 歲，不得結婚（民法 980 條）。若是未成年人結婚，須得法定代理人之同意（民法 981 條）。

2. 須當事人合意

結婚必須當事人願意並自行為之，不得勉強，亦不能由他人代理（民法 972 條）。

3. 須未違反結婚之禁止條件

(1) 近親結婚之禁止

基於優生學及人倫關係上的理由，世界各國都有限制近親結婚之規定。

我國《民法》第 983 條規定，與下列親屬，不得結婚：

I、　直系血親及直系姻親。

II、　六親等內旁系血親，但因收養而成立之四親等及六親等旁系血親，輩分相同者，不在此限。

III、　五親等內輩分不相同的旁系姻親。

(2) 監護關係之限制

《民法》第 984 條規定，監護人與受監護人，於監護關係存續中，不得結婚。但經受監護人父母之同意者，不在此限。

(3) 重婚之禁止

《民法》第 985 條規定，有配偶者，不得重婚。一人不得同時與二人以上結婚。

4. 須非不能人道

結婚當事人之一方，在結婚的時候不能人道而且無法治療，他方配偶得向法院請求撤銷婚姻。但他方配偶自知悉對方不能醫治之時起已超過 3 年者，就不得請求撤銷（民法 995 條）。

5. 須非在無意識或精神錯亂中結婚

結婚當事人之一方，於結婚時係在無意識或精神錯亂中者，得於常態回復後六個月內向法院請求撤銷之（民法 996 條）。

6. 須非被詐欺或被脅迫

結婚當事人之一方，若因被詐欺或被脅迫而結婚者，得於發現詐欺或脅迫終止後，六個月內向法院請求撤銷之（民法 997 條）。

(二) 結婚之形式要件

依據《民法》第 982 條規定，結婚須有以下形式要件：

1. 結婚應以書面為之：

所謂書面，就是指結婚證書、結婚聲明書或任何可以表明男女雙方結婚的意思表示的書面文件。

2. 結婚書面上須有二人以上證人之簽名。

3. 雙方當事人須向戶政機關為結婚之登記。

以上三個要件缺一不可，否則便是無效之婚姻。

二、婚姻之無效與撤銷

（一）婚姻之無效

依《民法》第 988 條規定，婚姻無效之事由有四：

1. 不具備《民法》第 982 條第 1 項所定之方式者（即結婚之形式要件）。

2. 違反《民法》第 983 條禁止近親結婚之規定者。

3. 有配偶而重婚者。

4. 一人同時與二人以上結婚者。

我國民法上婚姻無效之效力為當然的，無須訴請法院為無效之宣告。其效力係自始即不發生婚姻之效力，當事人間不發生身分上、財產上之關係，與未經結婚同。

（二）婚姻之撤銷

我國《民法》對於婚姻之撤銷採列舉主義，即合於法定之事由，始得撤銷。我國《民法》所列舉之各種撤銷事由為：1.不適齡之婚姻（民法989條）。2.未得法定代理人同意之婚姻（民法990條）。3.監護人與受監護人之婚姻（民法991條）。4.不能人道（民法995條）。5.無意識或精神錯亂中之婚姻（民法996條）。6.被詐欺或被脅迫之婚姻（民法997條）。

婚姻之撤銷，必須向法院以訴訟方式為之。

三、夫妻財產制

我國《民法》親屬編於民國91年6月26日修正公布，修正後條文對於夫妻財產制的規定有甚多增刪之處。《民法》夫妻財產制係規範夫妻間

財產上之權利義務關係，因以夫妻為規範對象，故首重貫徹男女平等原則；又於夫妻內部關係上，注意維護婚姻生活之和諧；於外部關係上，對於財產交易安全之保障亦兼籌並顧（法務部，2002：3）。

依《民法》規定，夫妻財產制有法定財產制及約定財產制二種，約定財產制又可分為共同財產制及分別財產制二種。

（一）法定財產制

法定財產制，乃夫妻於婚前或婚後未以契約訂立夫妻財產制時，於其婚姻關係存續中，當然適用之夫妻財產制。

1. 財產種類與所有權之歸屬

依《民法》第 1017 條規定，夫或妻之財產分為婚前財產與婚後財產，由夫妻各自所有。不能證明為婚前或婚後財產者，推定為婚後財產，不能證明為夫或妻所有之財產，推定為夫妻共有。

2. 財產之管理、使用、收益及處分

基於認定夫妻雙方在家庭中皆擁有相等之獨立人格及經濟自主權，民法亦明定夫妻有各自管理、使用、收益及處分其財產的權利。

3. 報告義務

在法定財產制關係存續中，夫妻就其婚後財產，互負報告之義務（民法 1022 條）。

4. 法定財產制債務清償責任

夫妻各自對其債務負清償之責。夫妻之一方以自己財產清償他方之債務時，雖於婚姻關係存續中，亦得請求返還（民法 1023 條）。

5. 自由處分金

夫妻除了家庭生活費用外，得協議一定數額之金錢，供夫或妻自由處分（民法 1018-1 條）。

6. 法定財產關係消滅時剩餘財產分配

若因夫妻離婚、夫妻一方死亡或夫妻約定改用其他財產制，而使得法定財產制關係消滅時，夫或妻現存的婚後財產，於扣除其在婚姻關係存續中所負債務後，如有剩餘，其雙方剩餘財產之差額，應平均分配（民法 1030-1 條）。

但是有兩種情況例外：

(1) 夫或妻個人因為繼承或其他無償取得（例如：贈與）之財產及慰撫金，不列入計算，無須分配。

(2) 差額平均分配的結果，如果對另一方顯失公平者，可以由法院調整或免除其分配額。

（二）共同財產制

1. 財產種類與所有權之歸屬

夫妻共同財產制，是指夫妻婚前、婚後的財產、以及雙方的收入所得，合併為共同財產，由夫妻公同共有（民法 1031 條）。但是特有財產仍然由夫妻各自所有，不併入共同財產之中（民法 1031-1 條）。夫妻的特有財產，依《民法》第 1031-1 條所規定，包括：(1)專供夫或妻個人使用之物。(2)夫或妻職業上所必需之物。(3)夫或妻所受之贈物，經贈與人以書面聲明為其特有財產者。

2. 財產之管理、處分及債務之清償

夫妻共同財產制，因為是由夫妻公同共有，所以亦是由夫妻共同管理（民法 1032 條）。但夫妻可以約定由其中一方單獨管理，管理費用則由共同財產負擔，這項約定也必須以書面方式約定，並且必須到法院登記。

夫妻之一方，要處分共同財產時，基於公同共有的關係，必須徵得另一方的同意，才可以處分共同財產（民法 1033 條）。在債務清償方面，《民法》第 1034 條規定，夫或妻婚前、婚後所負之債務，都由共同財產及各人的特有財產負責清償。

3. 共同財產制關係消滅時其財產之分配

(1) 夫妻之一方死亡時：共同財產的分配為一半歸生存的一方取得，另外一半則成為死者的遺產，歸屬於死亡者之繼承人（民法 1039 條）。

(2) 夫妻離婚或改用其他財產制時：由夫妻各自取回當初訂立共同財產制契約時所存在之財產；而訂約後才取得的共同財產，則由夫妻各得一半（民法 1040 條）。

（三）分別財產制

夫妻分別財產制，即夫妻的財產各自獨立，各自保有所有權，各自管理、使用、收益及處分，債務也是各自負責。夫妻若要採用分別財產制，須由夫妻共同以書面契約約定並向法院登記。

> **夫妻財產制新聞實例：**
>
> 　　鴻海集團總裁郭台銘和曾馨瑩夫婦，婚後曾向台北地方法院聲請辦理登記夫妻財產為分別財產制。根據法院公告，兩人財產將各自享有所有權及管理權。
>
> 　　郭台銘和曾馨瑩共同具名向台北地方法院聲請夫妻財產制登記時，分別向法院提出財產清冊，包括不動產、股票、銀行存款及鴻海集團旗下各公司等，共逾一千五百億元新台幣，所有權人都是郭台銘。
>
> 　　請問，他（她）們將來如果離婚的話，就夫妻財產分配而言，採用分別財產制與法定財產制有何不同？

四、父母子女

（一）父母

　　父母養育子女、保護子女，並進而教育子女，此乃天性。在法律上的親子關係亦以父母養育、保護未成年子女為中心，因此賦予父母在養育子女期間有相當的權利與義務，但父母對於子女權利之行使並非絕對，若有濫用，法院得宣告停止其權利。

1. 父母對子女之權利與義務

(1) 保護及教養之權利義務

《民法》第 1084 條第 2 項規定，父母對於未成年子女，有保護及教養之權利義務。因為是權利也是義務，所以父母不得拋棄此項權利。

(2) 懲戒權

《民法》第 1085 條規定，父母得於必要範圍內，懲戒其子女，以矯正子女不當的行為。

(3) 法定代理權

父母為其未成年子女的法定代理人，如父母在法律上或事實上不能行使親權時，則須另行指定監護人。

(4) 子女財產之管理使用收益處分權

未成年子女，因繼承、贈與或其他無償取得之財產，屬於未成年人的特有財產，應由父母共同管理。父母管理未成年子女的特有財產，可以使用、收益，但不可以處分。只有在為了子女的利益下才可以處分未成年子女的特有財產。所謂處分，即如買賣、丟棄等（民法 1087、1088 條）。

2. 子女對父母的義務

子女對於父母應如何對待？在《民法》第 1084 條第 1 項僅規定，子女應孝敬父母。此乃一道德條款，其基本本質則須由法律解釋填充。從字面上看，「孝敬」指孝順、尊敬之意，而實質上，應包含服從親權、尊敬父母、奉養父母等（黃碧芬，2010：217）。子女若無故不奉養父母，可能構成刑法上的遺棄罪。

不過社會上常有父母曾對子女家暴、性侵或未盡到扶養子女之義務者，到了年老時反過頭來要求子女要善盡孝道，讓深為受害者的子女們情何以堪。因此經過一些公益團體的努力，於 2010 年 1 月 7 日，民刑法扶養義務關係條文經立法院三讀通過，隨即公布實施。此次修法主要增訂《民法》第 1118 條之一，增設扶養義務人負擔扶養義務之排除條款；若受扶養義務者曾對負扶養義務者、其配偶或直系血親有「故意為虐待、重大侮辱或其他身體、精神上之不法侵害行為」或「無正當理由未盡扶養義務」，則負扶養義務者得請求法院減輕或免除其扶養義務。另外，也配合通過增訂《刑法》第 294 條之一，免除受扶養義務者之被追究遺棄罪之刑事責任。（紀冠伶，2010）

（二）子女

1. 婚生子女

《民法》第 1061 條規定：「稱婚生子女者，謂由婚姻關係受胎而生之子女。」亦即婚生子女是指在父母婚姻關係的存續期間，母親懷孕而生的子女。受胎期間之推定，依《民法》第 1062 條第 1 項規定：「從子女出生日回溯 181 日起至第 302 日止，為受胎期間。」因為基本上胎兒 6 個月可以活產，而一般孕婦平均懷孕期間為 302 天。不過考量目前醫學科技發達，懷胎 6 個月（180 天）內之胎兒也有活產的可能，所以新增第 2 項：「能證明受胎回溯在前項第 181 日以內或第 302 日以前者，以其期間為受胎期間。」舉例來說：春嬌與志明離婚之後 5 個月生下小明，從小明出生之日回溯 302 天，其受胎期間仍為春嬌與志明婚姻存續期間，所以即使兩人已離婚，小明仍是春嬌與志明之婚生子女。

《民法》第 1063 條規定：妻之受胎，若是在婚姻關係存續中，那麼其所生子女便推定為婚生子女。

2. 非婚生子女

(1) 非婚生子女之意義

非婚生子女，如由《民法》第 1061 條反面解釋的話，即非由婚姻關係受胎而生之子女，為非婚生子女。簡單的說，就是因婚外情所生之子女，俗稱「私生子（女）」。

(2) 非婚生子女之認領

非婚生子女出生時直接與生母發生親子關係，因此民法上規定非婚生子女與其生母之關係，視為婚生子女，無須認領。但生父與其非婚生子女在法律上無任何身分關係，因此必須透過認領的法律程序，才能使非婚生子女被視為生父的婚生子女。

認領可分為任意認領及強制認領二種，茲分述如下：

I. 任意認領

任意認領即生父願意承認非婚生子女為自己所生之子女，並透過一定的法律程序，使生父與非婚生子女具有法律上的親子關係。即便沒有經過上述程序，若生父有自幼撫育非婚生子女的事實，在法律上也視為已經認領，因此該子女就視為生父的婚生子女。認領應至戶政機關為戶籍之登記，但其僅為證明方法而已，並非法律上之要件。非婚生子女因認領而取得婚生子女之地位，認領之效力溯及子女出生時，但第三人在認領前已取得之權利，不因此而受影響（民法 1069 條）。

II. 強制認領

所謂強制認領，指非婚生子女或其生母或其他法定代理人，對於應認領而不為認領之生父，向法院請求確定生父子女關係之存在。

提出強制認領訴訟之當事人，除非婚生子女之生母或其他法定代理人外，非婚生子女本人也可以為認領訴訟的原告請求生父認領，而且非婚生子女本人即使是未成年人，只須有意思能力，就可以獨立請求認領，無須得法定代理人之同意。

(3) 認領之效力

非婚生子女經生父認領者，視為婚生子女（民法 1065 條）。所謂視為婚生子女，乃指可以取得與婚生子女同樣的身分與地位，因此其對於生父之權利義務，無論任意認領或強制認領，均與婚生子女完全相同。

3. 養子女

收養別人的子女，作為自己的子女，在法律上視同為婚生子女，所以養子女跟親生子女的權利義務是相同的。收養關係成立之要件，可分為實質要件及形式要件，茲分述如下：

(1) 收養之實質要件

I. 須有收養之合意。

II. 收養者與被收養者年齡應相差 20 歲以上。

III.夫妻收養子女時，應共同為之。

(2) 收養之形式要件

依《民法》第 1079 條規定，收養應以書面為之，並向法院聲請認可。收養子女，若未經法院認可，即使已作成書面，仍不能成立。

(3) 收養之效力

收養關係的成立，使得養子女取得養父母之婚生子女的身分，養子女與養父母之間的權利義務關係，除法律另有規定外，皆與婚生子女相同。養子女與養父母即為一親等的直系血親。養子女與本生父母及其親屬間的權利義務，於收養關係存續中，當然停止。但若夫妻之一方收養他方之子女時，他方與其子女之權利義務，不因收養而受影響（民法 1077 條）。

(4) 收養關係之終止

I. 合意終止

《民法》第 1080 條第 1 項規定：「養父母與養子女之關係，得由雙方合意終止之。」但為求慎重，合意終止收養應以書面為之。若養子女為未成年人，並應向法院聲請認可（同條第 2 項）。

II. 裁判終止

(I) 許可終止

若養父母死亡，養子女得聲請法院許可終止收養。

(II) 判決終止

《民法》第 1081 條規定：「養父母、養子女之一方，有下列各款情形之一者，法院得依他方、主管機關或利害關係人之請求，宣告終止其收養關係：

一、對於他方為虐待或重大侮辱。二、遺棄他方。三、因故意犯罪，受二年有期徒刑以上之刑之裁判確定而未受緩刑宣告。四、有其他重大事由難以維持收養關係。」

上述第 4 款規範為「故意」犯罪，因此若是因過失犯罪，則不構成本款宣告終止事由。

五、家庭暴力

（一）家庭暴力的定義

所謂「家庭暴力」，依我國《家庭暴力防治法》第 2 條規定：「指家庭成員間實施身體或精神上不法侵害之行為。」家庭暴力並不僅限於家庭成員之間的肢體暴力行為，其他如言語上的侮辱、精神上的無形壓力、或任意限制其身體自由等，都屬於家庭暴力行為。

其次所謂家庭成員，則範圍甚廣，除具有血緣關係之親屬外，還擴及無血緣關係但與家庭具有親密關係之成員，包括下列四種（《家庭暴力防治法》第 3 條；姜智逸，2006：180~181；蔡惠子，2005：68~70）：

1. 配偶或前配偶及其未成年子女。

2. 現有或曾有同居關係、家長家屬或家屬間關係者及其未成年子女。

3. 現為或曾為直系血親或直系姻親及其未成年子女。

4. 現為或曾為四親等以內之旁系血親或旁系姻親及其未成年子女。

　　所謂「不法侵害之行為」，一般而言有四個類別（蘇嘉宏等，2005：277，轉引自蔡輝龍，2006：135-136）：

1. 身體虐待：包括拉、扯、推、捶、揍、摑、踢、掐、踹、咬、燙、鞭打、揪髮、壓制、用物件丟擊、用枕頭或棉被悶頭部、或用刀、槍等武器攻擊，致使被虐者受到身體之損傷。

2. 使人尊嚴貶損而不自在。

3. 心理虐待：包括監視、竊聽、跟蹤、羞辱、造謠、裝神弄鬼等使人心畏怖或形成心理強制等。

4. 性虐待：包括強迫性行為、變態性活動、強迫與他人發生性行為、強迫觀看性行為、強迫拍攝裸照或色情圖片等。

（二）保護令

　　人民於遭受到家庭暴力侵害時，可向法院申請保護令。何為「保護令」？

　　保護令又稱民事保護令，是保護被害人的令狀。當家庭暴力發生時，被害人尋求公權力的援助，由法院核發令狀，用來約束施暴者的行為，或課定加害人一定作為、不作為之義務，藉以保障被害人及其家屬的權益與安全（蔡輝龍，2006：145）。

1. 保護令之種類

　　保護令的種類，依《家庭暴力防治法》分為「通常保護令」、「暫時保護令」及「緊急保護令」三種（家庭暴力防治法第 9 條）。

(1) 通常保護令

　　通常保護令為家庭暴力被害人依通常程序向法院聲請核發之保護令。依家庭暴力防治法規定，法院受理保護令之聲請後，應即行審理程序，並得依職權調查證據，必要時得隔別訊問。被害人得於審理時，聲請其親屬或個案輔導之社工人員、心理師陪同被害人在場，並得陳述意見（家庭暴力防治法第 13 條）。

　　通常保護令之有效期間為一年以下，自核發之日起生效。（家庭暴力防治法第 15 條）。

(2) 暫時保護令

　　是指家庭暴力被害人或其代理人，於提出通常保護令之聲請後，法院審理終結前，基於安全之考量，得向法院聲請暫時保護令。暫時保護令自核發時起生效，於聲請人撤回通常保護令之聲請、法院審理終結核發通常保護令或駁回聲請時失其效力（家庭暴力防治法第 16 條）。

(3) 緊急保護令

　　當被害人有受家庭暴力之急迫危險時，得以口頭向檢察官、警察機關或直轄市、縣（市）主管機關報案，再由上述機關以言詞、電信傳真或其他科技設備傳送之方式向法院聲請緊急保護令。緊急保護令因具急迫性，不限於上班時間，晚上或放假日亦可提出聲請（家庭暴力防治法第 12 條）。法院於受理緊急保護令之聲請後，依聲請人到庭或電話陳述家庭暴力之事實，足認被害人有受家庭暴力之急迫危險者，應於 4 小時內以書面核發緊急保護令，並得以電信傳

真或其他科技設備傳送緊急保護令予警察機關（家庭暴力防治法第
16 條第 4 項）。

2. 保護令之內容

依《家庭暴力防治法》第 14 條規定，保護令依其內容可分為十幾
類，包括有禁制令、遷出令、遠離令、交付令、暫時監護令、禁止探視
令、給付令、處遇計畫令等等，聲請人得視需要，選擇一種或數種提出，
法院則應依職權或依聲請核發一款或數款之通常保護令（高鳳仙，
2001）。

3. 保護令之執行

保護令核發後，當事人及相關機關應確實遵守（家庭暴力防治法第 21
條第 1 項）。警察機關則應依保護令，保護被害人至被害人或相對人之住
居所，確保其安全占有住居所、汽車、機車或其他個人生活上、職業上或
教育上必需品（家庭暴力防治法第 22 條第 1 項）。義務人若不依保護令
交付未成年子女時，權利人得聲請警察機關限期命義務人交付，屆期未交
付者，命交付未成年子女之保護令得為強制執行名義，由權利人聲請法院
強制執行（家庭暴力防治法第 24 條）。

4. 違反保護令之刑責

法院核發保護令之後，家庭暴力之加害人便須遵守，不得再對被害人
有任何傷害行為。警察人員發現家庭暴力罪之現行犯時，應逕行逮捕之。
檢察官、司法警察官或司法警察偵查犯罪認被告或犯罪嫌疑人犯家庭暴力
罪或違反保護令罪嫌疑重大，且有繼續侵害家庭成員生命、身體或自由之
危險，而情況急迫者，得逕行拘提之（家庭暴力防治法第 29 條）。

在刑責方面，依《家庭暴力防治法》第 61 條規定，違反法院依第十
四條第一項、第十六條第三項所為之裁定，包括(1)禁止實施家庭暴力。

(2)禁止騷擾、接觸、跟蹤、通話、通信或其他非必要之聯絡行為。(3)命遷出住居所。(4)命遠離住居所、工作場所、學校或其他特定場所。(5)完成加害人處遇計畫。等命令者，即為違反保護令罪，處三年以下有期徒刑、拘役或科或併科新台幣十萬元以下罰金。

肆、離婚

一、離婚之方式

（一）兩願離婚

　　兩願離婚顧名思義是指夫妻在兩方皆有意願的情況下彼此協議解除婚姻關係，其要件有四，茲分述如下：

1. 須為當事人之合意。

2. 未成年人離婚應得法定代理人之同意。

3. 須以書面為之，並有二人以上證人之簽名。

4. 須向戶政機關為離婚之登記。

（二）判決離婚

　　判決離婚，也稱裁判離婚，指具有民法所規定之離婚原因時，夫妻之一方對於他方提起離婚之訴，法院認為有理由時，以判決解消婚姻關係之離婚方式。若夫妻雙方兩願離婚，則不論有無法定原因，即可離婚。如夫妻之一方不願離婚，則須有法定原因而他方向法院請求離婚，經法院判斷確有理由而為原告勝訴之判決，於判決確定時，始消滅其婚姻關係。（陳祺炎：2008：214-215）

我國《民法》第 1052 條第 1 項所列判決離婚之事由有十項：

1. 重婚。

2. 與配偶以外之人合意性交。

3. 夫妻之一方對他方為不堪同居之虐待。

4. 夫妻之一方對他方之直系尊親屬為虐待，或夫妻一方之直系尊親屬對他方為虐待，致不堪為共同生活。

5. 夫妻之一方以惡意遺棄他方在繼續狀態中。

6. 夫妻之一方意圖殺害他方。

7. 有不治之惡疾。

8. 有重大不治之精神病。

9. 生死不明已逾三年。

10. 因故意犯罪，經判處有期徒刑逾 6 個月確定。

　　另外，《民法》第 1052 條第 2 項規定「有前項以外之重大事由，難以維持婚姻者，夫妻之一方得請求離婚。但其事由應由夫妻之一方負責者，僅他方得請求離婚。」此乃所謂抽象的離婚原因，至於何種事由屬於重大事由，會造成婚姻難以維持，則有待法院之判斷。

二、贍養費之給付

　　《民法》第 1058 條規定：「夫妻離婚時，除採用分別財產制者外，各自取回其結婚或變更夫妻財產制時之財產。如有剩餘各依其夫妻財產制之規定分配之。」夫妻採用法定財產制或共同財產制者，夫妻離婚時剩餘財產之分配方式已如前述。不過為了保護弱勢配偶，夫妻若判決離婚，無過失的一方因而陷於生活困難者，可以向他方請求相當的贍養費（民法 1057 條）。

《民法》第 1057 條的法律規定，雖然目的是在保障夫妻離婚後處於經濟弱勢的一方，不過實務上，法院對於生活陷入困難的認定很嚴苛，即使向法院訴請支付贍養費成功，其金額也不會太大。因為法院對於贍養費的給付金額是根據各縣市政府公告的當地人民平均每月消費性支出，做為參考依據的。因此贍養費的給付，最好是離婚時夫妻雙方達成協議，然後在離婚協議書中或是另立的契約書中明定該由哪一方付給另一方多少金額，給付方式是每月、每季、每半年、每年給付或一次給付多少金額。

有了協議書或契約書為依據，日後若該給付贍養費的一方拒不給付，另一方可以拿當初的契約書或協議書，向法院訴請要求對方履行支付贍養費的義務。

三、子女之監護權及探視權

（一）監護權的歸屬

父母對於未成年之子女，有保護及教養的之權利義務（民法 1084條）。因此，對於未成年子女的保護和教養，不僅是父母的權利，也是父母的義務。在婚姻關係的存續中，這原本應該是夫妻雙方共同行使負擔。但是在夫妻離婚時，雙方不再同居於一處，未成年子女應該由誰來保護、教養，便須有法律的規範。

民法舊法原本規定夫妻於判決離婚時，子女監護權原則上歸夫所有，但法院得為其子女利益，酌定監護人。這樣的規定並不符合憲法保障男女平等的原則，所以立法院對此已有修正，並於民國 85 年 9 月 25 日公布施行。關於監護權的行使，修正後之該條文揚棄舊法行之已久的名詞「監護權」，而改成為「對於未成年子女權利義務之行使或負擔」，因為以往採用「監護權」一詞，易使父母誤以為對未成年子女有所有權，而忽視其所應

盡的責任（黃碧芬，2010：144）。根據新修正的條文，夫妻離婚時，與未成年子女的權利義務關係規定如下（民法 1055 條）：

1. 夫妻離婚者，對於未成年子女權利義務之行使或負擔，由夫妻雙方協議由其中一方或雙方共同行使負擔。若夫妻雙方未做協議或協議不成，則法院得依夫妻之一方、主管機關、社會福利機構或其他利害關係人之請求或依職權酌定之。

2. 若夫妻之協議不利於子女時，法院得依主管機關、社會福利機構或其他利害關係人之請求或依職權，為未成年子女的利益，變更其協議。

3. 夫妻離婚後，對未成年子女應行使、負擔權利義務的一方，若未盡保護教養之義務或對未成年之子女有不利的情形時，另一方、未成年子女、主管機關、社會福利機構或其他利害關係人得為未成年子女之利益，請求法院改定對於未成年子女行使負擔權利義務的人。

　　上述三種情形，法院得依當事人的請求或依職權，為未成年子女之利益，酌定權利義務行使負擔的內容及方法。法院亦得依當事人的請求或依職權，為未行使或負擔權利義務的一方，酌定其與未成年子女會面交往的方式及期間。但若其會面交往有妨害未成年子女之利益者，法院得依當事人的請求或依職權變更之。

（二）子女探視權及撫育費之給付

1. 子女探視權

　　《民法》第 1055 條第 5 項規定，夫妻離婚後，未行使或負擔權利義務的一方，對未成年子女，可以要求會面交往，至於會面交往的方式可由父母雙方協議。另外與子女多久會面一次，一次會面多久，亦可由父母雙方協議，若協議不成即由法院判決。

探視權行使時，有探視權之一方若遭拒絕或故意刁難，可以向法院起訴，請求定期探視子女。如果判決勝訴，但有監護之一方仍不履行，則可向法院請求強制執行，強迫監護人交出孩子給沒有監護之一方探視。

2. 子女撫育費之給付

夫妻離婚後，對於未成年子女的撫育費用，民法亦有所規範。未成年子女與父母間的親屬關係與扶養義務，並不因夫妻離婚或喪失監護權而消滅，所以未取得監護權的一方，仍要負擔未成年子女的撫養費用，直到子女成年為止，如果沒有監護權的一方拒絕負擔扶養非用，有監護權的一方可以向法院提起訴訟。

伍、結語

俗話說「相愛容易，相處難。」雖然法律對夫妻雙方的權利義務多有規範，但是法律歸法律，法律也不是萬能的，婚姻關係的維繫與家庭問題的解決，法律只能是最後的手段。畢竟婚姻生活有太多的事情是須要夫妻彼此包容與體諒的，尤其在離婚率高居不下的台灣，如何學習夫妻相處之道，以維持婚姻的美滿幸福，當是目前台灣社會最迫切的課題。

問題與討論

1. 黛玉與武雄經親友介紹相親後不久訂婚，但黛玉後來又認識了志豪，兩人情投意合，於是黛玉又與志豪訂定婚約，武雄發現後，主張撤銷黛玉與志豪的婚約，因為是他先跟黛玉訂婚的，請問武雄可以撤銷黛玉與志豪的婚約嗎？

2. 建仁有一天參加一場喜宴，結果遇到母親的姑媽的外孫女淑芬，兩人在喜宴中相談甚歡，經過一段時間的交往後，有意共結連理，請問建仁與淑芬兩人可以結婚嗎？

3. 志明與春嬌於民國 92 年初結婚，結婚時並未以契約訂定夫妻財產制，志明結婚前有一輛 2,000c.c.汽車，春嬌結婚前也有一輛 1,500c.c.汽車。婚後志明以教書為業，春嬌則投資股票，3 年後兩人貸款買了一棟房子，登記在志明名下。同一年，春嬌繼承了一筆遺產新台幣 200 萬元。春嬌與志明在民國 98 年 6 月 6 日辦理離婚，離婚時，志明的汽車價值新台幣 10 萬元，春嬌的汽車價值新台幣 5 萬元。志明的房子價值新台幣 1,200 萬元，春嬌有股票價值新台幣 150 萬元，定期存款新台幣 300 萬元。定期存款中有 200 萬元屬於繼承遺產。另外大華在婚姻關係存續中有債務新台幣 300 萬元，春嬌在婚姻關係存續中有債務新台幣 100 萬元，兩人應如何結算分配剩餘財產的差額？

4. 淑美與大明已經分居一年，但並未離婚，淑美在此期間與大偉交往並生下小美，並偷偷拿著戶口名簿到戶政機關申報戶口。直到大明有一天無意中發現戶口名簿中竟然多了一個女兒，大明無法接受，於是找淑美理論，但因兩人仍有夫妻關係，在法律上小美是大明與淑美的婚生子女，請問大明如果不承認與小美的親子關係應該怎麼辦呢？

5. 冠宇的父親慶國在冠宇出生後不久就拋家棄子，在外面花天酒地，從
   來沒有盡到一個父親與丈夫應有的責任。冠宇從小與母親相依為命，
   跟父親沒有任何感情。長大成人後，冠宇結婚了，並靠著一份微薄的
   薪水維持一個小家庭的生活。但是其父親慶國因為年老力衰，床頭金
   盡，三番兩次找冠宇要錢，冠宇若不給，便大聲怒罵冠宇是不孝子，
   揚言要告冠宇不奉養他，是惡意遺棄，請問冠宇是不是惡意遺棄？他
   可以不奉養其父親嗎？

參考書目

李永然（2004）。**女人的貼身保鑣**。台北：二魚文化。

洪嘉仁（2010）。**社會生活與民法**。台北：五南。

永然法律事務所編（1999）。**婚姻及親屬官司之預防**。台北：花田文化。

陳祺炎、黃宗樂、郭振恭（2008）。**民法親屬新論**。台北：三民書局。

江智逸（2006）。**幸福有法辦－疼愛女人法律書**。台北：如意文化。

法務部法律事務司（2002）。**民法親屬編夫妻財產制問答手冊**。台北：法務部。

蔡惠子（2005）。**寫給女人的生活法律書**。台北：高寶。

蘇嘉宏、謝靜雯、李慶榮、楊雪貞、尤天厚、黃昭欽、黃志中、吳秀玲、盧子揚、
曾育裕（2005）。**法律概論**。台北：新文京開發。

蔡輝龍（2006）。**家庭與婚姻－法律面面觀**。台北：洪葉文化。

黃碧芬（2010）。**民法‧親屬繼承**。台北：書泉。

網頁

司法院，書狀參考範例，http：//www.judicial.gov.tw/assist/assist03.asp

全國法規資料庫，http：//law.moj.gov.tw/

現代婦女基金會，http：//www.38.org.tw/Page_Show.asp?Page_ID=595

高鳳仙（2001）。家庭暴力防治法之民事保護令聲請與抗告程序解析。第六屆全國婦
女國是會議，http：//taiwan.yam.org.tw/nwc/nwc6/safe/05.htm

陳美伶（1998）。**論離婚贍養費的給付**。第三屆全國婦女國是會議論文集，http：
//taiwan.yam.org.tw/nwc/nwc3/papers/forum443.htm

紀冠伶（2010）。**律師之情－欣喜棄養法條修正通過**。
http://tw.myblog.yahoo.com/jw!qIoJusaRAxTr3BEv9g--/article?mid=1021

CHAPTER 4 職場與工作

勞動受人推崇，為社會服務是很受人讚賞的道德理想。

—— 約翰·杜威(John Dewey, 1859~1952)，美國哲學家和教育家。

壹、前言

人生無處不選擇，幾乎都在一連串的選擇中度過，例如要選擇什麼樣的科系專長？要選擇什麼樣的球鞋品牌？什麼樣的化妝品適合我？甚至畢業後，找工作也同樣面臨同樣的選擇，例如選擇該進那一家公司？選擇什麼樣的產業？因此找出適合你的職業，這是求職前最重要、也最容易被忽略的準備動作，包括社會新鮮人，或已經進入職場 2~3 年以上的人，常常會遇到這個問題。所以平心而論，工作占據每個人 1 天 8 個小時以上的時間，不僅代表一個人的自身的成就感及社會地位，更是經濟的重要來源。

至於要不要參加公務員考試、創業或者參加職業訓練？個性安穩想在穩定中求發展的人，不妨參加國家考試，進入公務體系。覺得自己所學不足，想要增進自己的職業技能，不妨參加政府辦理的各項職業訓練，或者先了解一下現階段各高端科技的行業與目前政府的產業政策，培養相關的技能以順利進入職場。因此除非你所擔任的工作，恰好符合自己的興趣與職涯規劃者外，否則大多數的人在工作了一陣子之後，就會開始想換跑道，體驗新的職場經驗，找新的工作、更好的工作，並希望下一個工作會更好。

為使同學們能在求職期間充分瞭解應享的權利與應盡的義務，以及勞工安全衛生方面應注意的事項，分別就勞動條件、職工福利、安全衛生、

勞工保險等事項，簡要說明，使同學們就業求職或工讀可多加利用，以維護自身的權益。同學們將來進入適用勞動基準法的公民營事業單位求職或打工，其各項勞動條件，如工資、工作時間、休息、休假、請假及職業災害補償，悉依勞動基準法辦理。此外，亦就憲法所保障的工作權進行闡釋與說明，並舉大法官解釋的案例分析，讓同學除了瞭解自身的勞動權益外，亦對國家保護勞工的政策與背景有所理解。

貳、就業權益與保障

一、勞動條件方面的權利

(一)「一例一休」政策

我國勞工常在企業主濫用「責任制」的情形下，即業界普遍俗稱的上班打卡制，下班責任制的不合理現象，使得一般勞工普遍工作嚴重超時，也無加班費、補休等補償措施，況且勞資關係嚴重不對等，勞工談判力不足，工會無法正常運作等。另外依據我國勞動部的研究數據顯示，台灣最新的年人均工時為 2,034 小時，介於經濟合作暨發展組織（簡稱經合組織，Organization for Economic Co-operation and Development, OECD）的 35 個國家工時的第 6 名[1]。

因此雖然普遍的情況是有每週週休 2 日，但實際每週的工時卻不明確，所以自民國 105 年 1 月 1 日起，工時縮減至每週 40 小時，而每週工作 6 天只要加起來不超過 40 小時，都是合法，但如此勞工就無法享有每週 2 日完整的休息，故有「一例一休」或「週休二例」之倡議。

---

[1] 資料來源：https://tw.appledaily.com/new/realtime/20170930/1214337/

　　「一例一休」政策是勞動部於民國 105 年推動的勞工工作日數改革政策，主要是修正《勞動基準法》中，使所有勞工每週可以有一天的強制休假，即每週一例假（簡稱「一例」，而此例假為可勞資雙方約定而更動，也就是說不一定為週六或週日），及每週一天可保留彈性作為加班空間的休息日（簡稱「一休」，而此休息日亦可為勞資雙方約定而更動，也是不一定為週六或週日），以確保勞工有足夠的休息時間。

　　雇主可以在徵詢勞工同意後，讓勞工在法定的休息日加班。至於例假日只有在天災、事變，或是突發事件之必要時，雇主才能要求勞工加班，其中勞工在「一例」的例假日加班後，雇主依規定應予勞工擇日補假。然而不管是例假日，還是休息日，只要勞工有加班，雇主都必須要按規定給付加班費給勞工。

　　《勞動基準法》修法時，將《勞動基準法施行細則》中原規定的每年有 7 天國定假日同步刪除，亦即元旦開國紀念之翌日 1 月 2 日、3 月 29 日青年節、9 月 28 日教師節、10 月 25 日光復節、10 月 31 日蔣公誕辰、11 月 12 日國父誕辰以及 12 月 25 日行憲紀念日等 7 天改為只紀念、不放假。

　　此外，修法並增加勞工之新進人員「勞工特別休假」等相關規定，即適用勞動基準法之事業單位，依《勞動基準法》第 38 條規定，勞工在同一僱主或事業單位，繼續工作滿一定期間者，應依下列規定給予特別休假：6 個月以上 1 年未滿者，給予 3 日特別休假，這款為新增規定，自民國 106 年 1 月 1 日起實施，其餘有關特休假規定部分不變。

（二）薪資部分

　　《勞動基準法》所稱之工資，係指勞工因工作所獲得的報酬，包括薪金、獎金、津貼及其他名義之經常性給與，其金額由勞雇雙方議定，但雇

主給付的工資不得低於基本工資（目前為每個月月薪 22,000 元；每小時時薪 140 元／民國 107 年 1 月 1 日起）[2]。自民國 108 年 1 月 1 日起調整為基本工資不得低於月薪 23,100 元，不得低於時薪 150 元[3]。雇主如未按期給付工資，主管機關當地縣市政府勞工局得限期令其給付。此外雇主亦不得預扣勞工工資作為違約或賠償金之用。

（三）薪資給付方式

工資的給付，每月至少定期發給 2 次，但經勞資雙方約定亦可每月定期發給 1 次，雇主應置備勞工工資清冊，將發放工資、工資各項目計算方式明細、工資總額等事項記入。雇主應置備勞工簽到簿或出勤卡，逐日記載勞工出勤情形，出勤紀錄，應逐日記載勞工出勤情形至「分鐘」為止。勞工向雇主申請其出勤紀錄副本或影本時，雇主不得拒絕。該 2 項工資清冊、簽到簿卡均應保存 5 年，違者雇主將被處新台幣 20,000 元以上 1,000,000 元以下不等的罰鍰。

（四）勞工上班遲到扣薪的限制

雇主常以扣薪作為勞工遲到的處罰方式的適法性，勞工主管機關普遍認為，工資應該按工時的比例給予，也就是雇主就應該按平均日薪，再以 8 小時的比例算出每小時的工資。所以勞工如果遲到 10 分鐘，雇主只能扣勞工按 10 分鐘計算的工資，但是如果雇主扣的薪水，比按遲到時間比例計算的還多時，則依據《勞動基準法》第 22 條第 2 項工資應全額直接給

---

[2] 基本工資之制訂與調整經過，http://www.mol.gov.tw/topic/3067/5990/13171/19154/，發布單位：勞動部勞動條件及就業平等司，民國 105 年 9 月 19 日發布，自 106 年 1 月 1 日起實施。

[3] 資料來源：https://www.mol.gov.tw/announcement/2099/37578/，發布單位：勞動部勞動條件及就業平等司，發布日期：107 年 8 月 16 日。

付勞工之規定,換言之,遲到扣薪如果未按缺勤時間扣錢,而有多扣的情況,應向勞工主管機關提出申訴、處罰[4]。

員工遲到的行為其實就是一種債務不履行的態樣,因為勞工並未依勞動契約按時的提供勞務,因此雇主如有損害,可以依民法債務不履行的規定,要求勞工負擔損害賠償的責任。因此,員工遲到既然是一種債務不履行的態樣,其實雇主也可以依據民法的規定,和勞工約定違約金,則勞工因為遲到所被扣的薪資,其性質就成為違約金,但違約金金額若扣處不相當的話,可以訴請法院酌減違約金[5]。

(五)工作時間

依《勞動基準法》規定,每日正常工作時間不得超過 8 小時,每週工作總時數不得超過 40 小時。雇主有使勞工在正常工作時間以外工作之必要者,而延長工作時間,雇主延長勞工之工作時間連同正常工作時間;但一日內不得超過 12 小時,一個月不得超過 46 小時,超過這個規定一律違法。常遇到雇主託詞說該工作是「責任制」,實際上並沒一個工作是需要完全責任的,否則豈非無限上綱,亦不合情理。

(六)加班費的計算部分

對依規定延長工時(即所謂的「加班」)在 2 小時以內者,應照平日每小時工資額加給 3 分之 1 以上(平均時薪×加班時間×1.34);超過 2 個小時部分,要按平日每小時工資額加給 3 分之 2 以上(平均時薪×加班時間

---

[4] http://www.hr.org.tw/news2.asp?ctype=7&autono=1344,參見內政部 75 年 5 月 23 日臺(75)內勞字第 41623 號函。

[5] http://blog.udn.com/colechangcolechang/11039963,《勞動基準法》第 22 條第 2 項,工資應全額直接給付勞工之規定。

×1.67）。但 1 日內的總工作時間，含正常工作時間，合計不得超過 12 小時，超過這個規定雇主將被課予罰鍰。

依《勞動基準法》第 32 條第 3 項規定，因天災、事變或突發事件，雇主有使勞工在正常工作時間以外工作之必要者，得將工作時間延長之。而延長工作時間者，按平日每小時工資額加倍發給。

至於休假日的加班費該如何計算，首先、休息日加班費是依照勞工實際工作時間計算。其次、休假日工作時數的計算以每個月加班上限 46 小時為控管。最後、休假日加班費費率不變。但休假日加班費，也要納入勞工保險的投保薪資。

而加班時數的總量該如何控管，其一、每個月加班上限以 46 小時為原則。其二、經工會或勞資會議同意，加班時數得以 3 個月為區間總量控管，單月加班上限 54 小時，每 3 個月總時數不得超過 138 個小時。其三、勞工 30 人以上的企業，採加班時數總量控管，應報請當地政府主管機關備查同意後才能施行。

雇主使勞工於《勞動基準法》第 36 條所定休息日工作，俗稱「一休」之休息日工作者，工作時間在 2 小時以內者，其工資按平日每小時工資額另再加給 1 又 3 分之 1 以上；工作 2 小時後再繼續工作者，按平日每小時工資額另再加給 1 又 3 分之 2 以上。

（七）工作期間之休息規定

依《勞動基準法》規定，繼續工作 4 小時，至少應有 30 分鐘之休息；勞工每 7 日中應有 2 日之休息，其中 1 日為例假，1 日為休息日，即「一例一休」規定。但雇主有下列情形之一，不受前項「一例一休」規定之限制：

1. 依第 30 條第 2 項規定[6]變更正常工作時間者，勞工每 7 日中至少應有 1 日之例假，每 2 週內之例假及休息日至少應有 4 日。

2. 依第 30 條第 3 項規定[7]變更正常工作時間者，勞工每 7 日中至少應有 1 日之例假，每 8 週內之例假及休息日至少應有 16 日。

3. 依第 30 條之 1 規定[8]變更正常工作時間者，勞工每 2 週內至少應有 2 日之例假，每 4 週內之例假及休息日至少應有 8 日。

　　雇主使勞工於休息日工作之時間，計入第 32 條第 2 項所定延長工作時間總數。但因天災、事變或突發事件，雇主使勞工於休息日工作之必要者，其工作時數不受第 32 條第 2 項規定之限制。

　　至於加班工作時數，則應依勞工的意願選擇補休。其一、平日或休息

---

[6] 《勞動基準法》第 30 條第 2 項規定，前項正常工作時間，雇主經工會同意，如事業單位無工會者，經勞資會議同意後，得將其 2 週內 2 日之正常工作時數，分配於其他工作日。其分配於其他工作日之時數，每日不得超過 2 小時。但每週工作總時數不得超過 48 小時。

[7] 《勞動基準法》第 30 條第 3 項規定，第 1 項正常工作時間，雇主經工會同意，如事業單位無工會者，經勞資會議同意後，得將 8 週內之正常工作時數加以分配。但每日正常工作時間不得超過 8 小時，每週工作總時數不得超過 48 小時。

[8] 《勞動基準法》第 30 條之 1 規定，中央主管機關指定之行業，雇主經工會同意，如事業單位無工會者，經勞資會議同意後，其工作時間得依下列原則變更：
一、4 週內正常工作時數分配於其他工作日之時數，每日不得超過 2 小時，不受前條第 2 項至第 4 項規定之限制。
二、當日正常工作時間達 10 小時者，其延長之工作時間不得超過 2 小時。
三、女性勞工，除妊娠或哺乳期間者外，於夜間工作，不受第 49 條第 1 項之限制。但雇主應提供必要之安全衛生設施。
依中華民國 85 年 12 月 27 日修正施行前第 3 條規定適用本法之行業，除第 1 項第 1 款之農、林、漁、牧業外，均不適用前項規定。

日加班後，勞工可選擇補休，並經雇主同意，依工作時數計算補休時數。其二、補休期間應該由勞雇雙方協商，補休期限到期時或勞動契約終止時仍未補休之時數，則應依原加班當日的工資計算標準發給加班費。

再者，勞工輪班、換班，所造成休息時間的變動，原則上，首先、更換班次，應間隔 11 個小時的休息時間。其次、因「工作特性」或「特殊原因」，經目的事業主管機關商請勞動部公告者，得變更休息時間，惟不得少於連續 8 小時。其三、經公告之特殊情形，個別企業欲適用變更休息時間規定，應該要經過工會或勞資會議同意之。最後、勞工 30 人以上之企業變更休息時間，應該要報請當地政府勞動主管機關備查同意後實施。

此外，近期勞基法修法的「七休一」原則上並未改變，勞動部門嚴格把關，並適度的調整例假，原則上仍以其一、安排例假以「七休一」為原則。其次、給予例假（一例）例外適度調整的彈性，並增加政府勞動部門把關的機制，不讓雇主有例外變成原則的可能。其三、經政府勞動部門公告指定後的行業，個別企業如果欲適用例假（一例）彈性調整規定，應該要經過工會或勞資會議同意。最後、勞工 30 人以上之企業適用例假（一例）彈性調整規定，應該要事先報請當地政府勞動主管機關備查後才能實施。

最後，勞工的特別休假是可以遞延的，此舉乃在於讓勞工可以靈活運用其自身的假期，作法有其一、年度終結未休畢的特別休假日數，得遞延至次年度再請休假。其二、次年底或勞動契約終止後未休畢的日數，雇主還是要發給工資，讓特別休假的權益有完整的保障。但年度的不休假加班費，也要納入勞工保險的投保薪資中。

（八）工作期間之休假規定

內政部所定應放假之紀念日、節日、五一勞動節及其他中央主管機關指定應放假之日，均應休假。此外勞動部解釋函（台 83 勞動二字第 35290

號）中，提及「因颱風、地震等天然災害而停工，不可歸責於勞雇任何一方，員工不必補服勞務，雇主亦可不發工資。」有關颱風過境，地方政府依「天然災害發生時停止辦公及上課作業要點」宣布停止上班、上課時，其效力僅拘束所轄各機關學校公教員工及學生[9]。

至於天然災害發生時（後），民間企業之勞工在何種狀況下得停止工作，因勞動基準法並無「颱風假」相關規範，宜由勞雇雙方事先訂於勞動契約或內部管理規則之中，以求明確。訂定相關規範時，可參照行政院訂定之「天然災害發生時停止辦公及上課作業要點」規定，並兼顧各行業差異性及業務實際需要及依事業單位慣例，由勞雇協商辦理之；勞工如確因災害而未出勤，雇主不得視為曠工或強迫以事假處理，惟亦可不發給工資；勞工如到工時，是否加給工資，可由雇主斟酌情形辦理[10]。

（九）請假規定

勞工工作期間與工讀生均有請公假、婚假、喪假、病假、事假的權利，可依「勞工請假規則」辦理。勞工如因健康或其他正當理由不能接受正常工作時間以外之工作者，雇主不得強制其工作。例如日常生活上，我們常聽到老闆喜歡在下班以後和假日用即時通訊軟體 LINE 交代工作，那是否意味我們也可以用 LINE 來請假呢？但實際上並非如此，報載有一真實案例[11]：

陳姓男子是連鎖超市副店長，因每天工作 12~14 小時，身體不堪勞累，到醫院求診，將藥單照片拍下並以 LINE 傳給店長請病假，店長回覆

---

[9] 行政院勞工委員會 83 年台 83 勞動 2 字第 35290 號函。

[10] 天然災害發生時停止辦公及上課作業要點第 15 條。

[11] 資料來源：http://www.nownews.com/n/2015/04/13/1667348，瀏覽日期：105 年 8 月 19 日。

「你在家好好休息」；因病情未好轉，再到醫院看病並以 LINE 向店長請假，店長都回覆「Yes」，他未請過假，不清楚流程，以為店長回覆就是准假。他請假 12 天後上班，卻被公司認定曠職超過 3 天開除。陳姓男子指控業者不當解僱，向法院提告要求付他資遣費和加班費。

法院審理認定陳姓男子的 LINE 簡訊請假不符公司規定，沒提出醫院診斷書等要件就算不合法請假，判他只能領到部分的加班費，公司不需付資遣費。另外，依工作規則員工請病假 1 天以上，要檢附醫院診斷證明，請假並要有書面證明。法院也表示，依公司規定普通病假需提醫院診斷證明書為要件，陳姓男子用 LINE 請假，且店長並無核假權限，屬曠職無誤。

二、勞動派遣

勞動派遣指派遣公司與要派公司締結契約，由派遣公司供應要派單位所需人力以提供勞務。派遣公司與派遣勞工具有勞雇關係，必須負起勞動基準法上的雇主責任。要派公司對於派遣勞工，僅在勞務提供的內容上有指揮監督權，兩者間不具有勞動契約關係，例如某甲人力銀行供應人力至某乙科技公司廠區，受某丙指揮監督從事生產製造工作。雖然目前立法院尚未修法完成，但勞動部亦陸續推動相關行政措施，包括行政指導、勞動法規教育、明確派遣及承攬定義及專案勞動檢查等，以加強保障派遣勞工權益。

勞動派遣的議題之所以備受關注，主因於企業過度濫用勞動派遣之情形頻傳，且勞動派遣之 3 方關係，不同於傳統勞雇關係，因而現行勞工法令無法充分保障派遣勞工相關權益，勞動部正積極推動派遣勞工保護法制化，現階段立法重點[12]：

---

[12] 資料來源：http://www.mol.gov.tw/topic/3072/，瀏覽日期：105 年 8 月 19 日。

（一）要派單位與派遣單位負共同雇主責任。

（二）同工同酬等「均等對待」原則。

（三）合理限制勞動派遣使用之比率。

（四）建立派遣業者之管理機制等。

希望以最能達到保障派遣勞工就業安全及兼顧雇主使用彈性之方向來推動立法。

三、競業禁止

近年來國內外企業競爭激烈，企業為保護經營利益，往往會要求各部門、不分職位或不論是否會接觸營業秘密的勞工都簽訂離職後競業禁止條款。另部分企業因擔心無法留才或員工流動率過高，因此透過與勞工簽訂最低服務年限條款，限制勞工一定時間內不得離職。勞工常常為爭取工作機會，被迫簽訂相關條款，之後提前離職或被雇主逼迫離職時，又會面臨無力償還巨額違約金之困境，這些爭議時有所聞。為有效解決相關爭議，現行勞動基準法已明確規範競業禁止條款應符合要件及競業期間最長不得逾 2 年，將有效降低過去勞資雙方約定相關條款，更可達到調和勞工權益及企業利益之目的。

競業禁止條款的重要規定與精神為雇主與勞工約定「離職後競業禁止」，應符合下列要件[13]：

（一）雇主有應受保護之正當營業利益。

（二）勞工須擔任之職務能接觸或使用雇主營業祕密。

---

[13] 資料來源：http://www.mol.gov.tw/announcement/2099/24198/，瀏覽日期：105 年 8 月 19 日。

（三）競業禁止之期間、區域、職業活動範圍及就業對象，不得逾合理範圍。

（四）雇主對勞工因不從事競業行為所受損失有合理補償，且合理補償不包括勞工於工作期間所受領之給付。

　　雇主未符合上述規定中任何一項規定，其與勞工所約定之條款無效；另明訂合理有效競業禁止條款，最長競業禁止期間不得逾 2 年，凡超過 2 年者，縮短為 2 年。

四、職業災害補償

　　工作期間如遭遇職業災害，有關職災補償事宜，適用勞動基準法行業應依《勞動基準法》第 59 條規定辦理，不適用該法行業，可參照該法辦理。依該條款規定，勞工因遭遇職業災害受傷或罹患職業病時，雇主應補償其必需的醫療費用；勞工在醫療中而不能工作時，雇主應自勞工不能工作之日起，按其原領工資全數予以補償，

　　但醫療期間屆滿 2 年勞工仍未能痊癒，經指定醫院診斷為喪失原有工作能力，且不合勞工保險條例所定之殘障給付標準者，雇主得 1 次給付 40 個月平均工資，以免除工資補償責任，或仍按勞工原領工資持續予以補償；又勞工經治療終止後，經指定醫院診斷審定其身體遺存殘廢者，雇主應按其平均工資及其殘廢程度 1 次給與殘廢補償[14]。

　　至於勞工遇職業災害或罹患職業病而死亡時，雇主除給予 5 個月平均工資之喪葬費外，並應 1 次給與其遺族 40 個月平均工資的死亡補償金。同一事故依勞工保險條例或其他法令規定，已由雇主支付費用補償者，雇主得予以抵充。

---

[14] 資料來源：http://www.bli.gov.tw/sub.aspx?a=D7G08ym4Pj8%3d；勞動部勞工保險局網站，瀏覽日期：105 年 8 月 19 日。

五、女工問題

（一）女性勞工與工讀生如係年滿 16 歲以上之女性，依法雇主不得使女工於晚上 10 時至翌晨 6 時之時間內工作，除服務於依勞動基準法第 30 條之 1 由中央主管機關指定之行業者（例如醫院護理師等），依該條規定得於深夜工作外。

（二）但雇主經工會同意，如事業單位無工會者，經勞資會議同意後，且符合以下要件者：

1. 提供必要之安全衛生設施。

2. 無大眾運輸工具可資運用時，提供交通工具或安排女工宿舍，不在此限。

（三）如因健康或其他正當理由，不能於晚上 10 時至翌晨 6 時之時間內工作者，雇主不得強制其工作。至其他有關女性之特別保護規定，亦有其適用。

（四）女性勞工生理假之問題

《性別工作平等法》第 14 條規定「女性受僱者因生理日致工作有困難者，每月得請生理假 1 日，全年請假日數未逾 3 日，不併入病假計算，其餘日數併入病假計算。前項併入及不併入病假之生理假薪資，減半發給。」，本條文規定之修正理由係因原條文規定女性生理假之請假日數需併入病假計算[15]。因此依照勞工請假規則，勞工普通傷病假 1 年內未超過 30 日部分，工資應折半發給。

---

[15] http://blog.udn.com/colechangcolechang/11198585；行政院勞工委員會 103 年勞動 3 字第 1020132872 號函。

亦即女性受僱者因請生理假將使其年度病假額度減少，影響到女性受僱者之權益，故修法使勞工多出 3 天非屬病假的生理假空間。至於不併入病假之生理假薪資，應由勞資雙方協商，如協商未有結果，則應屬無薪生理假。修法後女性受僱者只要在全年病假 30 天未請完的情況下，所請生理假仍併入病假，雇主仍應給付半薪，如果全年 30 天病假請完，剩餘的月份最多有 3 次無薪生理假可以請。

六、勞工退休提撥準備金部分

（一）雇主應提繳辦理勞工（工讀生亦同）退休準備金至少 6%，依勞工退休金條例之規定，勞工到職後 7 日內，雇主應向勞保局辦理開始提繳退休金手續，由雇主按月為勞工提繳退休金至該勞保局之個人退休金專戶，雇主所負擔的退休金提繳率，不得低於勞工每月工資的 6%；除了雇主提繳的部分外，勞工也可以在每月工資 6%的範圍內自願提繳，自願提繳的金額可自當年度綜合所得總額中扣除[16]。

（二）雇主應為勞工提繳之退休金，不得因勞工離職，扣留其工資作為賠償或要求工讀生繳回；雇主如果未依本條例按月提繳或足額提繳勞工退休金，致勞工權益受損，得向雇主請求損害賠償。個人退休金專戶累積之退休金及收益，於年滿 60 歲時始得請領，參加新制工作年資滿 15 年以上者，應請領月退休金，工作年資未滿 15 年者，則應請領 1 次退休金。為保障勞工在平均餘命之後的生活，當勞工開始請領月退休金時，須 1 次提繳一定金額投保年金保險，作為超過平均餘命後年金給付之用。

---

[16] http://www.bli.gov.tw/sub.aspx?a=Lv4A9vG%2bwDE%3d；勞動部勞工保險局網站。

七、職工福利方面的權利

（一）職工福利委員會

　　凡公、民營之工廠、礦場或平時僱用職工在 50 人以上之銀行、公司、行號、農、漁、牧場等，依職工福利金條例組成之職工福利委員會，勞工與工讀生亦可依該職工福利金條例規定之比率（每月薪資扣 0.5%）繳交職工福利金，自可依職工福利委員會章程享受各項福利措施。若機關或事業單位尚未成立職工福利組織者，得從其福利辦法於簽約中明定之。

（二）勞工保險方面的權利

　　勞工與工讀生應於到職當日辦理加保，依據《勞工保險條例》第 6 條第 1 項規定，年滿 15 歲以上，60 歲以下受僱於 5 人以上廠、場、公司、行號及交通、公用、新聞、文化、公益、合作等事業單位暨政府機關、公私立學校之工讀生，投保單位應依同條例第 11 條規定於勞工與工讀生到職當日為其辦理加保。同條例第 8 條第 1 項規定，受僱於未滿 5 人之單位者，得準用本條例自願加保。此外勞工請領保險給付之權利，悉依同條例有關規定辦理。

　　《勞工保險條例》及《就業保險法》課予投保單位（雇主）為所屬勞工辦理投保手續及其有關保險事務之責任[17]，例如：

1. 投保單位於本局查對員工或會員名冊、出勤工作紀錄及薪資帳冊時，並應自勞工離職、退會或結（退）訓之日起保存 5 年，拒不出示或未依規定備置及保存上開資料者，應處罰鍰。

---

[17] http://www.bli.gov.tw/sub.aspx?a=Hx9pJcVjo5M%3d；勞工保險條例及就業保險法課予投保單位（雇主）為所屬勞工辦理投保手續及其有關保險事務之責任。

2. 投保單位應按投保薪資分級表規定覈實申報勞工投保薪資，遇有薪資調整，應予申報調整投保薪資，並按月扣收保險費依限向本局繳納。

3. 投保單位不依勞保條例或就業保險法規定辦理保險手續，致勞工發生保險事故後不能請領保險給付時，除處罰鍰外，並應賠償勞工因此所受損失。

4. 投保單位未依規定負擔勞工之保險費，而由勞工負擔者，按規定核處罰鍰。投保單位並應退還保險費與勞工。

5. 投保單位將投保薪資金額以多報少或以少報多，除處罰鍰、追繳溢領給付金額外，並應負賠償勞工所受損失之責。

八、安全衛生方面的權利

勞工與工讀生在工作場所工作，雇主應依勞工安全衛生法規定，提供他必要的安全健康保障，雇主除工作場所的設備環境應符合規定外，僱用工讀生，亦應施予安全衛生及預防災變的教育訓練，包括工作安全步驟，告知可能遭遇的危害，工作應注意事項，避難、急救、消防等，此外雇主應事前考慮體能，予以適當配置工作。

九、勞工的義務

勞資雙方簽定勞動契約由雇主給付勞工報酬，勞工則提供其職業上的勞務。換言之，依據勞動契約從事所約定的工作，是勞工基本的義務。此外，勞工對其雇主有忠實義務，其內容包括（技術上、營業上的祕密）應謹慎的義務等。

（一）遵守工作規則的義務：工作規則是雇主行使其對事業的管理所訂定規則，工作規則訂立後，於報請主管機關核備，並在事業場所揭示時，除其內容違反法令相關規定外，勞工即有遵守的義務。

（二）職工福利方面的義務：事業單位依職工福利金條例組成之職工福利
委員會，勞工應於每月薪津內扣繳 0.5%作為職工福利金。

（三）勞工保險方面的義務：勞工除有參加勞工保險為被保險人的義務
外，並應依規定按月繳納保險費。

（四）勞工安全衛生方面的義務：依勞工安全衛生法接受體格及健康檢
查、安衛教育訓練的義務，以及切實遵守事業單位安全衛生工作守
則的義務。

參、求職防騙教戰守則

一、應徵前做好充分準備

（一）蒐集就業情報資訊，多上網搜尋資料，做好事先功課。

（二）請朋友、家人陪同面試，或事先打電話告知親友欲前往面試之地
點。

（三）檢視欲應徵公司是否有下列情形，若有，請提高警覺，小心受騙。

　　1. 連續數週或數月持續刊登徵人廣告。

　　2. 徵人廣告標榜工作輕鬆、免經驗、可貸款。

　　3. 徵人廣告內容僅載有公司名稱及地址或僅留電話、聯絡人、郵政
信箱。

　　4. 徵人廣告內容記載不合乎常情的待遇優厚，公司業務、工作內容
模糊不確定。

二、應徵當天堅守七不原則

（一）不簽約：不簽署任何文件、契約。

（二）不繳錢：不繳交任何不知用途之費用。

（三）不違法：不從事非法工作或於非法公司工作。

（四）不辦卡：不應求職公司之要求而當場辦理信用卡。

（五）不飲用：不飲用酒類及他人提供之不明飲料、食物。

（六）不離證：不交付證件與提款卡給予求職公司，以防詐騙。

（七）不購買：不購買公司以任何名目要求購買之有形、無形之產品。

三、求職應注意事項

　　如訂有書面契約，契約內容要公平、合理；如契約內有以下條款，將損害自身權益，為避免被騙或詐財，可先請教學校師長或勞工主管機關後再行簽約：

（一）預繳工作保證金。

（二）強行扣押身分證。

（三）未工作滿多少天不得領薪。

（四）未服務滿預定期限之處罰。

（五）放棄一切民事賠償抗辯的條款。

（六）強迫加班條款或不加班扣錢條款。

（七）預扣薪資，作為日後賠償之預先的違約金。

四、不實招募廣告及求職陷阱與手法

（一）為不實之廣告或揭示：違反《就業服務法》第 5 條第 2 項第 1 款

    1. 假徵才真詐財。

    2. 假徵才真招生。

    3. 假徵才真騙色。

    4. 假徵才真銷售產品或服務。

    5. 假徵才真誘使求職人投資。

    6. 假徵才真誘使加入多層次傳銷或加盟。

（二）扣留求職人財物或收取保證金。

（三）違反求職人意思，留置其國民身分證或其他證明文件。

肆、工作權的意涵與案例

    我國《憲法》第 15 條規定：「人民之生存權、工作權及財產權，應予保障。」然工作權之性質屬於經濟性之基本權利，一般理解雖不若人格權、自由權等其他基本權利重要，但因為工作權與生活之存續息息相關，與個人及家庭之關係重大，所以我國憲法明文保障人民之工作權[18]。惟對於一般人對於工作權往往會有錯誤的認知，特別是當社會上失業率居高不下的同時，人民是否可以請求政府給予相關工作。因此為了釐清問題，茲將工作權的內涵及其相關精神，同時以大法官解釋案例，來說明相關之法律問題與概念。

---

[18] http://www.scu.edu.tw/society/journal/abstract/ch9/j9-5.htm，盧政春，工作權保障與勞工福利建構。

125

一、工作權之特性

（一）防禦權性質：人民有選擇適當工作及職業以維持生計之自由[19]。

（二）受益權性質：人民失業時，有請求國家給予適當就業機會，以維持
其生活之權利[20]。

二、工作權之意義與相關法律的規定

我國《憲法》第 15 條雖明文保障人民之工作權，但條文當中並沒有
對工作權的性質及其保障之範圍有詳文之規定，所以我們對於工作權的理
解往往只能透過憲法整體性、基本國策及大法官解釋的變遷性等各個方面
來說明工作權保障的意義，因此，一般對於工作權之意義的理解，主要有
下列二者：職業自由權與工作請求權[21]。

（一）職業自由權

工作係維持個人與家庭存續有很大的關係，因此我國《憲法》規定保
障人民之工作權，在憲法制訂之初並無賦予工作權太多之意義，但在實務
上特別是大法官解釋，多數都有提到我國《憲法》對工作權之保障，係指

---

[19] http://www.angle.com.tw/File/Try/1B030PA-3.pdf；李建良，競業禁止與職業自由，台灣
本土法學雜誌，第 15 期，2000 年，頁 111。

[20] 陳愛娥，中醫師不得交付病人西藥？－關於憲法工作權之保障，台灣本土法學雜誌，
創刊號，1999 年，頁 109。

[21] 李惠宗，憲法工作權保障之系譜，收錄於憲法解釋之理論與實務，中央研究院中山人
文研究所，1998 年，頁 347。李惠宗，德國基本法所保障之職業自由－德國聯邦憲
法法院有關職業自由保障判決之研究，收錄於權力分立與基本權保障，1999 年，頁
297。李惠宗，憲法工作權保障系譜之再探-以司法院大法官解釋為中心，憲政時代，
第 29 卷：第 1 期，2003 年，頁 126。

職業選擇之自由[22]。因此人民在選擇職業之自由，如屬應具備之主觀條件，乃指從事特定職業之個人本身所應具備之專業能力或資格，且該等能力或資格可經由訓練培養而獲得者，例如知識、學位、體能等，立法者欲對此加以限制，須有重要公共利益存在，否則將有侵犯憲法保障人權的疑慮[23]。

　　而人民選擇職業應具備之客觀條件，係指對從事特定職業之條件限制，非個人努力所可達成，例如行業獨占制度，則應以保護特別重要之公共利益始得為之。且不論何種情形之限制，所採之手段均必須與比例原則無違[24]。另外對職業自由之限制，因內容之差異，在憲法上有寬嚴不同之容許標準，若所限制者為從事一定職業所應具備之主觀條件，則需所欲實現者為重要之公共利益，且其手段屬必要時，方得為適當之限制，始符合《憲法》第 23 條比例原則之要求，經司法院大法官解釋在案[25]。

（二）工作請求權

　　所謂工作機會保障即是認為，人民有工作意願時，得以請求政府提供適當之工作機會而言，關於此意義相較於職業自由之保障，政府實則被賦予需扮演更積極的角色，然之所以會出現這個觀點，主要是從「憲法解釋當代化」[26]之主張而來，隨著時代的演變，憲法解釋在與憲法客觀意旨並

---

[22] 李惠宗，憲法工作權保障系譜之再探-以司法院大法官解釋為中心，憲政時代，第 29 卷：第 1 期，2003 年，頁 126。

[23] 蔡茂寅，工作權保障與勞動基本權之關係及其性質，律師雜誌，第 219 期，1997 年，頁 22。

[24] 李惠宗，德國基本法所保障之職業自由－德國聯邦憲法法院有關職業自由保障判決之研究，收錄於權力分立與基本權保障，1999 年，頁 297。

[25] 司法院大法官釋字第 584 號、第 649 號解釋參照。

[26] 李惠宗，憲法工作權保障系譜之再探-以司法院大法官解釋為中心，憲政時代，第 29 卷：第 1 期，2003 年，頁 126。

無違背的清況下，應當採取符合時代需求的解釋，如此才得以因應時代的變化、人民的要求[27]，例如：《憲法》第 152 條：「人民具有工作能力者，國家應予以適當之工作機會。」

此外《憲法》第 153 條：「國家為改良勞工及農民之生活，增進其生產技能，應制定保護勞工及農民之法律，實施保護勞工及農民之政策。」「婦女兒童從事勞動者，應按其年齡及身體狀態，予以特別之保護。」與《憲法》第 154 條：「勞資雙方應本協調合作原則，發展生產事業。勞資糾紛之調解與仲裁，以法律定之。」等憲政層次的規範，以及勞動基準法、性別工作平等法、就業服務法等都有相當程度的進步性規範[28]。

伍、大法官解釋關於工作權的案例

《憲法》規定人民之工作權應予保障，人民從事工作並有選擇職業之自由。惟其工作與公共利益密切相關者，於符合《憲法》第 23 條比例原則之限度內，對於從事工作之方式及必備之資格或其他要件，得以法律或視工作權限制之性質，並以有法律明確授權之命令加以規範[29]。茲分別列舉與工作權相關的司法院大法官解釋案例與分析說明如下：

---

[27] 李建良，競業禁止與職業自由，台灣本土法學雜誌，第 15 期，2000 年，頁 111。

[28] 蔡茂寅，工作權保障與勞動基本權之關係及其性質，律師雜誌，第 219 期，1997 年，頁 22。

[29] 李惠宗，德國基本法所保障之職業自由－德國聯邦憲法法院有關職業自由保障判決之研究，收錄於權力分立與基本權保障，1999 年，頁 297。

一、職業選擇之自由

（一）釋字第 738 號解釋

案由摘要：

聲請人陳○○即金○電子遊戲場業，前經臺北縣政府（現新北市政府）核准於臺北縣三重市（現新北市三重區）經營金○電子遊戲場業（限制級），並領有電子遊戲場業營業級別證。聲請人後向臺北縣政府申請變更電子遊戲場業營業級別證之營業場所面積。臺北縣政府認為擬變更作為電子遊戲場業營業場所之部分，因周遭 990 公尺範圍內有學校，違反《臺北縣電子遊戲場業設置自治條例》第 4 條規定，而遭駁回申請。

聲請人不服，循序提起救濟，經臺北高等行政法院判決及最高行政法院裁定駁回。聲請人認確定終局判決所適用之《臺北縣電子遊戲場業設置自治條例》第 4 條第 1 項、電子遊戲場業申請核發〈電子遊戲場業營業級別證作業要點〉第 2 點第 1 款第 1 目規定有違憲疑義，於是聲請大法官解釋。本解釋案經大法官併案審理之其他聲請人尚有吳○○即凱○○電子遊戲場業等 7 人。

解釋爭點：

電子遊戲場業申請核發〈電子遊戲場業營業級別證作業要點〉第 2 點第 1 款第 1 目規定申請上開級別證須符合自治條例規定，是否合憲？《臺北市電子遊戲場業設置管理自治條例》第 5 條第 1 項第 2 款、《臺北縣電子遊戲場業設置自治條例》（已失效）第 4 條第 1 項、《桃園縣電子遊戲場業設置自治條例》（於 103 年 12 月 25 日公告自同日起繼續適用）第 4 條第 1 項分別規定電子遊戲場業營業場所應距離特定場所 1,000 公尺、990 公尺、800 公尺以上，是否合憲？

解釋要旨：

人民營業之自由為《憲法》第 15 條工作權及財產權所保障之內涵。人民如以從事一定之營業為其職業，關於營業場所之選定亦受營業自由保障，僅得以法律或法律明確授權之命令，為必要之限制，惟若僅屬執行法律之細節性、技術性次要事項，得由主管機關發布命令為必要之規範，而無違反《憲法》第 23 條法律保留原則之要求，已經大法官解釋在案[30]。

（二）釋字第 724 號解釋

案由摘要：

聲請人彭○雄為新竹市商業會第 8 屆理事長，因 96 年 7 月 15 日任期屆滿，仍未完成改選理監事，經新竹市政府以不超過第 8 屆任期滿後 3 個月為限同意延期改選。但商業會於改選期限屆滿前仍未完成改選，新竹市政府乃於 96 年 10 月 15 日函知該會，依《人民團體法》第 58 條規定為限期整理處分，且依《督導各級人民團體實施辦法》第 20 條第 1 項「限期整理者，其理事、監事之職權應即停止」（系爭規定），而停止聲請人理事職權，另遴選整理小組進行整理工作。

後經整理小組召開第 9 屆第 1 次會員代表大會，選出新任理監事及理事長。聲請人不服上開限期整理處分，提起行政爭訟，經最高行政法院判決駁回確定，於是主張系爭規定剝奪人民團體理、監事職權違憲，聲請解釋。另商業會又對聲請人提出訴訟，應就其停職後擅用該會存款造成之差額負損害賠償；此外，聲請人也向商業會提出訴訟，請求返還原由其占用之該會房屋。兩案經臺灣高等法院民事判決、最高法院民事判決聲請人敗訴確定，聲請人亦主張該 2 判決所適用之系爭規定違憲，分別聲請解釋。大法官就 3 案先後受理，合併審理。

---

[30] 參照大法官釋字第 443 號、第 716 號及第 719 號解釋。

解釋爭點：

督導各級人民團體實施辦法規定人民團體限期整理者其理監事應即停止職權，是否違憲？

解釋要旨：

內政部 95 年 6 月 15 日修正發布之督導各級人民團體實施辦法第 20 條第 1 項：「人民團體經主管機關限期整理者，其理事、監事之職權應即停止」規定部分，違反《憲法》第 23 條法律保留原則，侵害《憲法》第 14 條、第 15 條保障之人民結社自由及工作權，應自本解釋公布之日起，至遲於屆滿 1 年時，失其效力。

職業自由為人民充實生活內涵及自由發展人格所必要，不因職業之性質為公益或私益、營利或非營利而有異，均屬於《憲法》第 15 條工作權保障之範疇[31]。人民團體理事、監事之選任及執行職務，涉及結社團體之運作，會員結社理念之實現，以及理事、監事個人職業自由之保障。對人民之上開自由權利加以限制，須以法律定之或經立法機關明確授權行政機關以命令訂定，才無違反《憲法》第 23 條之法律保留原則[32]。

（三）釋字第 719 號解釋

案由摘要：

聲請人興○公司、壹○媒出版公司、蘋○日報公司、臺○高鐵公司，各參與政府採購案，因得標後履約期間未依《原住民族工作權保障法》第 12 條第 1 項及《政府採購法》第 98 條之規定，進用總員工人數 1% 之原住民，經行政院原住民族委員會（現原住民族委員會）依上開工作權保障法

---

[31] 參照大法官釋字第 659 號解釋。

[32] 參照大法官釋字第 443 號解釋。

第 12 條第 3 項，以及政府採購法同條規定，命其繳就業代金 50 餘萬元至 4 百餘萬不等。聲請人均不服，認所繳代金已佔各採購案實際履約所得之甚高比例，循序爭訟敗訴確定後，主張各該規定違憲，侵害平等權、營業自由及財產權等，分別聲請解釋。大法官就各案先後受理後，併案審理。

解釋爭點：

政府採購得標廠商員工逾百人者應進用一定比例原住民，未進用者令其繳代金之規定，是否違憲？

解釋要旨：

《原住民族工作權保障法》第 12 條第 1 項、第 3 項及《政府採購法》第 98 條，關於政府採購得標廠商於國內員工總人數逾 100 人者，應於履約期間僱用原住民，人數不得低於總人數 1%，進用原住民人數未達標準者，應向原住民族綜合發展基金之就業基金繳納代金部分，尚無違背《憲法》第 7 條平等原則及第 23 條比例原則，與《憲法》第 15 條保障之財產權及其與工作權內涵之營業自由之意旨並無不符。人民營業之自由為《憲法》第 15 條工作權及財產權所保障之內涵[33]。

民間企業參與政府採購案，因得標後履約期間未依《原住民族工作權保障法》第 12 條第 1 項及《政府採購法》第 98 條之規定，進用總員工人數 1%之原住民，經原住民族委員會依法命其繳就業代金 50 餘萬元至 4 百餘萬不等，尚無違背《憲法》第 7 條平等原則及第 23 條比例原則，與《憲法》第 15 條保障之財產權及其與工作權內涵之營業自由之意旨並無不符，亦即該至少進用總員工人數 1%之原住民的規定並未違憲。

---

[33] 參照大法官釋字第 514、606、716 號解釋。

（四）釋字第 711 號解釋

案由摘要：

1. 藥師楊○涓等 4 人各登錄於嘉義縣、臺南縣及臺中市等地藥局執行一般藥師業務；後分別向登錄所在地衛生局申請支援他處藥局，但均因為與藥師法第 11 條之系爭規定不符，而遭駁回申請。聲請人不服，提起行政爭訟敗訴確定，乃主張系爭規定及行政院衛生署（現衛生福利部）100 年 4 月 1 日衛署醫字第 1000007247 號函，有違憲之虞，分別聲請解釋。

2. 醫師劉○志認為衛生署（現衛生福利部）不修改系爭規定，卻同意藥師可居家照護及義診，並命健保局編列預算鼓勵之，導致其可領得之醫療給付降低，損其財產權，提起國家賠償訴訟敗訴確定後，乃主張系爭規定內容不明確且不公平而違憲，聲請解釋。

3. 臺灣桃園地方法院行政訴訟庭法官錢○榮審理該院 101 年度簡字第 45 號違反藥事法案件，依其合理確信認所應適用之系爭規定有違憲疑義，乃依大法官釋字第 371、572、590 號解釋意旨及行政訴訟法第 178 條之 1 規定，聲請解釋。大法官就各案先後受理，因所主張違憲之標的相同，乃合併審理。

解釋爭點：

　　《藥師法》第 11 條規定藥師執業處所應以一處為限，違憲？兼具有藥師護理師雙重資格者執業場所應同一處所為限之函釋，亦違憲？

解釋要旨：

　　《藥師法》第 11 條規定：「藥師經登記領照執業者，其執業處所應以一處為限。」未就藥師於不違反該條立法目的之情形下，或於有重大公益

或緊急情況之需要時，設必要合理之例外規定，已對藥師執行職業自由形成不必要之限制，有違《憲法》第 23 條比例原則，與《憲法》第 15 條保障工作權之意旨相牴觸，應自本解釋公布之日起，至遲於屆滿 1 年時失其效力。

（五）釋字第 702 號解釋

案由摘要：

聲請人為國立新〇高中已婚教師，於 98 年 7 月間，該校暑期營隊活動擔任輔導員，被檢舉於活動期間對服務學員發生疑似違反其意願之性行為。該校隨即調查，調查結果並無性侵害情事，後經該校教師評審委員會以上述第 1 項第 6 款規定為由，決定自 99 學年度起不予續聘；教育部亦核准該處分。聲請人不服，後來經過申復、申訴及行政訴訟，均遭到駁回，乃認為上述各規定違反憲法比例原則及工作權保障，聲請解釋。

解釋爭點：

教師法規定行為不檢，有損及師道者，不得聘任為教師；已聘任者，解聘、停聘或不續聘，是否均違反憲法？

解釋要旨：

98 年 11 月 25 日修正公布之教師法第 14 條第 1 項規定，教師除有該項所列各款情形之一者外，不得解聘、停聘或不續聘，其中第 6 款（即 101 年 1 月 4 日修正公布之同條第 1 項第 7 款）所定「行為不檢，有損及師道者，經有關機關查證屬實」之要件，與憲法上法律明確性原則之要求尚無違背。

又依同條第 3 項（即 101 年 1 月 4 日修正公布之同條第 3 項，意旨相同）後段規定，已聘任之教師有前開第 6 款之情形者，應報請主管教育行

政機關核准後，予以解聘、停聘或不續聘，對人民職業自由之限制，與憲法第 23 條比例原則尚無牴觸，亦與憲法保障人民工作權之意旨無違。

但同條第 3 項前段，使違反前開第 6 款者不得聘任為教師之規定部分，與憲法第 23 條比例原則有違，應自本解釋公布之日起，至遲於屆滿 1 年時失其效力。解釋要旨：《憲法》第 15 條規定，人民之工作權應予保障，其內涵包括人民之職業自由。法律若課予人民一定職業上應遵守之義務，即屬對該自由之限制，有關該限制之規定應符合明確性原則。

（六）釋字第 689 號解釋

案由摘要：

聲請人為蘋果日報社記者，主跑娛樂演藝新聞；分別於 97 年 7 月間二度跟追神○電腦集團副總苗○斌及其曾為演藝人員之新婚夫人孫○華，並對彼等拍照，經苗○斌委託律師二度郵寄存證信函以為勸阻，但聲請人又於同年 9 月 7 日整日跟追苗某夫婦，苗某遂於當日下午報警檢舉。

案經臺北市政府警察局中山分局調查，以聲請人違反《社會秩序維護法》第 89 條第 2 款規定為由，裁處罰鍰新臺幣 1,500 元。該裁處之規定所欲維護者屬重要之利益，而限制經勸阻不聽且無正當理由，並依社會通念，認屬不能容忍之侵擾行為，並未逾越比例原則，已如上述，是系爭規定縱對以跟追行為作為執行職業方法之執行職業自由有所限制，仍難謂有違《憲法》第 15 條保障人民工作權之意旨。

解釋爭點：

《社會秩序維護法》第 89 條第 2 款規定，使新聞採訪者之跟追行為受到限制，是否違憲？

解釋要旨：

　　社會秩序維護法第 89 條第 2 款規定，旨在保護個人之行動自由、免於身心傷害之身體權、及於公共場域中得合理期待不受侵擾之自由與個人資料自主權，而處罰無正當理由，且經勸阻後仍繼續跟追之行為，與法律明確性原則尚無牴觸。新聞採訪者於有事實足認特定事件屬大眾所關切並具一定公益性之事務，而具有新聞價值，如須以跟追方式進行採訪，其跟追倘依社會通念認非不能容忍者，即具正當理由，而不在首開規定處罰之列。於此範圍內，首開規定縱有限制新聞採訪行為，其限制並未過當而符合比例原則，與憲法第 11 條保障新聞採訪自由及第 15 條保障人民工作權之意旨尚無牴觸。又系爭規定以警察機關為裁罰機關，亦難謂與正當法律程序原則有違。

（七）釋字第 682 號解釋

解釋爭點：

　　中醫特考有零分或專科平均或特定科目成績未達規定者不予及格，是否違憲？

解釋要旨：

　　聲請人羅○霖參加 91 年專門職業及技術人員特種考試中醫師考試，經評定總成績雖滿 60 分，惟其專業科目之「中醫內科學」、「中醫診斷學」二科成績未達《中醫師特考考試規則》第 9 條第 3 項所定之及格標準，致未獲錄取。

　　聲請人向考選部申請複查各科目考試成績，經該部調閱其試卷及試卡，以核對結果，並無漏未評閱情事，且評定成績亦與成績單所載相符，遂檢附成績複查表函文通知聲請人。《中醫師特考考試規則》第 9 條第 3

項所定之及格標準尚未牴觸《憲法》第 23 條法律保留原則、比例原則及第 7 條平等權之保障，與《憲法》第 15 條保障人民工作權及第 18 條保障人民應考試權之意旨無違。

（八）釋字第 649 號解釋

案由摘要：

聲請人林○絨經管理髮店，僱用另 2 聲請人楊○花及鍾○日都並非視障者，於營業場所內從事按摩服務，為警查獲，並將相關資料函送臺北市政府社會局處理。案經該局認係違反行為時之《身心障礙者保護法》第 37 條第 1 項前段規定，並依同法第 65 條第 1 項與第 2 項規定，處以新臺幣 4 萬元、1 萬元及 2 萬元罰鍰。聲請人等認為上開規定與《憲法》第 7 條平等權、第 15 條工作權及第 23 條比例原則之規定不符，依規定聲請大法官解釋。

解釋爭點：

身心障礙者保護法按摩業專門由視障者從事之規定，是否違憲？

解釋要旨：

《身心障礙者權益保障法》第 37 條第 1 項前段規定：「非本法所稱視覺障礙者，不得從事按摩業。」（上開規定之「非本法所稱視覺障礙者」，經修正為「非視覺功能障礙者」，並移列為第 46 條第 1 項前段，規定意旨相同）與《憲法》第 7 條平等權、第 15 條工作權及第 23 條比例原則之規定不符，應自本解釋公布之日起至遲於屆滿 3 年時失其效力。

又按《憲法》第 15 條規定人民之工作權應予保障，人民從事工作並有選擇職業之自由，業經釋字第 404 號、第 510 號、第 584 號、第 612 號、第 634 號與第 637 號解釋在案。對職業自由之限制，因其內容之差

異，在憲法上有寬嚴不同之容許標準。關於從事工作之方法、時間、地點等執行職業自由，立法者為追求一般公共利益，非不得予以適當之限制。

（九）釋字第 637 號解釋

解釋爭點：

《公務員服務法》第 14 條之 1，是否違憲？

解釋要旨：

本案之背景事實為被告林○○於 84 年至 87 年任職臺中市政府工務局，離職後隨即受聘任某營造公司總經理，後因該公司參與某機關之營建工程有圍標情事，而遭臺中地檢署偵辦。臺中地檢署除就違反政府採購法部分提起公訴外，另以其違反《公務員服務法》第 14 條之 1 規定，依同法第 22 條之 1 之規定，予以起訴。

臺灣臺中地方法院簡○希法官因審理 90 年度訴字第 2020 號刑事案件，認該案所應適用之《公務員服務法》第 14 條之 1，有牴觸憲法保障人民工作權之意旨，裁定停止訴訟程序，聲請解釋[34]。按《公務員服務法》第 14 條之 1 規定旨在維護公務員公正廉明之重要公益，而對離職公務員選擇職業自由予以限制，其目的乃屬正當；其所採取之限制手段與目的達成間，具實質關聯性，乃為保護重要公益所必要，並未牴觸《憲法》第 23 條之規定，與憲法保障人民工作權之意旨尚無違背。

---

[34] 參照大法官釋字第 371 號解釋。

（十）釋字第 634 號解釋

案由摘要：

聲請人王○貴未經主管機關（證期會）之核准，自 90 年 11 月起，於財訊快報等報紙刊登廣告，以每期 2 個月、每週上課 1 次，收取費用新臺幣 10 萬元之條件，招攬一般民眾參加其所舉辦之證券投資講習課程，並於授課時提供證券交易市場分析資料，從事有價證券價值分析及投資判斷之建議（如操盤術及選股術），多人先後繳費上課。案經移送偵辦，並經臺灣臺北地方法院判處聲請人有期徒刑 3 個月，得易科罰金，緩刑 2 年；聲請人不服，提起上訴，但亦經同法院判決駁回確定。

解釋爭點：

《證券交易法》第 18 條第 1 項等規定，是否違憲？

解釋要旨：

人民之工作權為《憲法》第 15 條規定所保障，其內涵包括人民選擇職業之自由。人民之職業與公共福祉有密切關係，故對於選擇職業應具備之主觀條件加以限制者，於符合《憲法》第 23 條規定之限度內，得以法律或法律明確授權之命令加以限制，惟其目的須為重要之公共利益，且其手段與目的之達成有實質關聯，始符比例原則之要求。《證券投資顧問事業管理規則》（已停止適用）第 5 條第 1 項第 4 款規定，於此範圍內，與憲法保障人民職業自由及言論自由之意旨尚無牴觸。

（十一）釋字第 612 號解釋

解釋爭點：

《舊廢棄物處理機構管理輔導辦法》第 31 條第 1 款，是否違憲？解釋要旨：行政院環境保護署訂定發布之《公民營廢棄物清除處理機構管理輔

導辦法》（已廢止），其第 31 條第 1 款規定，係指廢棄物清除、處理機構有導致重大污染環境或危害人體健康之違法或不當營運情形，而在清除、處理技術員執行職務之範圍內者，主管機關應撤銷清除、處理技術員合格證書而言，並未逾越前開廢棄物清理法第 21 條之授權範圍，乃為達成有效管理輔導公、民營廢棄物清除、處理機構之授權目的，以改善環境衛生，維護國民健康之有效方法，其對人民工作權之限制，尚未逾越必要程度，符合《憲法》第 23 條之規定，與《憲法》第 15 條之意旨，亦無違背。

《憲法》第 15 條規定人民之工作權應予保障，人民從事工作並有選擇職業之自由，如為增進公共利益，於符合《憲法》第 23 條規定之限度內，對於從事工作之方式及必備之資格或其他要件，得以法律或經法律授權之命令限制之。人民營業之自由為憲法上工作權及財產權所保障[35]。國家對人民自由權利之限制，應以法律定之，且不得逾越必要程度，《憲法》第 23 條定有明文。

（十二）釋字第 584 號解釋

解釋爭點：

道交條例禁止曾犯故意殺人等特定罪名者，而駕駛計程車之規定，是否違憲？

解釋要旨：

人民之工作權為《憲法》第 15 條規定所保障，其內涵包括人民選擇職業之自由。人民之職業與公共福祉有密切關係，故對於從事一定職業應具備之資格或其他要件，於符合《憲法》第 23 條規定之限度內，得以法律或法律明確授權之命令加以限制。《道路交通管理處罰條例》第 37 條第

---

[35] 參照大法官釋字第 514 號解釋。

1 項規定乃基於營業小客車營運及其駕駛人工作之特性，就駕駛人個人應具備之主觀條件，對人民職業選擇自由所為之限制，旨在保障乘客之安全，確保社會之治安，及增進營業小客車之職業信賴，與首開憲法意旨相符，於《憲法》第 23 條之規定，尚無牴觸。

又營業小客車營運之管理，因各國國情與治安狀況而有不同。相關機關審酌曾經犯上述之罪者，其累犯、再犯比率偏高，及其對乘客安全可能之威脅，衡量乘客生命、身體安全等重要公益之維護，與人民選擇職業應具備主觀條件之限制，而就其選擇職業之自由為合理之不同規定，與《憲法》第 7 條之平等原則，亦屬無違。

惟以限制營業小客車駕駛人選擇職業之自由，作為保障乘客安全、預防犯罪之方法，乃基於現階段營業小客車管理制度所採取之不得已措施，但究屬人民職業選擇自由之限制，自應隨營業小客車管理，犯罪預防制度之發展，或其他健全之制度，或其他較小限制替代措施之建立，隨時檢討改進；且若已有方法證明曾犯此等犯罪之人對乘客安全不具特別危險時，即應適時解除其駕駛營業小客車執業之限制，在於維護公共福祉之範圍內，更能貫徹憲法人民工作權之保障及平等原則之意旨。

（十三）釋字第 514 號解釋

解釋爭點：

遊戲場業規則對於允許未滿 18 歲人進入者撤銷許可規定，是否違憲？

解釋要旨：

人民營業之自由為憲法上工作權及財產權所保障。有關營業許可之條件，營業應遵守之義務及違反義務應受之制裁，依《憲法》第 23 條規定，都應該以法律定之，其內容更須符合該條規定之要件。若其限制，於

性質上得由法律授權以命令補充規定時，授權之目的、內容及範圍應具體明確，始得據以發布命令，經司法院解釋在案。

　　教育部主管之遊藝場業輔導管理規則，係主管機關為維護社會安寧、善良風俗及兒童暨少年之身心健康，於法制未至完備之際，基於職權所發布之命令，固有其實際需要，惟該規則第 13 條第 12 款關於電動玩具業不得容許未滿 18 歲之兒童及少年進入其營業場所之規定，第 17 條第 3 項關於違反第 13 條第 12 款規定者，撤銷其許可之規定，涉及人民工作權及財產權之限制，自應符合首開憲法意旨。相關之事項已制定法律加以規範者，主管機關尤不得沿用其未獲法律授權所發布之命令。前述管理規則之上開規定，有違《憲法》第 23 條之法律保留原則，應不予援用。

（十四）釋字第 510 號解釋

案由摘要：

　　聲請人等係中○航空股份有限公司副駕駛，因曾施行 RK（放射狀眼角膜切開）手術，於 81 年 4 月 17 日經民航局核定為體格不合格之缺點免計，准予飛行在案。後經民航局依據《航空人員體格檢查標準》第 53 條有關缺點免計者至少每 3 年需重新評估一次之規定，於 83 年 10 月間邀集眼科醫學專家進行複審，決議限制聲請人等執行夜間起飛及降落。聲請人等於 84 年 6 月 6 日就 RK 人員限制飛航問題向民航局提出陳情，案經民航局再於 84 年 9 月召開醫事審議委員會眼科小組審查會審查後，於 84 年 10 月 13 日以標準一(84)字第 13492 號函復華航並副本知會聲請人等，略以聲請人曾施 RK 手術，仍限制不得執行夜間起降等語。聲請人不服，提起訴願、再訴願及行政訴訟，都被以上揭檢查標準之規定而遭駁回。

解釋爭點：

航空人員體格標準限制執業之規定，是否違憲？

解釋要旨：

《憲法》第 15 條規定人民之工作權應予保障，人民從事工作並有選擇職業之自由。惟其工作與公共利益密切相關者，於符合《憲法》第 23 條比例原則之限度內，對於從事工作之方式及必備之資格或其他要件，得以法律或視工作權限制之性質，以有法律明確授權之命令加以規範。航空體檢醫師或主管，認為情況有變化時，得隨時要求加以鑑定」，都是為維護公眾利益，基於航空人員之工作特性，就職業選擇自由個人應具備條件所為之限制，非涉及裁罰性之處分，與首開解釋意旨相符，於憲法保障人民工作權之規定亦無牴觸。

（十五）釋字第 462 號解釋

案由摘要：

聲請人升等教授案，經國立○○大學初審總成績達 88 分極力推薦之特優標準；複審總成績亦達 82 分特別推薦之優等標準；送請校外專家審查之代表著作，分別經 3 位專家審查結果全部獲得通過（依規定以 2 人（含）以上通過即屬及格），且其中一位評分高達 80 分，評語頗佳。但學校教評會終以無記名且不具理由之投票方式作成未通過之決議，顯屬違法。另依校方教師升等辦法，教師升等須經教評會出席委員 3 分之 2 以上（含 3 分之 2）同意始獲通過。本案出席委員計 17 人，3 分之 2 則應計：11.3 人，茲因事實上不可能有 0.3 人之存在，因此 3 分之 2 同意人數，究應按 11 人計？抑按 12 人計？因法無明文，乃生爭議。

聲請人獲 11 人同意，認應通過升等，而校方則認應進位為 12 人，惟按 0.3 並未滿 5 竟予進位，非但違背 4 捨 5 入通用之習慣，而且如依校方之見解，將 17 人之 3 分之 2 強行進位按 12 人計，則與 18 人之 3 分之 2 亦屬 12 人，變成毫無差別，試問 17 人出席與 18 人出席竟然變成毫無差別，校方於法無據，強異為同，硬作成未通過升等之決議，顯屬違法。聲請人因不服校方之行政處分，乃提出申訴、訴願、再訴願、行政訴訟等程序，但仍遭駁回，最後聲請人殊難甘服，遂以顯有違背《憲法》第 15、16 條保障人民工作權、訴願及訴訟權利之嫌，聲請解釋。

解釋爭點：

大學教師升等評審程序應如何，是否違憲？

解釋要旨：

大學教師升等資格之審查，關係大學教師素質與大學教學、研究水準，並涉及人民工作權與職業資格之取得，除應有法律規定之依據外，主管機關所訂定之實施程序，尚須保證能對升等申請人專業學術能力及成就作成客觀可信、公平正確之評量，始符合《憲法》第 23 條之比例原則。

按《憲法》第 15 條規定，人民之工作權應予保障，是以凡人民作為謀生職業之正當工作，都應受國家之保障，對於職業自由之限制，應具有正當之理由，並不得逾越必要程度。大學教師升等資格之審查，關係大學教師素質與大學教學、研究水準，並涉及人民工作權與職業資格之取得，除應有法律規定之依據外，主管機關所訂定之實施程序，尚須保證對升等申請人專業學術能力及成就作成客觀可信、公平正確之評量，始符合《憲法》第 23 條之比例原則。

（十六）釋字第 432 號解釋

解釋爭點：

會計師法有關會計師行為標準、注意義務及懲戒範圍等規定，是否違憲？

解釋要旨：

《會計師法》第 17 條規定，係在確立會計師之行為標準及注意義務所為之規定，要非會計師作為專門職業人員所不能預見，亦係維護會計師專業素質，增進公共利益所必要，與法律明確性原則及《憲法》第 15 條保障人民工作權之意旨尚無違背。

（十七）釋字第 414 號解釋

解釋爭點：

《藥事法》等法規就藥物廣告應先經核准等規定，是否違憲？

解釋要旨：

《藥事法》第 66 條規定旨在確保藥物廣告之真實，維護國民健康，其規定藥商刊播藥物廣告前應申請衛生主管機關核准，係為專一事權，使其就藥物之功能、廣告之內容、及對市場之影響等情事，依一定程序為專業客觀之審查，為增進公共利益所必要，與《憲法》第 11 條保障人民言論自由及第 15 條保障人民生存權、工作權及財產權之意旨尚屬相符。

（十八）釋字第 411 號解釋

解釋爭點：

經濟部等所訂「各科技師執業範圍」對土木工程技師設限，是否違憲？

解釋要旨：

　　經濟部會同內政部等行政院各部會訂定「各科技師執業範圍」，就中對於土木工程科技師之執業範圍，限制「建築物結構之規劃、設計、研究、分析業務限於高度 36 公尺以下」部分，係技師之中央主管機關及目的事業主管機關為劃分土木工程科技師與結構工程科技師之執業範圍，依《技師法》第 12 條第 2 項規定所訂，與憲法對人民工作權之保障，尚無牴觸。

　　《憲法》第 15 條規定人民之工作權應予保障，故人民得自由選擇工作及職業，以維持生計。惟人民之工作與公共福祉有密切關係，為增進公共利益之必要，對於人民從事工作之方法及應具備之資格或其他要件，得以法律為適當之規範[36]。惟法律之規定不能鉅細靡遺，對於各種專門職業之執業範圍，自得授權有關機關以命令為必要之劃分。由於土木與結構工程均涉及公共安全，限由學有專精者執行其專長業務，是為增進公共利益所必要，與憲法對人民工作權之保障，尚無牴觸。

（十九）釋字第 404 號解釋

解釋爭點：

　　衛生署（現今衛福部）認為中醫師以西藥治病，非其業務範圍之函釋，是否違憲？

解釋要旨：

　　《憲法》第 15 條規定人民之工作權應予保障，故人民得自由選擇工作及職業，以維持生計。惟人民之工作與公共福祉有密切關係，為增進公共利益之必要，對於人民從事工作之方法及應具備之資格或其他要件，得以法律為適當之限制，以此觀之《憲法》第 23 條規定當可自明。

---

[36] 參照大法官釋字第 404 號解釋。

行政院衛生署（現今衛福部）函釋指明：「……3. 中醫師如使用『限醫師指示使用』之西藥製劑，核為醫師業務上之不正當行為，應依醫師法第 25 條規定論處。4. 西藥成藥依藥物藥商管理法之規定，其不待醫師指示，即可以供治療疾病。故使用西藥成藥為人治病，核並非是中醫師之業務範圍。」要在闡釋中醫師之業務範圍，符合醫師法及醫療法之立法意旨，與憲法保障工作權之規定，尚無牴觸。

（二十）釋字第 191 號解釋

解釋爭點：

藥師開設藥局販賣藥品，應辦登記之命令，是否違憲？

解釋要旨：

行政院衛生署（現今衛福部）函文指關於藥師開設藥局從事調劑外，並經營藥品之販賣業務者，應辦理藥商登記及營利事業登記之命令，旨在管理藥商、健全藥政，對於藥師之工作權尚無影響，與《憲法》第 15 條並無牴觸。

二、工作請求之保障

（一）釋字第 726 號解釋

案由摘要：

聲請人龐○財等 7 人受僱於臺灣士○克保全公司高雄分公司擔任現金運送保全員。勞雇雙方簽訂僱用合約書，惟該公司未將合約書報請當地主管機關核備。聲請人等認勞動契約未經核備，無同法第 84 條之 1 規定「不受…規定之限制」之適用，仍應受同法第 30 條工時上限之限制，亦應依第 24 條關於延長工時加計工資方法計付加班費。然士○克公司所給

付之加班費，遠低於聲請人等之平均時薪，違反僱用合約內容，亦顯低於依同法第 24 條計算之數額，乃訴請給付加班費，但案經最高法院民事判決駁回確定。

聲請人認該最高法院民事判決表示勞雇雙方依系爭規定所為另行約定未經核備「並非無效」仍受同法第 30 條等規定限制之見解，與最高行政法院 100 年度判字第 226 號判決及 98 年度裁字第 400 號裁定適用同一法律所表示，須勞雇雙方另行約定並經核備，始不受限制之見解歧異，亦與釋字第 494 號解釋理由書意旨有異，於是聲請統一解釋。

解釋爭點：

勞雇雙方就工作時間等另行約定未經核備，是否仍受勞基法相關規定之限制？

解釋要旨：

《勞動基準法》第 84 條之 1 有關勞雇雙方對於工作時間、例假、休假、女性夜間工作有另行約定時，應報請當地主管機關核備之規定，係強制規定，如未經當地主管機關核備，該約定尚不得排除同法第 30、32、36、37、49 條規定之限制，除可發生公法上不利於雇主之效果外，如發生民事爭議，法院自應於具體個案，就工作時間等事項另行約定而未經核備者，本於落實保護勞工權益之立法目的，依上開第 30 條等規定予以調整，並依同法第 24、39 條規定計付工資。

（二）釋字第 716 號解釋

案由摘要：

1. 聲請人金○旅行社公司等 6 家公司，或因代表人之配偶或手足或公司監察人之配偶或代表人自身任職縣市議員，或因代表人配偶之兄任職

臺電核安處處長，而參與各該公職人員任職機關或受其監督機關之投標案或簽訂營建承攬契約，交易金額小自 8 百餘萬元，大至 5 億餘元不等，先後遭法務部認定違反《公職人員利益衝突迴避法》第 9 條禁與公職人員服務或受其監督機關交易之規定，依同法第 15 條違者處交易金額 1 至 3 倍罰鍰之規定，處以各該交易金額 1 倍罰鍰。聲請人均不服，提起行政爭訟敗訴確定，於是認確定終局判決所適用上揭 2 規定有違憲疑義，分別聲請解釋。

2. 最高行政法院第 3 庭為審理上訴人群○環保公司公職人員利益衝突迴避事件，依其合理確信認應適用之上揭第 15 條有牴觸憲法第 23 條比例原則及財產權保障之疑義，聲請解釋。大法官就上述 7 個案件先後受理，因所主張違憲之標的相同，乃併案審理。

解釋爭點：

利益衝突迴避法禁止公職人員及關係人與有關機關交易，違者罰交易行為金額 1 至 3 倍，是否違憲？

解釋要旨：

《公職人員利益衝突迴避法》第 9 條規定尚未牴觸《憲法》第 23 條之比例原則，與《憲法》第 15 條、第 22 條保障人民工作權、財產權及契約自由之意旨，均無違背。同法第 15 條規定於可能造成顯然過苛處罰之情形，未設適當之調整機制，其處罰已逾越必要之程度，不符《憲法》第 23 條之比例原則，與《憲法》第 15 條保障人民財產權之意旨有違，應自本解釋公布之日起，至遲於屆滿 1 年時失其效力。

（三）釋字第 699 號解釋

解釋爭點：

汽車駕駛人拒絕酒測者，吊銷其駕照、禁其 3 年內考領駕照，並吊銷所持各級車類駕照之規定，是否違憲？

解釋要旨：

其一、異議人持有普通大貨車駕照，於無照駕駛重機車時拒絕酒測，被監理站依系爭規定裁罰新臺幣 6 萬元、吊銷各級車類駕照及 3 年內不得考領駕照之處分，致失去駕駛之工作。其二、另異議人持有職業大貨車駕照，亦因駕駛重機車外出時拒絕接受酒測，被監理站處以相同罰鍰及處分，致失去駕駛之工作。

《道路交通管理處罰條例》第 35 條第 4 項前段規定，汽車駕駛人拒絕接受同條第 1 項第 1 款酒精濃度測試之檢定者，吊銷其駕駛執照。同條例第 67 條第 2 項前段復規定汽車駕駛人曾依第 35 條第 4 項前段規定吊銷駕駛執照者，3 年內不得考領駕駛執照。又同條例第 68 條另規定，汽車駕駛人因第 35 條第 4 項前段規定而受吊銷駕駛執照處分者，吊銷其持有各級車類之駕駛執照。上開規定與《憲法》第 23 條比例原則尚無牴觸，而與憲法保障人民行動自由及工作權之意旨無違。

又人民之工作權應予保障，亦為《憲法》第 15 條所明定。惟上揭自由權利於合乎《憲法》第 23 條要件下，以法律或法律明確授權之命令加以適當之限制，尚非憲法所不許。故職業駕駛人因違反系爭規定而受吊銷駕駛執照之處罰者，即不得因工作權而受較輕之處罰。況在執行時警察亦已先行勸導並告知拒絕之法律效果，顯見受檢人已有將受此種處罰之認知，仍執意拒絕接受酒測，是系爭規定之處罰手段尚未過當。綜上所述，尚難認定系爭規定牴觸《憲法》第 23 條之比例原則，其與憲法保障人民行動自由及工作權之意旨尚無違背。

（四）釋字第 659 號解釋

解釋爭點：

《私立學校法》第 32 條第 1 項，是否違憲？

解釋要旨：

聲請人林○菁原為私立景○技術學院第 5 屆董事，該校於 89 年間因董事長挪用公款爆發財務危機，經教育部依系爭規定之但書部分，以情節重大且情勢急迫為由，予以聲請人停職 4 個月之處分。前開停職處分期間屆滿後，復延長停職處分 3 個月。後經教育部以聲請人所屬之董事會成員，無法就學校財務狀況之改善計畫達成共識，作成函文，解除該屆全體董事之職務。

關於董事會因發生糾紛，致無法召開會議或有違反教育法令情事部分，其意義依法條文義及立法目的，非受規範之董事難以理解，並可經由司法審查加以確認，與法律明確性原則尚無違背。上開但書規定，旨在維護私立學校之健全發展，保障學生之受教權利及教職員之工作權益等重要公益，目的洵屬正當，所採取之限制手段，乃為達成目的所必要，並未牴觸《憲法》第 23 條之比例原則，與憲法保障人民工作權之意旨尚無違背。

（五）釋字第 494 號解釋

解釋爭點：

勞基法延長工時加給之計算標準，是否違憲？

解釋要旨：

《勞動基準法》依據憲法維護人民生存權、工作權及改善勞工生活之意旨，以保障勞工權益，加強勞雇關係，促進社會與經濟發展為目的，而規定關於工資、工作時間、休息、休假、退休、職業災害補償等勞工勞動條件之最低標準，並依《勞動基準法》第 3 條規定適用於同條第 1 項各款

所列之行業；且於同法第 3 條條文中增列第 3 項，規定於 87 年底以前，除確有窒礙難行者外，適用於一切勞雇關係，確保所有勞工皆得受本法之保障，以貫徹法律保護勞工權益之意旨。

（六）釋字第 491 號解釋

解釋爭點：

《公務人員考績法》免職處分要件之授權規定，是否違憲？

解釋要旨：

《憲法》第 18 條規定人民有服公職之權利，旨在保障人民有依法令從事於公務之權利，其範圍不惟涉及人民之工作權及平等權，國家應建立相關制度，用以規範執行公權力及履行國家職責之行為，亦應兼顧對公務人員之權益之保護。相關法令應依本解釋意旨檢討改進，其與本解釋不符部分，應自本解釋公布之日起，至遲於屆滿 2 年時失其效力。

（七）釋字第 390 號解釋

解釋爭點：

工廠登記規則停工或歇業處分等規定，是否違憲？

解釋要旨：

對於人民設立工廠而有違反行政法上義務之行為，予以停工或勒令歇業之處分，涉及人民工作權及財產權之限制，依《憲法》第 23 條及《中央法規標準法》第 5 條第 2 款規定，其處分之構成要件，應以法律定之；若法律就其構成要件，授權以命令為補充規定者，授權之目的、內容及範圍，應具體明確，始得據以發布命令[37]。

---

[37] 參閱大法官釋字第 313、360、367 號解釋。

陸、結語

　　從上述大法官解釋之相關案例可以得知，工作權係指人民有選擇職業自由及營業選擇自由，因此凡國家之作為直接或間接涉及到人民職業自由者，當不得違背憲法保障工作權之範圍。人們期待政府對於人民之基本權利之維護可以盡更多的義務，這時對於工作權視為一種社會權之保障並無不可，惟立法者仍得衡酌法律所規範生活事實之複雜性及適用於個案之妥當性，適當運用不確定法律概念或概括條款而為相應之規定，倘若其意義並非難以理解，且為受規範者所得預見，並可經由司法審查加以確認，即與憲法保障工作權之規定，尚無違背。

　　再者我國憲法的相關規定，從這些條文同樣可以明顯表示，國家對於對勞工工作權益之保障，基本上是被賦予積極的角色。此外對於工作權保障之效力問題，則需取決於國家所能承當之程度，這主要是因為國家資源有限，沒有辦法滿足每個人工作的請求，而往往只能做到機會均等且合乎資格之分配，也就是說由國家透過法律規定，營造以及維持一公平之工作機會的環境。因此工作權保障乃勞工福祉核心所在，闡明工作權之意涵及工作權保障所指涉之福利建構，以社會安全概念詮釋工作權，乃憲法保障工作權的最重要目的。

　　最後，以就業安全保障概念詮釋工作權，並勾勒工作權保障指涉之福利建構。人民身為生存權、健康權、受教權、工作權、住宅權以及財產形成權等社會基本權之受益主體，從國家獲致公權力積極作為所建構制度保障之權利。讓求職者能透過就業促進措施達到適才適所，以發揮所長；在職者有充分的、確實的勞動保護、勞動促進與福利權益保障，除遠離失業與職災等風險因素之威脅外，並有人格發展與自我實現之機會。總而言之，為保障人民的工作權，國家公權力必須有積極的作為，以建構積極的就業促進制度、健全的在職保障體制。

參考書目

李建良（2000）。**競業禁止與職業自由**，台灣本土法學雜誌。第 15 期，頁 111。

李惠宗（1998）。**憲法工作權保障之系譜**。收錄於憲法解釋之理論與實務。中央研究院中山人文研究所。頁 347。

李惠宗（1999）。德國基本法所保障之職業自由－德國聯邦憲法法院有關職業自由保障判決之研究，收錄於權力分立與基本權保障。頁 297。

李惠宗（2003）。**憲法工作權保障系譜之再探－以司法院大法官解釋為中心**。憲政時代。第 29 卷：第 1 期，頁 126。

陳愛娥（1999）。**中醫師不得交付病人西藥？－關於憲法工作權之保障**。台灣本土法學雜誌。創刊號，頁 109。

蔡茂寅（1997）。**工作權保障與勞動基本權之關係及其性質**。律師雜誌。第 219 期，頁 22。

司法院大法官解釋，http://www.judicial.gov.tw/constitutionalcourt/p03.asp。

勞動部，http://www.mol.gov.tw/。

CHAPTER 5 權利的救濟－訴訟程序

倘使我們要為現在和過去爭執，必會喪失未來。

－英國首相邱吉爾

壹、前言

有一句古老的法諺：「有社會必有法律，有法律斯有社會」。多數人期待生活平靜，怡然自得，沒有紛爭，但人為有生命的個體，不僅有應承擔的義務，也有應擁有的權利。然權利並非永遠安穩的跟隨著你，也有被侵犯之時，便須有理性、適時、適當的救濟。而如何救濟，該循何種途徑救濟，更須依賴法律常識為後盾，才不致於使自己盲目，為救濟權利，反而失去更多權利，只有使自己權利狀態清醒，才能安心、快樂的享受權利。

因此，法律體系大體可為實體法及程序法，前者是規範權利義務的法律，例如，《民法》第 184 條第 1 項前段規定，因故意或過失不法侵害他人權利者，應負損害賠償責任，因此倘若因車禍受傷，則對於加害者有一個損害賠償請求權；後者是一套流程，亦即透過司法體系解決私權紛爭、確定行罰權的有無及範圍、實現權利救濟的程序，兩者相輔相成，形成一套權利保護體系。

貳、訴訟權保障之體系

依司法院大法官第 466 號解釋,《憲法》第 16 條規定人民有訴訟之權,旨在確保人民得依法定程序提起訴訟及受公平之審判。至於訴訟救濟究應循普通訴訟程序抑或依行政訴訟程序為之,則由立法機關依職權衡酌訴訟案件的性質及既有訴訟制度之功能等來設計。我國關於民事訴訟與行政訴訟之審判,依現行法律規定,分由不同性質的法院審理,係採二元訴訟制度。除法律別有規定外,因私法關係所生之爭執,由普通法院審判;因公法關係所生之爭議,則由行政法院審判之。

依我國目前現行法院體制,一般民事與刑事案件,由普通法院來審判,並採行三級三審制,即將普通法院區分為最高法院、高等法院及其分院,與地方法院及其分院等三級,掌理民事、刑事訴訟之審判及其他法律規定之訴訟案件,並依法管轄非訟事件,若對地方法院的判決不服的話,則可以依法定程序向上一級的高等法院上訴;若對高等法院的判決不服,亦可向最高法院提起上訴。審級制度不僅提供當事人權利救濟管道,並可彌補法官判決可能的疏失,其中:

一、民事審判,係指審理人民間私法上之訟爭事項,包括財產事務、家事訴訟事件等。

二、刑事審判,係指審理國家對人民有無刑罰權與其範圍,至於實施之方式,係採公訴、自訴雙軌制。

至於因公法關係所生之行政訴訟,由行政法院審判,目前採行三級二審制:在地方法院設置行政庭,掌管行政訴訟之簡易訴訟案件、行政訴訟強制執行事件以及交通裁決事件等之第一審裁判,如不服其裁判,可上訴或抗告至高等行政法院。除前開案件外,則由高等行政法院為第一審裁

判，如不服其裁判，可上訴或抗告至最高行政法院，並採訴願前置主義，即在提起行政訴訟之前，必須先經由訴願。在進行行政訴訟之前，對於訟爭之處理，倘先行適用較簡易之訴願，給予行政機關自行矯正其違法或不當處分之機會，以減輕司法審判之負擔。如訴願人認其訟爭在行政體系未獲適當解決，則可進而移轉於司法機關審理。

參、我國司法體系

一、我國司法機關，如圖 5-1

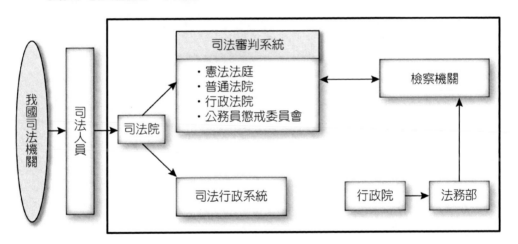

⊃ 圖 5-1　我國司法機關

（一）司法院

依據《憲法》第 77 條之規定，司法院為國家最高司法機關，依據《司法院組織法》第 7 條之規定，司法院下設普通法院、行政法院、公務員懲戒委員會等機關，分別掌管有關民事、刑事和行政訴訟之審判，公務

員違法失職案件之懲戒，以及憲法、法律和命令之解釋，並分別掌有司法權之一部。

（二）司法院大法官及憲法法庭

《憲法增修條文》第 5 條第 1 項前段係規定：「司法院設大法官十五人，並以其中一人為院長、一人為副院長，由總統提名，經立法院同意任命之，自民國 92 年起實施，不適用《憲法》第 79 條之規定。」再依據《憲法》第 78 條，司法院係由司法院大法官，以會議之方式行使司法院解釋憲法，並有統一解釋法律及命令之權。可知司法院大法官為司法機關，殆無疑義。

此外，依《憲法增修條文》第 5 條第 4 項規定：「司法院大法官，除依《憲法》第 78 條之規定外，並組成憲法法庭審理總統、副總統之彈劾及政黨違憲之解散事項。」

（三）普通法院

司法院組織法基於憲法之授權，於《司法院組織法》第 7 條規定：「司法院設各級法院、行政法院及公務員懲戒委員會：其組織均另以法律定之。」而就各級普通法院之組織，則於法院組織法中規定，分為最高法院、高等法院及其分院，與地方法院及其分院等三級，掌理民事、刑事訴訟之審判或其他法律規定訴訟、非訟事件。民、刑審判採三級三審制，最高法院為目前制度下最高審判機關，並得依《法院組織法》第 57 條之規定，選編最高法院之裁判成為判例，對於下級審判法院有事實上之拘束力。

我國目前原則上採一縣市至少一個地方法院，例如有臺灣臺北地方法院、臺灣宜蘭地方法院、臺灣彰化地方法院、臺灣屏東地方法院等等。至於高等法院部分，則有臺灣高等法院，並分別於臺中、臺南、高雄、花蓮設有分院，而最高法院則設於臺北市，係全國唯一，別無分家。

（四）行政法院

行政法院負責審理行政訴訟審判事務，依《行政法院組織法》第 2 條規定，行政法院分為高等行政法院及最高行政法院等二級。目前高等行政法院有三個，即臺北高等行政法院、臺中高等行政法院及高雄高等行政法院，並設有一個最高行政法院。

因現今行政訴訟採三級二審制，其中「三級」指行政法院由上而下分別為最高行政法院、高等行政法院及地方法院行政庭。而以行政法院受理的事件區分，簡易訴訟程序事件及交通裁決事件的第一審為地方法院行政訴訟庭，第二審（終審）為高等行政法院；通常訴訟程序事件的第一審為高等行政法院，第二審（終審）則為最高行政法院。

（五）公務員懲戒委員會

《公務員懲戒委員會組織法》第 1 條規定：「公務員懲戒委員會掌理全國公務員之懲戒。」《公務員懲戒法》第 2 條則規定：「公務員有違法、廢弛職務或其他職務行為者，應受懲戒」。至於懲戒處分依同法第 9 條規定，包括免除職務、撤職、剝奪、減少退休（職、伍）金、休職、降級、減俸、罰款、記過和申誡等九項。

（六）檢察機關

《法院組織法》第 58 條規定：「各級法院及分院各配置檢察署。」因此，最高法院配置最高法院檢察署，高等法院及其分院配置高等法院及其分院檢察署，而地方法院及其分院則配置地方法院及其分院檢察署。檢察署雖配置於法院，但此係因二者就訴訟之事物、地域管轄權範圍相同、且職務上行使求便之故，而為配置，非謂檢察機關從屬於法院。

二、法官之分類

（一）依任用資格可分為候補法官、試署法官及實授法官

所謂候補法官，係指經司法官考試及格，接受司法官學習、訓練期滿成績合格，獲得任法官之資格，而暫予分發至地方法院或其分院，或高等法院辦事之法官也。

至於試署法官，係指具備法官資格後，經候補期間五至六年期滿，服務成績合格，可分發至地方法院、分院或高等法院及其分院試用之法官也。

而實授法官，則指試署法官試署一年至一年六個月後，服務成績合格，實授正式法官職缺之法官也。

（二）依審判上之地位分為審判長法官、陪席法官、受命法官與受託法官

依法官之審判地位，或於訴訟程序之職務配置為標準，就法官居於首位者，擔任合議庭之審判長法官。而合議庭中之其餘庭員（法官），則為陪席法官。

受託法官，則指囑託他法院法官代行訴訟上事務，受囑託法院之法官即具有受託法官之資格，得行使審判長所指定事項之相關職權。

（三）依所擔任職務可分為專任法官與兼任法官

專任法官，係相對於兼任法官，即專司審判權之法官而言。而兼任法官指兼任庭長、院長之法官，其並不因掌行政職務而失去法官資格，仍係由法官兼任之。

三、檢察官之職權

　　檢察官行使檢察機關之職權。關於檢察官之職權、《法院組織法》第
60 條規定：「檢察官之職權如左：一、實施偵查、提起公訴、實行公訴、
協助自訴、擔當自訴，及指揮刑事裁判之執行。二、其他法令所訂職務之
執行。」茲分述如下：

（一）實施偵查

　　依據《刑事訴訟法》第 228 條規定：「檢察官因告訴、告發、自首或其他
事情知有犯罪嫌疑者，應即開始偵查。」可知，檢察官有主動偵查之權責。

（二）提起公訴

　　犯罪經偵查後，依所得之證據，若是以認為被告具有罪之嫌疑，則檢
察官即應決定是否提起公訴。

（三）實行公訴

　　檢察官提起公訴後即係國家之「訴訟代理人」於訴訟中代表國家本於
原告之身分，與刑事被告在中立之審判法院前，以言詞辯論方式進行證據
調查及法律爭點之攻擊防禦等訴訟行為，均係起訴後之活動，稱為實行公
訴。

（四）協助自訴

　　自訴係訴訟之提起，已起訴繫屬於法院時即為訴訟程序之開始。但刑
事訴訟乃專業行為，由一般人以私人地位提起並不容易，且一般人對於證
據之取得、辯論均不若檢察官之專業，故《刑事訴訟法》第 330 條規定：
「法院應將自訴案件之審判期日通知檢察官。檢察官對於自訴案件，得於
審判期日出庭陳述意見。」

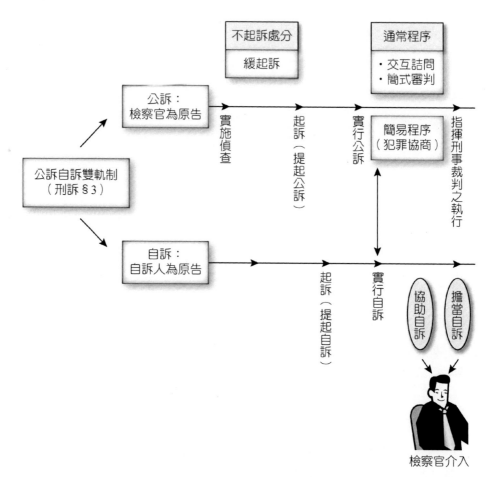

⊃ 圖 5-2　檢察官之職權

（五）擔當自訴

在自訴人不能積極舉證時，檢察官得以協助自訴，在自訴人放棄訴訟活動或因故不能進行自訴活動時，檢察官更得擔當訴訟，在法庭活動中取代自訴人進行之。按《刑事訴訟法》第 332 條規定：「自訴人於辯論終結前，喪失行為能力或死亡時，得由 319 條第 1 項所列得為提起自訴之人，於一個月內聲請法院承受訴訟；如無承受訴訟之人或逾期不為承受，法院應分別情形，逕行判決或通知檢察官擔當訴訟。」

（六）指揮刑事裁判之執行

　　關於刑事裁判之執行，《刑事訴訟法》第 457 條規定：「執行裁判由為裁判法院之檢察官指揮之。但其性質應由法院或審判長、受命推事、受託推事指揮，或有特別規定者，不在此限。因駁回上訴抗告之裁判，或因撤

回上訴、抗告而應執行下級法官之裁判者，由上級法院之檢察官指揮之。前二項情形，其卷宗在下級法院者，由該法院之檢察官指揮執行。」

（七）其他法令所定職務之執行

　　諸如死亡宣告（民§8）、監護宣告（民§14）、法人解散之宣告（民§36）另外如選舉無效之訴之提起：《公職人員選舉罷免法》第 103 條規定：「當選人有左列情事之一者，選舉委員會、檢察官或同一選舉區之候選人得以當選人為被告，自公告當選人名單之日起十五日內，向該管轄法院提起當選無效之訴：一、當選票數之實，足認有影響選舉結果之虞者。二、對於候選人、有投票權人或選務人員，以強暴、脅迫或其他非法之方法，妨害他人競選、自由行使投票權或執行職務者。三、有第 89 條、第 91 條第 1 款、《刑法》第 146 條第 1 項之行為者。四、有第 90 條之 1 第 1 項之行為，足認有影響選舉結果之虞者。前項各款情事，經判決當選無效確定者，不因同一事由經刑事判決無罪而受影響。」

（八）檢察一體與檢察不可分之原則

　　檢察事務強調分工合作，故在檢察權行使，對外關係上整個檢察機關係為一體，此即所謂「檢察一體」原則；而對內關係上檢察機關係屬於不可分之關係，此即所謂「檢察不可分」原則。

四、其他司法人員，如圖 5-3

其他司法人員，主要即為：

（一）公設辯護人

訴訟法學理上有所謂「武器平等原則」，其中最重要的，是保障被告有選任辯論人之權利，而且某些案件規定為強制辯護案件，若被告未選任辯護人，法院應依職權指定之（刑訴§31）。

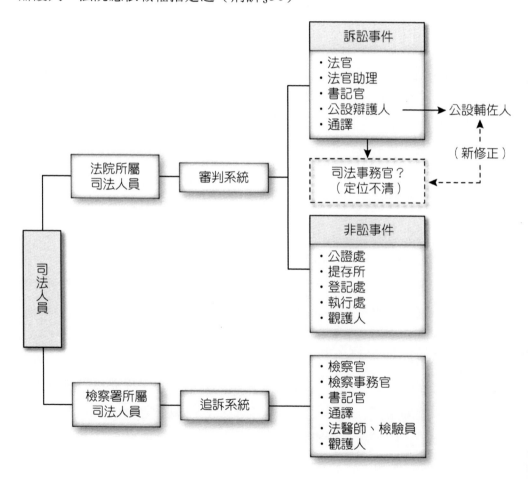

⊃ **圖 5-3** 司法人員

（二）司法事務官

故為集中處理非訟事件，合理分配司法資源，落實憲法對人民訴訟權之保障，故民國 92 年送立法院審查之「法院組織法修正草案」乃仿效德、奧之「法務官制度」而增列司法事務官之職缺。

（三）法官助理

依據《法院組織法》第 12 條第 3 項規定：「地方法院於必要時得置法官助理，依聘用人員聘用條例聘用各種專業人員充任之；承法官之命，辦理訴訟案件程序之審查、法律問題之分析、資料之蒐集等事務。」

（四）檢察事務官

依《法院組織法》第 66 條之 3 之規定：「一、檢察事務官受檢察官之指揮，處理下列事務：（一）實施搜索、扣押、勘驗或執行拘提。（二）詢問告訴人、告發人、被告、證人或鑑定人。（三）襄助檢察官執行其他第六十條所定之職權。二、檢察事務官處理前項前二款事務，視為刑事訴訟法第二百三十條第一項之司法警察官。」故《刑事訴訟法》第 228 條有規定檢察官得限制命檢察事務官調查犯罪情形及蒐集證據並提起報告，以利於犯罪之偵查。

（五）書記官

在法院及檢察機關中，有關審判或檢察之紀錄、編案、文書、統計及其他事務，性質上並不屬於審判或偵查權之行使，而為一般法院之行政事務或審判、偵查之輔助、法院及檢察機關均設書記官掌理之。

（六）觀護人

所謂觀護制度，乃係指以有條件之自由方式，將犯罪行為人釋放於社會，命其遵照一定事項，由專業人員監督其釋放後之生活狀況、工作情形等「社會化」程度，並適時加以保護指導，使受觀護人能重入社會，改過遷善。

（七）公證人

所謂公證制度，簡言之，乃國家針對人民私人間法律關係證明文書之作成，或國家針對私文書予以法定證明之制度。《公證法》第 13 條規定：「當事人請求公證人就下列各款法律行為作成之公證書，載明應逕受強制執行者，得依該證書執行之：一、以給付金錢或其他代替或有價值券之一定數量為標的者。二、以給付特定之動產為標的者。三、租用或借用建築物或其他工作物，定有期限並應於期限屆滿時交還者。四、租用或借用土地，約定非供耕作或建築為目的，而於期限屆滿時應交還土地者。前項公證書，除當事人外，對於公證書作成後，就該法律行為，為當事人之繼受人，及為當事人或其繼受人占有請求之標的物者，亦有效力。債務人、繼受人或占有人，主張第一項之公證書有不得強制執行之事由提起訴訟時，受訴法院得因必要情形，命停止執行，但聲請人陳明願供擔保者，法院應定相當之擔保額，命停止執行。」表現出公證書之定紛止爭功能。

肆、實例探討

《民事訴訟法》

一、管轄

| 實例一 |

　　張三設籍於臺南市，於民國 98 年 10 月 10 日利用國定假日連續假期，與家人前往宜蘭縣渡假，卻遭設籍花蓮縣的李四駕駛車輛撞傷，欲對李四提起民事損害賠償訴訟，應向何法院起訴？

| 討 論 |

（一）我國《民事訴訟法》關於法院的管轄，可分為普通審判籍及特別審判籍，前者係指就不區分紛爭事件特質，就原則性的管轄標準予以規範，例如《民事訴訟法》第 1 條第 1 項規定，訴訟，由被告住所地之法院管轄，被告住所地之法院不能行使職權者，由其居所地之法院管轄。此即「以原就被」原則。後者，係就特殊事件規範其管轄法院，例如《民事訴訟法》第 10 條第 1 項規定，因不動產之物權或其分割或經界涉訟者，專屬不動產所在地之法院管轄。

（二）依題意，張三因車禍受傷要向李四請求損害賠償，依《民事訴訟法》第 1 條第 1 項規定，可向臺灣花蓮地方法院起訴，又依《民事訴訟法》第 15 條規定，因侵權行為涉訟者，得由行為地之法院管轄，因此張三也可以向臺灣宜蘭地方法院起訴。

（三）《民事訴訟法》第 21 條規定，被告住所、不動產所在地，侵權行為地或其他據以定管轄法院之地，跨連或散在數法院管轄區域內者，各法院俱有管轄權。因此，臺灣花蓮地方法院、臺灣宜蘭地方法院對於張三的損害賠償事件，均有管轄權。

> **以原就被原則**
>
> 原告向法院提起告訴，須以被告居住所在地之管轄法院為主。

二、當事人

實例二

小明冒用大明之姓名起訴某乙，法院發現此一事實，試問法院應如何處理？

討論

1. 若是在判決前發現

因為該訴訟並不是由於被冒用人之意思，依《民事訴訟法》（下同）第 249 條第 1 項第 5 款規定，以裁定駁回。

2. 若是在判決後發現

因為該判決仍然對被冒用人發生效力，但這時候被冒用人得以代理權欠缺為理由，依上訴（第 469 條第 4 款）或再審（第 496 條第 1 項第 5 款）請求撤銷該判決。

3. 實務（28 年上字 1644 號判例）

當事人真偽，法院應依職權調查，如冒用他人姓名或本無其人捏造姓名，應以其訴不合法駁回。

三、普通訴訟程序

| 實例三 |

　　小三於民國 87 年 11 月 2 日向小四借貸新台幣（下同）200 萬元，其方式係：由小三以自己所有坐落臺南市歸仁區歸仁南段 1 地號土地及臺南市歸仁區歸仁南段 4 建號建物為抵押物，向京城銀行借貸 200 萬元（下稱系爭貸款），小四將該 200 萬元貸予小三，兩人並約定由小三應繳納系爭貸款本息。兩人並於 89 年 4 月 20 日書立協議書載明：「登記於小三名下坐落臺南市歸仁區歸仁南段 4 建號建物乙棟，向台南中小企業銀行房屋貸款，未償還約新台幣壹佰貳拾萬，由小四負責償還至還清日止」等語。惟小三並未依約償還系爭貸款，小四自 89 年 5 月 2 日起至 102 年 11 月 4 日止，償還貸款本金 122 萬 7,395 元，利息 50 萬 7,508 元，計 173 萬 4,903 元，小三如何尋求民事訴訟救濟？

| 討 論 |

（一）本件小四想要對小三追討債務，原則上，應以訴狀提出於法院為之，此即所謂起程序。依民事訴訟法規定，民事起訴狀應載當事人及其法定代理人、訴訟標的及其原因事實、應受判決事項之聲明，因此小四在起訴狀內應載明自己是原告，小三是被告，並說明借款經過、請求依據，並且載明應受判決之聲明，亦即「被告應給付原告新台幣 173 萬 4,903 元」等字樣。

（二）法院於接獲起訴狀後，即開始認定事實及適用法律，在此之前，將行爭點整理程序，亦即哪些兩造所不爭執、爭執事項，對於不爭執事項，法官可作為裁判基礎，而對於爭執事項，將由法官進行調查即認定，依題旨，進行爭點整理。

1. 不爭執事項

   (1) 小三於民國 87 年 11 月 2 日向小四借貸新台幣（下同）200 萬元，其方 式係：由小三以自己所有坐落臺南市歸仁區歸仁南段 1 地號土地及臺南市歸仁區歸仁南段 4 建號建物為抵押物，向京城銀行借貸 200 萬元

   (2) 兩人並於 89 年 4 月 20 日書立協議書載明：「登記於小三名下坐落臺南市歸仁區歸仁南段 4 建號建物乙棟，向台南中小企業銀行房屋貸款，未償還約新台幣壹佰貳拾萬，由小四負責償還至還清日止」等語。

2. 爭執事項

   (1) 小四主張小三有向其借貸 200 萬元是否為真？

   (2) 小四是否代為償還本金 122 萬 7,395 元、利息 50 萬 7,508 元？

   (3) 縱令小四有代為償還上開款項，其借款返還請求權是否已罹於 15 年時效？

（三）法院及兩造整理爭點後，將就上開爭點部分進行證據調查，例如借貸部分是否要聲請傳喚證人，並詢問銀行貸款是由何人清償，或命小四提出清償的單據正本，法院倘若認為小四主張有理由，將為小四勝訴判決。

爭點整理

　　「爭點」之意涵，簡言之，應係指發生紛爭（訴訟）各造當事人間爭論之點，即為何而爭，所發生爭論的地方，因為紛爭中的某一部分，各造當事人看法、想法不同，甚至堅持己見，不肯退讓，以致發生紛爭（訴訟）。而爭點整理，乃因為紛爭（訴訟）各造當事人間對某一紛爭事實，發生爭論，為使該紛爭（訴訟），經濟有效的解決，故有必要聚焦於各造當事

人為什麼發生爭論的地方，而由法院或各造當事人間，形成、獲得共識，整理釐清紛爭（訴訟）之爭論點，俾能順利解決紛爭。

四、督促程序

| 實例四 |

A 發卡銀行在校園內設置攤位，招攬學生申請信用卡，有一學生賈富全向 A 發卡銀行申請核發信用卡使用，嗣後 A 寄發簽帳消費帳單予賈生，總計 30 萬元，賈生拒不給付。經 A 發卡銀行向法院依法聲請向賈生發支付命令。試問：如賈生未依法於不變期間內向法院提出異議，嗣後以簽帳帳單之簽名係他人偽造為由，應如何救濟？

| 討 論 |

（一）我國《民事訴訟法》（下同）第 521 條在 104 年 7 月 21 日修正前，係規定「債務人對於支付命令未於法定期間合法提出異議者，支付命令與確定判決有同一之效力」，即債權人依督促程序發支付命令，若債務人未合法提出異議致支付命令確定者，該支付命令與確定判決具有相同之既判力及執行力，得用以執行債務人之財產。依第 521 條第 2 項，認若支付命令有第 496 條第 1 項之情形者，得提起再審之訴。

（二）惟賦予確定之支付命令與確定判決具有同一效力，雖有便利債權人行使權利之優點，但對於債務人之訴訟權保障仍有不足之處。為平衡督促程序節省勞費與儘早確定權利義務關係之立法目的，及債務人必要訴訟權保障之需求，確定之支付命令雖不宜賦予既判力，因此，立法者將同法第 521 條第 1 項規定，修正為債務人對於支付命令未於法定期間合法提出異議者，支付命令得為執行名義。亦即支

付命令已無與確定判決同一效力，但仍可持該支付命令先行聲請強制執行，以滿足債權人債權。

（二）既然支付命令已無與確定判決同一效力，倘認為債權不存在即不得以再審程序救濟，而依同法第 521 條第 3 項規定，可提起確認之訴以資救濟。並得向法院聲請提供相當及確實擔保，停止強制執行。

督促程序

乃債權人之請求，以給付金錢、其他金錢代替物或有價證券之一定數量為標的，未經言詞辯論，而以債權人的主張為基礎，向債務人發附條件的支付命令。如果債務人不在一定期間內提出異議，其支付命令即具有執行力之特殊訴訟程序。故相較於通常訴訟程序而言，督促程序強調迅速經濟的取得債權之實現可能，簡捷的獲得債權之執行名義。

五、保全程序

實例五

105 年 2 月 6 日上午 3 時 57 分，在臺南市永康區永大路二段與國光五街交叉口的一處住商混合社區維冠金龍大樓，隨南台灣大地震而倒塌的災害，經過連日搜索，最終在 2016 年 2 月 18 日該大樓確定死亡人數達 115 人，生還者 175 人。經調查，維冠金龍大樓的倒塌，原因據稱與其建造過程偷工減料、非法借牌給他人、一樓牆壁被打掉有關，因依循求法律途徑求償曠日廢時，試問：住戶如何保全其債權？

討 論

（一）依《民事訴訟法》第 522 條第 1 項規定，債權人就金錢請求或得易為金錢請求之請求，欲保全強制執行者，得聲請假扣押。同法第 523 條第 1 項規定，假扣押，非有日後不能強制執行或甚難執行之虞者，不得為之。

（二）依同法第 526 條第 1 項規定，請求及假扣押之原因，應釋明之，因此假扣押之聲請，除必須有請求原因外，必須有假扣押之原因，所謂假扣押之原因即為日後有不能強制執行或甚難執行之虞，例如債務人浪費財產、增加負擔或就其財產為不利之處分，將達於無資力之狀態、或移往遠地、逃匿無蹤或隱匿財產之情形，而所謂釋明則係指必須指出證明方法即可，無須至法院確實相信程度。

（三）如釋明有所不足，依同法第 526 條第 2 項規定，債權人陳明願供擔保或法院認為適當者，法院得定相當之擔保，命供擔保後為假扣押。

（四）依題意，住戶若認為有保全之必要，可以提出建商有脫產嫌疑或避不見面的等證據，釋明請求原因及假扣押原因向法院聲請假扣押，依目前實務運作，法院大多會命債權人提供所請求金額三分之一擔保後而為假扣押裁定。

保全程序

　　以保全強制執行之實現，兼及避免權利被侵害或防止急迫危險行為，暫時維持法律關係現狀為目的的特別訴訟程序。而保全程序，即假扣押程序、假處分程序之總稱。保護私權之程序包含確定私權、與實現私權，民事訴訟設有保全程序，即使當事人得於訴訟進行前或訴訟中得保全將來強制執行之結果；或得藉此事先得到訴訟結果之保護。而保全程序有裁定與執行程序，民事訴訟法僅規定裁定程序；其執行程序規定於強制執行法。

六、公示催告程序

| 實例六 |

　　劉建明因生意往來關係而留置曾大緯之泡泡股份有限公司記名式股票，卻因竊盜吳添丁侵入劉建明之住所而告遺失。該股票雖經公示催告，並獲得除權判決。但於公示催告期間，謝丁山善意受讓取得該股票，且經洽請泡泡公司變更股東名簿之記載，並換發新的股票。問：何人得聲請公示催告？

| 討 論 |

1. 《民事訴訟法》第 558 條第 1 項規定：「無記名證券或空白背書之指示證券，得由最後之持有人為公示催告之聲請」；《民事訴訟法》第 558 條第 2 項規定：「前項以外之證券，得由能據證券主張權利之人為公示催告之聲請。」故題示情形所示，劉建明遭竊而遺失之泡泡股份有限公司股票為記名式股票，應依《民事訴訟法》第 558 條第 2 項之規定，由能據證券主張權利之人為公示催告之聲請。所謂「能據證券主張權利之人」，即證券如未喪失時，得本其證券為權利之主張者。至於何人能依證券主張權利，則應依實體法之規定決定之。

2. 準此而言，曾大緯為泡泡股份有限公司記名式股票的所有權人，為能據證券向泡泡股份有限公司主張權利之人，法律上並無疑義；而劉建明為因營業關係而留置曾大緯股票之留置權人，亦為證券未喪失時，得本其證券對曾大緯為權利主張之人，因此，解釋上亦屬本法《民事訴訟法》第 558 條第 2 項能據證券主張權利之人。

3. 小結：曾大緯、劉建明均得為公示催告之聲請人。

公示催告程序

乃法院依照當事人之聲請，以公告方法催告不明之利害關係人，在一定期間內申報權利；如果不申報時，使生法律上不利益之失權效果之特別訴訟程序。亦即，以公示催告的方式，使得有權利爭議的情形明顯化；若透過程序的進行看不出有權利的爭執，則最後將該有爭執可能的情況加以除去。

七、抗告

實例七

杜首富主張謝大亨以新台幣（下同）500 萬元向其購買土地一筆，尚欠價金 50 萬元未付，另向其借款 100 萬元，屆期未還，訴請謝大亨給付 150 萬元，謝大亨否認雙方間有買賣關係。第一審法院審理結果，認依證人莊愛現之證言，堪信杜首富所主張買賣屬實，至借款則為謝大亨所不爭執，因而判決命謝大亨給付杜首富 150 萬元。謝大亨不服，提起上訴。試附理由，解答下列問題：第二審法院認謝大亨之上訴已逾 20 日不變期間，其上訴為不合法，裁定予以駁回，謝大亨對之提起抗告，第三審法院應如何處理？

討論

1. 民事訴訟法

第三審法院應以裁定駁回謝大亨之抗告：本題中，謝大亨係就價金 50 萬元與借款 100 萬元二部分一併提起上述，依《民事訴訟法》第 77 條之 2 規定，其上訴利益應合併計算而為 150 萬元；復依同法第 466 條規定，本案係屬不得上訴第三審之案件。

謝大亨對於第二審之裁定提起抗告，依本法第 484 條規定，不得上訴於第三審法院之事件，其第二審法院所為裁定不得抗告。惟為保障訴訟關係人之權益，特於 92 年修法新增但書規定，得向原法院提出異議以資救濟。

故依《民事訴訟法》第 484 條規定，謝大亨係對不得抗告之裁定提起抗告，第三審法院應依同法第 495 條之 1 第 1 項準用第 444 條規定，以裁定駁回謝大亨之抗告。

2. 刑事訴訟法

裁定與處分並不相同，對於裁定不服，應提起抗告，對於處分不服，則可依《刑事訴訟法》第 416 條提起準抗告。

若規定須以法院之合議庭裁定之，而審判長、受命法官、受託法官或檢察官卻單獨為之，對此處分，得提起準抗告，而非抗告。因該應以合議裁定而未以合議之裁定或處分，並非合法，即非法院之裁定，不得抗告，故許提起準抗告。亦即無此等處分權限而為處分者，當事人如有不服，仍應依第 416 條規定聲請所屬法院撤銷或變更。

民事訴訟法

* 當事人或其他訴訟關係人對於法院或審判長所為之獨立、未確定之裁定，向上級法院聲明不服、請求廢棄或變更該裁定之行為。
* 當事人欲抗告而誤用異議之方式者，視為已提起抗告（民事訴訟法第 495 條前段）。

刑事訴訟法

* 抗告乃有抗告權人，不服原審法院未經確定之裁定，請求直接上級法院，以裁定撤銷或變更其裁定之救濟方法。→抗告。

* 再抗告乃有抗告權人，不服抗告法院對於抗告所為未確定之裁定。再向其上級法院，請求撤銷或變更之救濟方法。→再抗告。

* 準抗告乃當事人或非當事人，對於審判長、受命法官、受託法官或檢察官所為之。

* 處分不服，請其所屬法院撤銷或變更之方法。→準抗告。

八、簡易訴訟程序

實例八

　　李先生將其所有之小木屋一棟（價值 100 萬元）出租給白小姐，約定租期半年，每月租金新台幣 3,000 元，但租期屆滿，白小姐未如期返還該小木屋，李先生乃起訴以租期屆滿為由，請求白小姐返還租賃之小木屋為無權占有，並受有相當租金之得利，導致李先生受有上述損害為由，併訴請求白小姐返還該相當租金額之不當得利，法院受理後，應適用何種訴訟程序？

討論

　　李先生於租期屆滿後，請求白小姐返還小木屋及返還相當於租金額之不當得利，雖其請求關於返還不當得利部分係本於其所有權而主張，惟仍不失為因小木屋定期租賃所生爭執之本質，與訴請白小姐返還小木屋部分均屬《民事訴訟法》第 427 條第 2 項第 1 款之情形，自應適用簡易訴訟程序。

簡易訴訟程序

　　亦可簡稱簡易程序，乃和通常訴訟程序有別。對於訴訟標的較小、情節簡單或性質上宜於迅速進行之事件，不同於一般事件而有為簡速審理之必要，所以特設簡易程序之規定。

九、小額訴訟程序

實例九

　　王同學向李同學借款新台幣 5 萬元，買筆記型電腦，約定 1 個月內返還，但屆期王同學未返還，經李同學再三催討，王同學仍藉詞拖延，最後避不見面，請問李同學可透過何種訴訟程序，主張其權利？

討論

　　本訴訟標的金額為新台幣 5 萬元，依《民事訴訟法》第 436-8 條第一項規定，關於請求給付金錢或其他代替物或有價證券之訴訟，其標的金額或價額在新台幣 10 萬元以下者，適用本章所定之小額程序。故李同學可透過小額訴訟程序，主張其權利。

小額訴訟程序

1. 為貫徹憲法保障人民財產權、訴訟權、平等權之精神，使民眾就其日常生活中所發生之小額給付事件，能循簡便、迅速、經濟之訴訟程序獲得解決，故於 88 年增定小額訴訟程序。此事件在事務分配上劃歸簡易庭審理，而對小額程序獨任法官所為之裁判，係上訴或抗告於管轄之地方法院合議庭；因不得上訴第三審，在地方法院合議庭為二審裁判後即告確定。

2. 關於請求給付金錢、或其他代替物、或有價證券之訴訟，其標的金額或
   價額在新台幣 10 萬元以下者適用之。

十、調解程序

實例十

　　雲林縣某私立中學校地紛爭，因為鎮民代表在校內違建上噴漆的行為
受到各界關注。雲林地檢署則主動偵辦鎮代到該私立中學噴漆事件，林姓
主任檢察官帶隊到校蒐證，並傳訊持噴漆入校的兩名鎮代表，兩人表示噴
漆是為讓家長了解那些是違建，訊後釋回。檢察官強調，當天代表行為除
涉及違反社會秩序維護法外，也涉嫌毀損、恐嚇等罪，將深入偵辦。

討論

　　依上述案例，檢察官強調，當天代表行為除涉及違反社會秩序維護法
外，也涉嫌毀損、恐嚇等罪，將深入偵辦。即二位代表行為可能涉及違反
《社會秩序維護法》第 73 條第 1 款規定，於學校、博物館、圖書館、展
覽會、運動會或其他公共場所，口角紛爭或喧嘩滋事，不聽禁止者，處新
台幣 6,000 元以下罰鍰，也可能涉及違反《刑法》第 346 條之恐嚇罪，處
6 個月以上 5 年以下有期徒刑，得併科 1,000 元以下罰金，另可能涉及違
反《刑法》第 353 條之毀損罪，處 6 個月以上五年以下有期徒刑。

　　在此案例中，欲解決紛爭，卻徒然背負刑責與罰鍰，絕非最佳途徑，
紛爭之處理制度亦必須相應於當事人之需求，為多樣化之設計，以提供其
解決紛爭之有效途徑。本題之爭點，乃為了爭校地和回饋，且為土庫鎮有
土地，雙方之爭執，亦可解釋為因增加或減免不動產之租金或地租發生爭
執者，故依《民事訴訟法》第 403 條第 1 項第 5 款，於起訴前，應經法院
調解。

> **調解**
>
> 　　法院依當事人之聲請，於起訴前就爭議之民事事件，勸諭杜息爭端，由當事人自行成立合意，以避免訴訟之程序。

十一、傳聞法則

實例十一

　　曾膨風向同學宣稱，其於某日凌晨在二層行溪邊，親眼目睹老二殺死小三等語，小四聞及此事並不以為意。嗣老二經人舉發殺人之事，檢察官偵查後，依相關之證據及曾膨風在偵查中之證言，認老二有殺死小三之罪嫌，乃予提起公訴，法院審理時，適曾膨風出國未歸，檢察官為證明老二確有殺死小三之事實，遂舉小四為證人，法院傳喚小四到庭，經具結後證稱：「確有聽到曾膨風曾經說他於某日凌晨在二層行溪邊，親眼目睹老二殺死小三」云云。問：小四之此一證述，就上開檢察官所欲證明之事實言，究竟有無證據能力？

討論

（一）依照《刑事訴訟法》第 159 條第 1 項規定，被告以外之人於審判外之言詞或書面陳述，除法律有規定者外，不得作為證據。」其立法理由係「酌採」英美法上之「傳聞法則」，亦即除有特別規定外，傳聞證據不具有證據能力，不得採為裁判基礎。蓋因傳聞證據首先剝奪對造當事人之反對詰問權，其次法院無從為直接審理，再其次該等未經具結之證言欠缺可靠性之擔保，故不宜採為證據。依此，舉凡「傳聞供述」（證人轉述他人目睹之事實）或「證據書類」（於法庭外製作之證人陳述書、筆錄、錄音等），皆不具有證據能力。

（二）小三就「老二有無殺死小三」此待證事項之證述有無證據能力，說明如下：

1. 按審判外陳述是否為傳聞證據，應先確認何者為待證事項，若原陳述主張事實之真實性與待證事項無關，該陳述即非傳聞。亦即原始證據與傳聞證據之分類，取決於待證事項，本身具有「相對性」。如曾膨風宣稱目擊老二殺人，並將老二犯罪之經過情形告訴小四，小四被法庭傳喚出庭作證時，若將曾膨風之陳述於法庭上供出：

   (1) 當待證事項為「老二有無殺人」，小四該供述即為傳聞證據。

   (2) 但若本案為曾膨風誹謗，待證事項為「曾膨風有無宣稱目擊老二殺人」，而非「老二有無殺人」，小四該供述即非傳聞證據。

2. 基於保障被告反對詰問權及調查證據程序所應遵循之直接審理原則、言詞審理原則，小四之證言無證據能力，依照《刑事訴訟法》第 159 條第 1 項規定，該證言不得作為證據。

（三）依題旨原始證人曾膨風出國未歸，得否構成傳聞法則之例外？如果原始證人曾膨風係於檢察官訊問時所作陳述，依《刑事訴訟法》第 159 條之 1 第 2 項規定：被告以外之人於偵查中向檢察官所為之陳述，除顯有不可信之情況者外，得為證據。」亦即，除非曾膨風於檢察官訊問時之陳述有顯有不可信之情況，否則得將曾膨風於檢察官訊問時之陳述直接採為證據。並非將小四之轉述作為證據。

（四）綜合上述，依照《刑事訴訟法》第 159 條之 1 規定，小四之證述由於係屬傳聞證據，除非經當事人同意作為證據，且法院審酌後認為適當，否則並不具有證據能力，法院不得將小四之證述逕採為裁判之基礎。

> **傳聞法則**
>
> 　　除非有特別規定外，傳聞而來的證據不具有證據能力，不得採為裁判基礎。

十二、無罪推定原則

實例十二

　　阿廷臨時起意赴大東夜市買鹹酥雞，途中適逢廟口幫與太子幫兩幫派在台南都會公園聚眾鬥毆，阿廷素來對太子幫較有好感，故在場為太子幫助勢；有路人報警將幫派分子多人及阿廷逮捕，檢察官並對阿廷論以《刑法》第 283 條之罪，認阿廷應對廟口幫派分子雞腿之重傷負責。阿廷主張其適逢路過並未下手實施傷害，故不應對雞腿之重傷負責；但警方調閱公園中之錄影帶，卻清楚顯示阿廷有在場助勢之行為。試問法院應如何審理此案件？請依刑事訴訟法之規定，詳述檢方及辯方的舉證責任：包括其必要性、順序、層次及範圍。

討論

（一）法院應先確認起訴範圍

1. 依《刑法》第 283 條規定：「聚眾鬥毆致人於死或重傷者，在場助勢而非出於正當防衛之人，處三年以下有期徒刑，下手實施傷害者，仍依傷害各條之規定處斷。」

2. 本案例檢察官以《刑法》第 283 條起訴，該條區分有(1)在場助勢聚眾鬥毆致人於死或重傷，以及(2)下手實施傷害之兩種情形。因此法官應先確認檢察官起訴範圍究竟為(1)「在場助勢」；或是(2)「下手實施傷害」。

（二）本案例之審理依層次討論問題如下

1. 無罪推定原則：依照《刑事訴訟法》第 154 條第 2 項規定，「犯罪事實應依證據認定之，無證據不得認定犯罪事實。」既然有證據始能認定被告之犯罪事實，則表示被告受到無罪推定之保護，在確認能夠推定其犯罪事實的證據之前，被告應受無罪推定，此即無罪推定原則之展現。因此法院需有證據，始能認定本案例犯罪事實。

2. 舉證責任分配原則：無論採行何種訴訟程序，難免會產生事證無法查明之情形，舉證責任是在幫助法官於事實不明時為裁判，此規則為「證明負擔之規則」，亦稱為「舉證責任分配原則」，舉證責任論是解決「待證事實最後不明時法律效果如何分配之理論」。

3. 當事人主客觀舉證責任：
   (1) 客觀舉證責任（結果責任）：待證事實至審理最後時點仍然無法確定或未經證明時的法律效果問題。只要法院審理後，對於待證事實仍未形成明確心證，則依舉證責任分配原則，判決負客觀舉證責任者敗訴，因此客觀舉證責任為承擔敗訴之「結果責任」。
   (2) 主觀舉證責任（行為責任）：由客觀舉證責任衍生出主觀舉證責任概念，意即當事人為避免敗訴負有以自己之舉證活動證明系爭事實之責任，此種責任稱為「主觀舉證責任」。

4. 法院之調查原則與證明責任：依照《刑事訴訟法》第 163 條第 2 項「法院為發見真實，得依職權調查證據。但於公平正義之維護或對被告之利益有重大關係事項，法院應依職權調查之。」刑訴與民訴不同，刑訴無法等同民訴主觀責任觀念，因刑訴法院負有一定範圍內之澄清義務，縱使當事人不為任何舉證活動，並不因此解除法院探知真相之義務，法院亦不能不為調查而逕行裁判。此亦受有疑唯利被告原則、無罪推定原則影響。

5. 舉證責任之必要性：是在認定本案勝敗歸屬之法則，另，訴訟程序一開始舉證責任之歸屬係由原告（公訴檢察官或自訴人）擔任之。

（二）本案例有關舉證責任之分析

1. 「在場助勢」部分：(1)原告：因檢察官為原告，故原告應先負擔被告有犯罪之舉證責任，為貫徹無罪推定原則，檢察官對於被告之犯罪事實，應負實質舉證責任。《刑事訴訟法》第 161 條第 1 項規定「檢察官就被告犯罪事實，應負舉證責任，並指出證明之方法」，明訂檢察官舉證責任之內涵，除應盡「提出證據」之形式舉證責任外，尚應「指出其證明之方法」，用以說服法院，使法官「確信」被告犯罪構成事實之存在。此「指出其證明之方法」，應包括指出調查之途徑，與待證事實之關聯及證據之證明力等事項。法院對起訴之審查機制及裁定駁回起訴之效力，以有效督促檢察官善盡實質舉證責任，藉免濫行起訴（91 年第 4 次刑庭會議，刑事妥速審判法第六條）。(2)被告：本案例檢察官已提出監視錄影帶，證明阿廷有在場助勢之行為，因此有關在場助勢之部分，舉證責任已倒置於被告阿廷，由阿廷負舉證責任證明自己並無在場助勢。

2. 「下手實施傷害」部分：(1)因檢察官尚未獲得證據，因此此部分之舉證責任仍在原告檢察官，倘檢察官無法證明時，則應該負擔敗訴不利益。(2)被告：依照上述規定，法官應依照無罪推定原則給予被告阿廷無罪之判決。

無罪推定原則

　　犯罪事實應依照證據加以認定，如果沒有證據則不得認定犯罪事實。即有證據始能認定被告之犯罪事實，藉此保障被告的基本人權，減少誣告與濫行訴訟。

十三、羈押程序

實例十三

　　彰化地檢署查出頂新製油公司疑從越南進口飼料油，再製作成食用油出售，認定魏應充與相關被告涉犯食品安全衛生管理法、刑法詐欺取財、加重詐欺取財、行使業務登載不實文書、製造販賣妨害衛生飲食物品等罪。犯罪所得高達新台幣 4 億 4,162 萬 8,199 元，為防止魏應充等人逃跑或確保審理程序之進行，檢察官該如何處理？

討論

（一）國家機關追訴犯罪時，為保全被告或蒐集、避免證據遭湮滅之必要，可對受處分人為強制處分，例如為避免被告逃匿，可以拘提、通緝、逮捕或羈押。至於蒐集或保全證據，則可以發動搜索、扣押等強制處分。

（二）因此，檢察官為保全被告，可以先為傳喚犯罪嫌疑人，若傳喚不到，即可發佈通緝，若有必要將被告長時間拘禁於一定場所，以防止被告逃利或串證、湮滅證據，則可以向法院聲請對被告為羈押裁定。

（三）我國羈押的聲請機關係檢察官，決定機關則為法院，依《刑事訴訟法》第 101 條規定，被告經法院訊問後，認為犯罪嫌疑重大，而有

所列情形之一，非予羈押，顯難進行追訴、審判或執行者，得羈押之：一、逃亡或有事實足認為有逃亡之虞者。二、有事實足認為有湮滅、偽造、變造證據或勾串共犯或證人之虞者。三、所犯為死刑、無期徒刑或最輕本刑為 5 年以上有期徒刑者。

（四）因此，羈押必須有三個要件，第一係犯罪嫌疑重大，也就是有具體事實，讓一般人相信被告可能涉嫌遭指控的犯罪。第二係法定的羈押原因。第三則係有羈押之必要性，也就是如果可以其他較輕微的手段達到相同效果時，則不得率予羈押，通常所謂較輕微的手段，係指具保、責付或限制住居而言。

（五）據報載，法院認定魏應充固然犯罪嫌疑重大且逃亡可能性，但被告魏應充雖於境內、境外均有龐大之資力，但其境外相關事業亦主要在大陸地區，而臺灣與大陸地區亦已有引渡人犯之司法互助協定；被告魏應充目前雖有新加坡居留權之身分，但因本院亦已為限制出境（海）之處分，而以被告魏應充在國內具有之知名度，其冒用他人名義出境之難度亦甚高。從而，認為若被告魏應充能提出確實、相當之擔保，則尚無羈押之必要性。最後裁定魏應充提供擔保金 3 億元具保。

十四、再審程序

| 實例十四 |

花花因過失撞傷人，被害人依法提起告訴後，經檢察官提起公訴。法院依交通事故鑑定委員會之鑑定意見，認定乎花花就車禍事件具有過失，判處過失傷害罪確定後，嗣花花以成功大學鑑定報告主張自己無過失而提起再審，是否符合再審事由？

討論

（一）我國《刑事訴訟法》原則上採取三級三審制，亦即倘兩造對第一審判決有所不服，可上訴二審，若再不服，則可上訴三審，一旦三審駁回上訴，此案的通常救濟程序即告一段落，此時的法律狀態即以定讞判決為準。再審，係為了排除確定判決所認定事實違誤所設的特殊救濟程序，基於法安定性的考量，我國《刑事訴訟法》規定必須有第 420 條所規定的再審事由，始得為之。

（二）依據修正前《刑事訴訟法》第 420 條第 1 項第 6 款規定，因發現確實之新證據，足認受有罪判決之人應受無罪、免訴、免刑或輕於原判決所認罪名之判決者，得聲請再審。依我國法院向來解釋，此款再審事由必須具備新穎性及確實性，所謂新穎性係指新證據而言，亦即事實審法院於判決前因未經發現，不及調查斟酌，至其後始行發見者而言。所謂確實性之要件，必須就該證據形式上觀察，無顯然之瑕疵，足以動搖原確定判決者而言。

（三）立法者在 104 年 2 月 4 日對於《刑事訴訟法》第 420 條第 1 項第 6 款及第 3 項有所修正，第 420 條第 1 項第 6 款修正為「因發現新事實或新證據，單獨或與先前之證據綜合判斷，足認受有罪判決之人應受無罪、免訴、免刑或輕於原判決所認罪名之判決者。同法第 3 項修正為「第一項第六款之新事實或新證據，指判決確定前已存在或成立而未及調查斟酌，及判決確定後始存在或成立之事實、證據。」

（四）立法者修正理由表示，再審制度之目的既在發現真實並追求具體之公平正義，以調和法律之安定與真相發見，自不得獨厚法安定性而忘卻正義之追求。部分實務見解之新規性、確實性要件，使錯誤定罪判決之受害者無從據事實審法院判決當時尚不存在或尚未發現之

新證據聲請再審，顯已對受錯誤定罪之人循再審程序獲得救濟之權利，增加法律所無之限制。爰修正原條文第一項第六款，並新增第三項關於新事實及新證據之定義，指判決確定前已存在或成立而未及調查斟酌，及判決確定後始存在或成立之事實、證據，單獨或與先前之證據綜合判斷，足認受有罪判決之人應受無罪、免訴、免刑或輕於原判決所認罪名之判決者。據此，本款所稱之新事實或新證據，包括原判決所憑之鑑定，其鑑定方法、鑑定儀器、所依據之特別知識或科學理論有錯誤或不可信之情形者，或以判決確定前未存在之鑑定方法或技術，就原有之證據為鑑定結果，合理相信足使受有罪判決之人應受無罪、免訴、免刑或輕於原判決所認罪名之判決者亦包括在內。因為（一）有時鑑定雖然有誤，但鑑定人並無偽證之故意，如鑑定方法、鑑定儀器、鑑定所依據之特別知識或科學理論為錯誤或不可信等。若有此等情形發生，也會影響真實之認定，與鑑定人偽證殊無二致，亦應成為再審之理由。（二）又在刑事訴訟中，鑑定固然可協助法院發現事實，但科技的進步推翻或動搖先前鑑定技術者，亦實有所聞。美國卡多索法律學院所推動之「無辜計畫(The Innocence Project)」，至 2010 年 7 月為止，已藉由 DNA 證據為 300 位以上之被告推翻原有罪確定判決。爰參考美國相關法制，針對鑑定方法或技術，明定只要是以原判決確定前未存在之鑑定方法或技術，就原有之證據進行鑑定結果，得合理相信足使受有罪判決之人應受無罪、免訴、免刑或輕於原判決所認罪名之判決，即應使其有再審之機會，以避免冤獄。」。

（五）依題意，花花所提出成功大學鑑定報告綜合判斷其他事證後，可令其獲得無罪判決，因此符合《刑事訴訟法》第 420 條第 1 項第 6 款及同法第 3 項的再審事由。

十五、交通裁決事件

實例十五

　　阿德某日突然收到交通罰單，上載於某年某月某日有闖紅燈的情事，並無客觀事證，且無目擊證人，阿德如何提出救濟？

討論

（一）交通裁決本質上是行政處分，依該事件性質應由行政法院依行政訴訟法審理，且以往因為行政法院並未普設，而該類案件具有大量性，所以為便利民眾救濟，過去均由地方法院設立交通法庭，並準用刑事訴訟程序審理。各地方法院設立行政訴訟庭後，訴訟不便的因素已不存在，交通裁決事件則由行政訴訟庭法官審理。

（二）再者，考量交通裁決事件的案情較為單純，因此在立法設計上，不用如一般行政處分的救濟，同樣適用訴願前置原則，所以，目前法律規定，當事人不服裁決，免經訴願程序，得逕行提起訴訟，《道路交通管理處罰條例》第 9 條規定，本條例所定罰鍰之處罰，受處罰人接獲違反道路交通管理事件通知單後，於 30 日內得不經裁決，逕依第 92 條第 4 項之罰鍰基準規定，向指定之處所繳納結案；不服舉發事實者，應於 30 日內，向處罰機關陳述意見；其不依通知所定期限前往指定處所聽候裁決，且未依規定期限繳納罰鍰結案或向處罰機關陳述意見者，處罰機關得逕行裁決之。

（三）如不服處罰機關的裁決，依《道路交通管理處罰條例》第 87 條規定，受處分人不服第 8 條或第 37 條第 5 項處罰之裁決者，應以原處分機關為被告，逕向管轄之地方法院行政訴訟庭提起訴訟；其中撤銷訴訟之提起，應於裁決書送達後 30 日之不變期間內為之。

（四）因此，阿德認為交通罰單有違法開立情事，可以先陳述意見，嗣後如果收到交通裁決書，則可以在收到裁決書30日內向地方法院行政訴訟庭提起撤銷訴訟，以為救濟。

 伍、結論

「法律的生命不在於邏輯而在於經驗」，此乃前美國最高法院何姆斯(Oliver W. Holmes, Jr.)最膾炙人口的名言。法律存在的價值，除了彰顯社會公平正義，也在改善人類生活，引領人類社會步上進化軌道。「公平正義」不應該是不問付出、不論努力、不管表現、不計過程，人人均受相同獎勵與懲處，齊頭式的假公平；而是應該看當事人如何努力付出與表現過程，受應得的獎懲，法律規範人類生活，但不代表永遠至高無上。也許法律條文可以理想化，然而法律條文只有應用到現實人類生活，接受檢驗，法律條文才不再僵硬，才能展現生命力，伴隨人類生活而成長。在法制規範之天秤上，找尋適合之策略與行動，再回饋轉化至法制規範，法律的生命自然會延續下去。

基於對公平正義的期待，法律扮演保障當事人權利的工具，也提供當事人救濟管道。若當事人權利被侵害之救濟管道，「訴訟」往往是當事人最容易想到之救濟管道，但卻也是相當耗費金錢、時間、心力，紛爭兩造當事人關係，更可能隨著訴訟過程，益形惡化，對當事人造成折磨，付出高昂成本，人因為陷入紛爭的旋渦，可能是氣憤、可能是迷失，若肯調整思緒，積極面對，理性因應，可以發現，紛爭處理，訴訟是可行途徑，但不是唯一途徑，也可能不是最佳途徑，訴訟外其他理性、合法途徑，可能更有效解決紛爭，而且耗費的成本更低，這有待處在紛爭賽局中各參與人，運用智慧，擬定策略，轉化行動，開闢新路徑，走出紛爭的旋渦。

CHAPTER 6 我國的選舉制度與公民投票

壹、前言

　　每個學期，我都會問同學一個問題，就是具有選舉權的學生們，在總統大選時把票投給了誰？為什麼要投給某一特定候選人而不是其他候選人？對於第一個問題，同學們支持對象通常與選舉結果大致相同，但對第二個問題，學生們則往往不知如何回答，大多的回應是「我（爸爸、媽媽甚至男朋友）喜歡他」、「他是我家支持的政黨」、「女性」、「長的帥（漂亮）……。」可見，即便是大學生，對於選舉的意義與目的，不僅一知半解，更存在嚴重誤解的現象。

　　選舉是一種正式的決策過程，由人們投票選出某個職位的出任人選、或適用於整個組織的過程。在政治方面，選舉是民主的過程，人民可透過選舉活動與投票過程而完成民主參與，並藉此選出行政首長組成政府領導施政、選出民意代表監督政府，避免政府濫權，一切以人民意志為依歸，保障人民的權利。但從學生們的回答不難理解，我國民主的困境核心在於應該以理性選賢與能，但卻以感性好惡投票，重視喜好與立場更甚於需求的結果，讓台灣不僅民主政治出現困難，還被視為民主倒退的案例之一，值得我們深思、反省。

　　本章首先介紹介紹民主國家選舉的意義與行使方式，接著探討我國現行的選舉制度，包含總統、副總統選舉、中央公職及地方公職人員選舉與公民投票的實施，分別加以說明；最後，將分析影響台灣選舉之環境因素。

貳、民主國家選舉與行使

一、選舉的意涵

選舉的活動範圍相當廣泛，不只是政治事務，許多組織團體或企業也會進行選舉（國際民主和選舉協助研究所，2013：21）；在政治方面，一般人認為選舉是區分民主與威權政體的關鍵性指標，然事實上，無論是民主國家或威權政體都有選舉。不同的是，在民主國家的選舉是民意展現最直接有效的方式，選舉結果足以確立領導階層，裁決政黨的進退，是公民控制及選擇最高決策人選的手段（胡佛，1998：125）。因此，可以說選舉是促進民主、落實民主政治的主要途徑。

一個具備民主意涵的選舉應該符合下列幾個主要的特徵：

■ 表6-1　具備民主意涵選舉特徵一覽表

特徵	內涵
定期的改選	固定期限的改選，對當選的公職人員會形成監督、控制作用，政府不得無故拖延選舉日期。
有意義的選舉	改選的每一職位，必須有兩位以上候選人，提供選民選擇，相互競爭才會讓選舉的結果有其意義。
提名的自由	所有公民都可以組成或參加政黨，並且可提名團體內理想候選人，參加競選、執政或監督政府之機會。
了解的自由	候選人及其支持者，都有公開介紹或討論他們姓名與政見的自由，讓選民能從了解中選擇最佳候選人。
普遍投票權	凡符合憲法中所具備選舉資格，每位公民都享有投票的權利。
選票的平等	就是「一人一票，票票等值」，每位選民的選票對於選舉結果而言都是同等重要。

■ 表6-1　具備民主意涵選舉特徵一覽表（續）

特徵	內涵
自由的選舉	選民必須在無障礙、威脅，也不會在恐懼報復的情形下投票，並且是以祕密、無記名的方式投下選票。
公開計票與公布結果	計票、唱票的程序應該公開，以防止舞弊的行為發生，對於選舉結果亦須向公眾客觀公布。

資料來源：吳文程，1996：187~188。

同樣重要的是，民主政體裡的政府權力是來自人民對於被統治的同意。自由而公平的選舉，體現人民對政府權力的同意，是民主政體的基礎機制。民主國家在推行政務時也必須以民意為基礎，始具有正當性。因此，選舉則是建構統治權威合法化、政治權利正當性的唯一管道（齊光裕，1996:1029）。

選舉，誠如海伍德(A. Heywood)所歸納，具有甄選政治人物、組建政府、確認代表性、影響政策、教育選民與建立統治的正當性等功能(Heywood, 1999:360~362)。

二、選舉權與選舉權行使的方法

在了解選舉的意義後，對於選舉權的認識與行使方法的了解，是健全選舉制度的必要實踐。

（一）選舉權與我國選舉權的規定

選舉權可分廣義與狹義兩類；狹義是指，具有法定資格之人民，得用書面或其他方式，選出民意代表或政府官吏之權利；廣義則包括被選舉成為行政首長或民意代表的「被選舉權」在內。

誰擁有選舉權呢？歸納起來必須至少具有：1.公民身分；2.達到一定年齡；3.在該地居住達一定時間，才有選舉權。在這方面，我國公職人員的選舉資格是必須是年滿 20 歲、於選舉區居住滿 4 個月（總統、副總統選舉需滿 6 個月），同時不得有被宣告褫奪公權或受監護宣告等事情的中華民國國民。

至於被選舉人的資格則稍微複雜一些，若要選總統必須年滿 40 歲、院轄市及縣市長須 30 歲、鄉（鎮、市）長、原住民區長 26 歲、各級民意代表則 23 歲。同時，須於選舉區居住滿 4 個月（總統副總統選舉需滿 6 個月且要求曾經設籍 15 年以上）的中華民國國民。還需符合下列條件，包括不得有被宣告褫奪公權或受監護宣告、不得曾犯內亂外患罪或貪汙罪經判刑確定、刑之執行、破產、保安或感訓處分宣告，尚未執行或執行未畢。此外，被罷免後 4 年內不得為同一公職候選人。至於現役軍人、軍校學生、選務人員等，則依其他法律規定。

（二）選舉權行使的方法

我國《憲法》第 129 條規定：「本憲法所規定之各種選舉，除本憲法別有規定外，以普通、平等、直接及無記名投票之方法行之」。所以普通、平等、直接及無記名為憲法上所規定的選舉方法，任何人均應遵循。

■ 表6-2　中華民國憲法所規定之選舉行使方法一覽表

方法	說明
普通選舉	凡合乎前述選舉權取得之資格，且無禁治產宣告及褫奪公權之公民，均可參加選舉者稱之。
平等選舉	每一選舉人只有一個投票權，而且每一票之價值也是相同，其每一票所產生的影響力也應相同。

■ 表6-2　　中華民國憲法所規定之選舉行使方法一覽表（續）

方法	說明
直接選舉	凡由選舉人自行投票，直接選出行政首長或民意代表之當選人者。
無記名選舉	又稱祕密選舉，選舉人在選票上僅在屬意的候選人姓名上圈選，不得在選票上書寫自己名字或將圈選內容出示他人，他人亦不得刺探投票內容。主要在防止賄賂與恐嚇，保證選舉的公平性。

資料來源：中華民國憲法，第 129 條。

　　除了上述之種種選舉方法外，在學理上尚有自由選舉、出席選舉、單記選舉等方法（余元傑，2017：201-241）。

參、我國的政治性選舉

一、中華民國選舉的種類

　　我國選舉區分總統、中央與地方等三個層次的選舉，為了方便理解，本書區分各級行政首長與各級民意代表等兩類。

（一）各級行政首長選舉

1. 總統、副總統選舉

　　依照 1947 年制訂的中華民國總統選舉罷免法規定，總統、副總統由國民大會代表選舉產生，總統、副總統分開投票，得票總票數未超過國民大會代表總人數一半者，需舉行第二輪投票，為間接選舉的「兩輪投票制」。第 1 任至第 8 任總統、副總統之選舉，均由國民大會負責選舉產生。

1994 年 7 月 28 日三讀通過《憲法增修條文》第 2 條規定：「總統、副總統由中華民國自由地區全體人民直接選舉之，自中華民國 85 年第 9 任總統、副總統選舉實施。總統、副總統候選人應聯名登記，在選票上同列一組圈選，以得票最多的一組為當選。」所以從 1996 年第 9 任總統、副總統選舉開始，由公民直接選舉產生，所採取的選舉制度，是「單一選區相對多數決制」。

2. 地方各層級行政首長

台灣省省長、直轄市長、縣（市）長、鄉（鎮、市）長、原住民區長、村（里）長為台灣地區地方各層級的行政首長。在 1994 年省自治法公布以前省設省主席採官派制度，省自治法公布後僅舉行過一次的省長選舉，是使用「相對多數決的選舉制度」。至於縣（市）長選舉至 2009 年為止，台灣省舉行過 16 屆的縣市長選舉。除了 1950~1951 年所舉辦第一屆縣市長選舉曾採用「兩輪決選制」外，其餘 15 屆均採「單一選區相對多數決制」（王業立，2011：74）。

鄉（鎮、市）長、村（里）長選舉亦採「單一選區相對多數決制」，即在眾多候選人中得票較多者當選。但由於選區較小，往往會有同額競選情況出現，為避免投票率過低，失去選舉的意義。現行《公職人員選舉罷免法》第 70 條規定，直轄市長、縣（市）長、鄉（鎮、市）長最低當選票數，應該超過該選舉區選舉人總數的 20%，始得宣布當選，以示其當選資格具有一定的代表性。

（二）各級民意代表選舉

1. 立法委員選舉

1948 年第 1 屆立法委員選舉，採「單記非讓渡投票制」選出行憲後的立法委員 760 人（李雲漢，1991：614）。第 2 至第 6 屆改採「複數選區單

記非讓渡投票制與政黨名單比例代表制」的一票制；2005 年第 7 次修憲，立法委員選舉從第 7 屆起，再度改採「單一選區兩票制」的方式，名額則由原來的 225 席減半為 113 席；其中，區域選區採「單一選區多數決制」選出 73 席，全國不分區名額 34 席則仍沿用「政黨名單比例代表制」產生，剩下 6 席為原住民議席，分別由山地原住民及平地原住民選出。也就是說，每位選民可投兩張票，一票投給單一選區候選人，另一票直接投給政黨，各自分別獨立計算。至於「政黨名單」的提出，我國採固定名單制，也就是說政黨事先提出的名單，已按照排名順序確定，不可任意更動，也不可與區域候選人重複（李惠宗，2006：236~237）。

2. 民意代表

為台灣地區地方的各級民意代表計有：直轄市議會議員、縣（市）議會議員、鄉（鎮、市）民代表與直轄市山地原住民區民代表會代表等。此選舉採「複數選區單記非讓渡投票制」，亦即每個選區都有多個應選席次，但每位選民只能投一票，最終由得票最多的前幾位候選人當選（吳文程，1996：268）。

三、公民投票

公民投票（**英語**：referendum），簡稱公投，又稱複決、全民公決，是一種直接民主的制度，由整個國家或者地區的全體人民投票決定某些問題(Antony Green, 2015:23)例如憲法修正案、領土主權變更、政府單位調整、爭議性的道德問題與其他重大政治問題等。值得注意的是，「公民投票」與選舉、罷免同為人民的參政權利，所不同的是公民投票是對「事」的投票，選舉、罷免是對「人」的投票。（倪達仁，2004：227）。

我國最早於 1947 年 228 事件後，民間便有「公投」的呼聲，惟直到 2003 年 11 月 27 日，政府在結合朝野意見後，將「公民投票法」定案，並

經立法院三讀通過，復於 2003 年 12 月 31 日由總統明令公布施行。《公民投票法》於焉誕生（王寶玲，2014：236）。

《公民投票法》全文 8 章共 64 條。凡是中華民國國民，年滿 20 歲，設籍 6 個月以上，沒有被褫奪公權或受禁治產宣告的情形，就有資格行使公民投票權。其重要內容略述如下：

（一）公民投票之適用事項

在全國性公民投票方面，包含法律之複決、立法原則之創制、重大政策之創制或複決、憲法修正案之複決。在地方性公民投票方面，包含地方自治法規之複決、立法原則之創制、重大政策之創制或複決（公投法第 2 條）。

至於國家安全事項方面則規定，當國家遭受外力威脅，致國家主權有改變之虞，總統得經行政院院會之決議，就攸關國家安全事項，交付公民投票（公投法第 17 條）。

（二）公民投票之提案

提出方式可分為「人民提案」、「立法院提案」、「總統交付」等三種類型。

1. **人民提案**：「全國性公民投票案提案人人數，應達提案時最近一次總統、副總統選舉選舉人總數千分之 5 以上」（公投法第 10 條）。

2. **立法院提案**：對於「重大政策之創制或複決事項」，經立法院院會通過後，交由中央選舉委員會辦理公民投票。

3. **總統交付**：總統為國家元首，在國家遭受外力威脅，致國家主權有改變之虞的情況下，可經行政院院會之決議，就攸關國家安全事項，交付公民投票（公投法第 17 條）。

另外，《公民投票法》第 2 條第 4 項規定，預算、租稅、投資、薪俸及人事等事項不得作為公民投票之提案。

（三）公投的層級

全國性公民投票適用事項如下：

1. 法律之複決。

2. 立法原則之創制。

3. 重大政策之創制或複決。

4. 憲法修正案之複決。

地方性公民投票適用事項如下：

1. 地方自治法規之複決。

2. 地方自治法規立法原則之創制。

3. 地方自治事項重大政策之創制或複決。

預算、租稅、投資、薪俸及人事事項不得作為公民投票之提案。並設立公民投票審議委員會，來審議公共事務是否作為投票事項以及檢附資料是否符合標準。

（三）公民投票之連署

公民投票的連署人數應達提案時最近一次總統、副總統選舉之選舉人總數 1.5%以上。（公投法第 12 條）而在地方性公民投票連署人數，則由直轄市、縣（市）以自治條例定之（公投法第 28 條）。

（四）公民投票通過或否決之門檻

投票人數達全國、直轄市、縣（市）投票權人總數 1/4 以上，且有效同意票超過不同意票（公投法第 29 條）。

（五）公民投票案通過後效力

公民投票案通過後的效力，在法律、自治條例立法原則之創制案方面，行政機關應於 3 個月內研擬相關之法律、自治條例提案，並送立法機關審議；而在法律、自治條例之複決案上，原法律或自治條例於公告之日算至第 3 日起，失其效力；至於有關重大政策者，應由權責機關為實現該公民投票案內容之必要處置；有關憲法修正案之公民投票，則應依憲法修正程序為之（公投法第 30 條）。

（六）公民投票提案再行提出之限制

公民投票案之提案經通過或否決者，自各該選舉委員會公告該投票結果之日起 3 年內，不得就同一事項重行提出。但有關公共設施之重大政策複決案經否決者，自投票結果公告之日起至該設施完工啟用後 8 年內，不得重行提出（公投法第 33 條）。

自 2004 年起至今已舉辦過 3 次 6 案全國性公投，每一次公投從成案到通過困難重重，最終全遭否決（中央選舉委員會，2012：網路資料）。所以這部公投法被戲稱為「鳥籠公投法」（王寶玲，2014：238~241）。其中，最具爭議的是第 30 條規定：設「雙 1/2」門檻，也就是「投票率」及「有效同意票」任一項未過半，則為「否決」。有趣的是，被民進黨痛罵的所謂「鳥籠公投法」，是在民進黨執政時期通過建立的。2018 年中華民國公民投票法部分條文修改成凡年滿十八歲具有公民投票權，並將「鳥籠公投」的標準降低，即公民投票的提案：公民投票提案人人數，應達提案

時最近一次總統、副總統選舉之選舉人總數 1/10000 以上。（自由時報，
2017：2）

■ 表6-3　我國全國性公投各案表決結果一覽表

案次	案名	說明	結果
一	強化國防	台灣人民堅持台海問題應該和平解決。如果中共不撤除瞄準台灣的飛彈、不放棄對台灣使用武力，你是不是同意政府增加購置反飛彈裝備，強化台灣自我防衛能力？	否決
二	對等談判	你是不是同意政府與中共展開協商談判，推動建立兩岸和平穩定的互動架構，謀求兩岸的共識與人民的福祉？	否決
三	討黨產	你是否同意依下列原則制定《政黨不當取得財產處理條例》，將中國國民黨黨產還給全民：國民黨及其附隨組織的財產，除黨費、政治獻金及競選補助金外，均推定為不當取得的財產，應還給人民。已處分者，應償還價額。	否決
四	反貪腐	您是否同意制定法律追究國家領導人及其部屬，因故意或重大過失之措施，造成國家嚴重損害之責任，並由立法院設立調查委員會調查，政府各部門應全力配合，不得抗拒，以維全民利益，並懲處違法失職人員，追償不當所得？	否決
五	入聯公投	1971年中華人民共和國進入聯合國，取代中華民國，台灣成為國際孤兒。為強烈表達台灣人民的意志，提升台灣的國際地位及參與，您是否同意政府以「台灣」名義加入聯和國？	否決
六	返聯公投	您是否同意我國申請重返聯合國及加入其它組織，名稱採務實、有彈性的策略，亦即贊成以中華民國名義、或以台灣名義、或以其他有助於成功並兼顧尊嚴的名稱，申請重返聯合國及加入其他國際組織？	否決

資料來源：維基百科。

　　另外，公投法公布後，截至 2018 年 8 月止，經由中華民國各地方選舉委員會公告成案，並舉行地方性的公民投票有 3 案，其中有 2 案遭到否決，1 案同意（維基百科，2018：網路資料）。

案次	案情	結果
高雄市第一案	由高雄市教師薛宗煌先生領銜提出，「高雄市降低國民中小學班級人數公民投票案」。	否決
澎湖縣第一案	2009年1月12日，立法院通過《離島建設條例》修正案，新增第10-2條，明定離島地區可以依公民投票結果，開放博奕賭博事業。澎湖縣商業會理事長藍俊逸發起連署成案，簡稱為「澎湖博奕公投」。主文為「澎湖要不要設置國際度假觀光區附設觀光賭場」。	否決
連江縣第一案	2012年4月27日，連江縣選舉委員會宣布公民投票成案，簡稱為「馬祖博奕公投」。主文為「馬祖是否要設置國際度假觀光區附設觀光賭場」。	通過

　　必須說明的是，由於在《離島建設條例》第 10-2 條規定，排除在《公民投票法》中投票率 50%以上的規定，因此不論投票率多少，只要同意票在有效票的選票中占 50%以上就可成案，贏一票就算贏。

肆、影響台灣選舉之環境因素

　　政治學者伊斯頓(D. Easton)認為政治系統雖為社會系統中的一個次級系統，惟其占有十分重要的地位，蓋政治係為「社會價值權威性分配」(authoritative allocation of social values)的過程。伊氏並認為政治系統是一個開放的行為系統，受到國內社會環境(the intra societal environment)與國外社會環境(the extra societal environment)的影響(Easton, 1995：21-23)。政

治系統必須具備對環境的變動反應，並適應種種情勢的能力始可繼續生存；換言之，政治系統最重要的功能即是處理外來的諸種衝擊。伊斯頓將此種衝擊區分為要求(demands)和支持(support)。要求與支持均係由環境進入政治體系中，故稱之輸入項(inputs)。

輸入項一旦進入政治系統後，即成為決策者的決策與行動(decisions and actions)。決策與行動涉及社會價值的分配，故勢必影響環境，它們還可視為政治系統對環境的輸出項(outputs)。輸出項在環境中產生的結果，又藉由反饋轉變成輸入項（即新的要求與支持），再進入政治系統中。是故自輸入、轉化、輸入、輸出…不斷地循環，而建構政治體系運作的過程。茲構圖 6-1 如下，說明政治系統模式的運作。

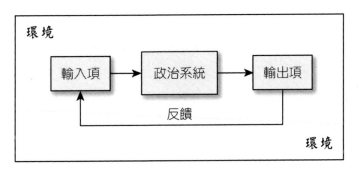

➲ 圖 6-1　簡化政治系統模式圖

資料來源：Easton(1965：32)

準此政治系統模式圖觀之，不難窺見政治系統的環境對其影響頗大。欲了解政治，必須對與其有關的各種環境因素，特予注意；因此，針對政治系統的輸入項加以探討。環境對政治系統主要的輸入項為支持與要求，而支持與要求藉政治過程以提出或提供。

民主國家的主要特色係在於人民有自由表示要求與支持的意見之各種途徑；大體而言，這些要求與支持就是所謂政治參與活動。唯在民主國家

在這方面投入情形，亦非傳統法制途徑所稱的自由、平等（華力進，1984：195）。以下歸納影響台灣選舉之環境因素下：

一、民意(Public Opinion)

依據凱氏(V. O. Key)將民意定義為：多數政治體系中的成員之意見所組成的，而被政府發現及審慎注意，並列入考量決定決策的因素；易言之，民意係私人意見的總和，而政府對那些意見會加以注意或審慎考量，甚至列入決定決策之考量因素(Key, 1961; 14)。民意乃大多數人對公共事務所抱持共同意見，故亦可視為一種公共意見。而所謂公共意見，即是政府可用某種方法察知，並在其採取行動上加以考慮，所有私人之意見的全部（呂春沂，1987：94~95）。

關於民意，政黨需注意其「方向」(direction)及「強度」(intensity)。方向係對於某一項事項之贊同或反對；而強度係指其所持立場強弱程度(Ranney, 1990: 128~129)。舉例而言，在選舉競選中，支持甲方有一百人，惟支持者的強度不高，故投票日屆臨之際，由瑣事而不去投票者可能為數不少，其得票結果也許只有三、四十票；而支持乙方有五十人，惟支持者強度甚高，故他們都去投票，其開票結果，一票也沒流失，而乙方反敗為勝當選。從上例中，吾等知民意的方向與強度，均十分重要，如驂靳相依，相輔相成，不可須臾偏離。在人類的政治生活中，有些事物，儘管是少數人反對，但如果反對的強度很高，卻也可演變成嚴重的政治問題。例如當初核四及五輕建廠問題，即掀起軒然大波！

至於台灣的民意如何測量呢？政府官員如何能了解人民對國是的看法、觀點呢？對於攸關全民福祉的重大決策，政府必須尋求民眾之支持，不可任意恣行。測量民意的方法，茲舉其大端，大抵有以下主要的方式：

（一）從大眾傳播媒介測知民意：由報紙、雜誌、期刊來測知民意。蓋民意之形成，及時事、時事評論均占極其重要的地位。

（二）從政治利益集團測知民意：利益團體擁有若干方法及途徑告知政府官員其對國家政策的意見。對於自己有關利益者，勢必會提出對自己有利的意見。

（三）從私人溝通中測知民意：政府官員常藉由私人溝通測知民意。信件、電話、私人交談等方式均提供有效的途徑。

（四）從選舉結果測知民意：在民主國家，選舉不僅是決定何人將擔任公職的方法，而且是測知民意的主要途徑之一。惟究其實而言，選民投票考慮的因素很多，政見僅是其中之一，而且選舉牽涉層面甚多，故藉此方法以測知民意是相當粗疏的，殊屬不甚可靠。

（五）民意測驗：民意測驗是當今世上廣為大家所公認最有效之測知民意的途徑。

　　美國是最具民意測驗的國家，然而民意測驗雖已成為一種公認的行業，惟對其批評者仍不少，主要的批評為有以下二項：

（一）測驗過程中每一步驟：問卷設計、抽樣選擇、訪問的進行、結果的登錄與分析，均不免主觀的決定，故其結果可靠度尚待商榷。

（二）民意測驗忽視意見領袖對一般人政治態度的影響。在民主國家「一人一票，每票等值」，原則上固然不錯，惟有些人的意見遠較一些人重要，而這種意見常影響別人的政治態度。邇來，民意測驗的技術已大幅改進，並作為探知民意的主要工具，也已成為許多國家的政府人員所承認。

二、政黨(Political Party)的政策

　　政治學者對於政黨的定義，互有仁智之見，綜合數位學者觀點而對政黨下一定義：政黨係乃一部份國民依據其自願，所組織成的政治團體。彼等欲以其共同之智慧與努力，透過各種公職候選人之提名與選舉，取得政府權力，以實現其共同之政治理想與主張，並促進國家、民族的利益（Ranney, 1990: 223~227；談子民，1979：214；呂亞力，1979：77~80）。

　　準定此觀之，政黨係一種政治性團體，它是以推行某種政策為目的，而以爭取政治地位為手段。在現代的民主國家中，幾乎所有的選舉活動，均有政黨插足其間；倘若沒有政黨，民主政治勢必難以運作。

　　政黨在民主政治中，其地位之所以重要，乃因為其是政府和人民間的橋梁，茲構圖 6-2 如下，俾以說明其間關係。

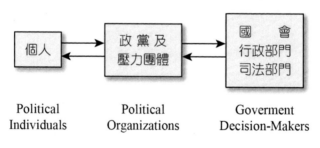

⟳ 圖 6-2　個人、政黨與政府之關係圖

資料來源：Soraut(1980: 2~3)

　　職是之故，政黨完成社會各方面之「利益集結」的工作，然後透過各種途徑，反應給政府部門。而政府亦透過政黨或壓力團體，將資訊、政策傳遞給社會大眾動員社會，且政黨也提供政府公職人員的人才。故政黨在民主政治中，居於政府與人民之間的中介橋梁，其重要性，不言可喻。

其次論及政黨於民主政治中有不可抹滅的功能，惟亦有不可掩藏的弊害及缺失，以下茲舉其犖犖大端，分別條陳如下：

（一）少數被犧牲，不符合民主理想：政黨政治與主權在民的全民政治理想並不完全契合。政黨以競取勝，在議會中，一切採多數決。故少數黨派的意見，往往被忽視或犧牲。

（二）金權掛勾，敗壞政治道德：政黨每以競選勝利為目標，而競選活動常與金權勢力互通有無，斲喪政治道德。

（三）操縱國家用人，減低行政效能：政黨為控制政府，掌握政權，自不惜以種種方法，操縱或干涉國家的用人行政。而其任用標準，端視是否同黨籍，或對黨的忠誠度與貢獻大小，而忽略其知識、才能，因此行政效率將明顯降低。

（四）囿於政黨偏見，不免感情用事：政黨為爭取勝利，對他黨作過份的攻擊與批評，對本黨則作渲染與辯護，因此蔽於一黨之私，難期廓然大公。

（五）激化階級對立，危及國家團結：今日各國的政黨每每只代表某一特定階級或經濟集團的利益，厚此薄彼，不平衡發展，而政黨鬥爭、傾軋，更有推波助瀾之影響，致使階級對立的情勢，益趨尖銳化，分化社會組織，危及國家團結。

三、壓力團體(Pressure Groups)及利益團體(Interest Groups)

壓力團體及利益團體在政府政策制定的過程中是個重要的環境因素（呂亞力，1979：115~116）。壓力團體係一個為了獲得有利的決策或避開有害的決策，而對政治制度行使影響力（或壓力），並以影響力之行使為其目的之一的有組織團體；壓力團體，時常以「利益團體」的名稱出現。惟究其實而言，壓力團體一定是利益團體，利益團體未必是壓力團體。

此兩種團體在城市與鄉村的發展是迥然不同的，蓋城市的社會組織複雜，各行業、階層均組成了各種有形、無形的組織，藉以凸顯自己的立場，且向政府部門爭取有利於本身團體的政策。惟殊值吾等特加著墨的是，任何一個利益團體，均很難獨自影響政府決策，且利益時常有交錯、重疊之現象。然在農村社會，利益團體種類較少，但在此種社會，就某種角度而言，斯兩種團體對公共政策制定的影響力卻很大。

此兩種團體的目標是顯而易見的，其主要目標，舉其犖犖大者，分述如后：

（一）針對可能影響到團體利益的政策，予以特別的注意及關照。

（二）藉各項活動如：督促國會制定新法律、修訂現行政策、修改行政機關的命令，期以促進團體利益，並阻止對團體利益有害的政府活動。

此兩種團體活動的方式，因各國政治、社會環境之異而不盡相同，一般而言，其影響政府決策之方式，大抵有以下數種：（呂亞力，1979：114~124）

（一）向政府機關遊說(lobbying)：此為最常用之方式，團體和個人之關係或與政策決策者之關係，來影響立法或政府的施政。

（二）宣傳：該兩種團體均知悉，在一個民智、智識水準較高的民主國家，僅憑遊說，實感不足，假如社會輿論對該集團追求的目標不表贊同時，議員或行政官僚亦不敢大膽維護其利益。故團體透過大眾傳播媒介、政黨運作等方式將其團體所追求之目標表達出來，一方面影響社會輿論，另方面則在獲取選民們的支持，故也為壓力團體重要活動形式之一。

（三）助選：此兩種團體，大體而言，自己並不是提供候選人，但卻不遺餘力地支持、同情某集團的候選人參加競選，藉此達到影響立法之效果。

（四）遊行、示威：有些團體，在其利益表達之途徑被阻塞後，會訴諸此一途徑，以表示不滿之抗議。

　　壓力團體（及利益團體）對政府制定政策之影響力實可謂鉅大，美國是一個民主國家，它主要是靠著國內有各種不同的壓力團體將其利益反映給政府，並將決策回饋給其成員知曉，因此壓力團體這種雙向溝通橋梁站的扮演，成為今天美國實施民主政治不可或缺的工具之一。然而，由於壓力團體勢力的龐大和組織的強大，甚至無孔不入的接觸，導致行政部門或國會議員常成為其利益的代言人或守護神，甚至淪入至「俘虜性的組織」(the capative organization)，而忘懷公共利益的整體表現。殷鑑不遠，吾等可窺見美國防部的武器發展計畫，受到軍火商（如洛克希德公司）的支配、左右，便容易了解為何艾森豪總統在其卸任演說中，嚴重警告美國民眾應重視此項問題(Everson, 1982：22~37)。

　　再者，就台灣 1989 年證券交易稅調降的問題中，亦是「號子立委」、「股市大戶」及「業者」彼此互相聯結以影響政府決策。因此，證交稅的訂定，一方面說明了政府的委曲、無奈，然另一方面則是道盡了社會上有錢的團體利用各種途徑、管道來影響政府之決策，而從中獲取暴利。

四、政治參與(Political Participation)

　　政治參與係指公民參加政治決策者的選擇及對政策問題表示意見以影響政府的行為（張金鑑，1980：305）。而政治參與有以下數種目的，茲臚列如次：

（一）提出政治要求、訴求。

（二）表示對某種政策的支持或反對。

（三）藉以獲取政治職位，以實現一己之願望。

政治參與的方式，諸家學者論指不一，眾說紛紜，莫衷一是，就大部份國家相關活動茲舉大端，分述如下：(Huntington and Nelson, 1976: 11~15)

（一）選舉活動(Electoral Activity)：包含投票、政治貢獻及為選舉工作等。

（二）遊說(Lobbying)：包含個人或團體努力去與政府官員或政治領袖接觸，以影響其在重大問題的決策。

（三）組織性的活動(Organization activity)：參加一個以影響政府決策為主要目標的組織。

（四）接觸(Contacting)：係指個人為個人或極少數人的利益而與政府官員接觸，以影響其制定決策。

（五）暴力(Violence)：係指以造成人員或財產的損害之方法而影響政府的決策。

現代國家追求的政治參與是普遍而平等的，惟因人民政治參與的動機、技能、資財不平等而導致不平等，這是無法避免的；持平而言之，此為社會階層化的產物。政治參與必須有良好的社會環境或條件，始能擴大與普及化，並日趨成熟。

五、政治溝通(Political Communication)

政治學者蘭尼(A. Ranney)認為溝通是藉著符號的使用而傳遞意義，亦即是某一人或團體欲使某人或某一團體能知悉某一特殊事件觀點之過程(Ranney, 146-148)。政治溝通的種類，大抵可區分為以下兩種：

（一）面對面溝通(face-to-face Communication)：也就是在各種初級團體中，人們相互間的談話。

（二）大眾溝通(mass Communication)：也就是經由報章、雜誌、廣播電視
　　　等大眾傳播媒介所形成的溝通。

　　在近年之研究，認為面對面的溝通更具效力。惟大眾溝通卻可以同時
影響眾多的人民，故兩者各有其利弊，亦有其重要性。上述兩者之關係有
如驂靳相依，相輔相成，不宜偏廢，宜齊頭並進。此外，溝通媒介的訊
息，通常總是先到達各團體領導份子，然後再由這些領導份子經由面對面
的溝通，傳遞到團體的構成份子。何故？揆厥所由，蓋團體領導份子通常
比較關心政治，而其他構成份子則對政治冷漠，這是一種不可諱言的事
實。而這些比較關心政治訊息的團體領導人物，我們常稱之「意見領袖」
(Opinion Leader)，而大眾政治溝通，總是大眾溝通媒介的政治訊息，先到
達意見領袖身上，然後再轉達到一般民眾身上，斯過程，稱之謂「政治溝
通的二步驟流程」(two step flow of political communication)（呂春沂，
1987：92~93）。現今我國國民黨、民進黨或親民黨之間的政治溝通率皆採
用此模式；易言之，一般報紙、雜誌所稱的「面上」、「面下」之運作模式
與「二步驟流程」頗有異曲同工之妙。

　　然而，意見領袖在轉述政治訊息之際，不免會摻雜一些他自己的意
念，而此種意念，便成為其團體構成份子之政治意見的重要來源，而影響
公共意見的本質。故此時的意見不免變質或遭到扭曲。

六、美國因素

　　由於美國對我國的重大選舉(例如總統大選)政策與台灣安全占舉足輕
重的地位，故美國的態度對台灣政黨在制定選舉政策與國家政策之際亦有
不容小覷之影響。現代政黨的選舉政策制定，因參與者日益增多，且問題
經緯萬端，牽涉甚廣；是故不僅國內的環境因素影響政策之制定，國外的
因素及壓力，時常亦對政策制定造成不可或缺的考慮要素。此外，當代國
際社會上的主流思想、大國的對外政策、經濟政策，對小國政策之製定均
有若干的影響力。

伍、結語

目前我國總統、副總統選舉制度如前述之「單一選區相對多數決制」，在此種制度下，無論有多少組候選人參加選舉，以得票最高的一組當選，其得票率可能低於半數，造成「少數總統」的窘態，是否能選出真正代表民意的候選人，亦值得探討。至於實施新制的立法委員選舉，在經過第 7、8 兩屆立法委員選舉後，對於「單一選區兩票制」，所產生的現象，諸如：所呈現的「北部更藍、南部更綠」、「立委地方化」、「票票不能等值」、「政黨 5%門檻」等也都是值得研究的問題。（余元傑，2017：251）

另外，民主國家的選舉過程中人民有自由表示要求與支持的意見之各種途徑；因此，影響台灣選舉之環境因素，如同上述不同因素在不同的時空背景下亦有不同程度的影響。

問題與討論

1. 請說明我國主要首長選舉的種類與選舉之方式？

2. 請說明我國之民意代表選舉的種類與選舉之方式？

3. 請說明我國公民意投票的種類？

4. 我國的民意如何測量呢？政府官員如何能了解人民對國是的看法、觀點呢？

5. 影響台灣選擇之環境因素中，你在台灣平時選舉過程中有所了解的有哪些項目？

參考書目

A. Heywood 著，楊日青、李培元、林文斌、劉兆隆等譯（1999）。**政治學新論**。台北：偉伯文化。

A. Ranney 著，倪達仁譯（2004）。**政治學**。台北：雙葉書廊。

Green, Antony(2015), Plebiscite or Referendum - What's the Difference. Oxford: Oxford University.

A. Heywood 著，楊日青、李培元、林文斌、劉兆隆等譯（1999）。**政治學新論**。台北：偉伯文化。

Everson, David H. (1982). Public Opinion and Interest Groups in American Politics. New York： Franklin Watts.

Easton, David (1995). A Systems Analysis of Political Life. New York：Wiley.

Huntington, Samuel P. and Joan, M. Nelson (1976). No Easy Choice：Political Participation in Developing Countries. Massachusetts：Harvard University.

Key, V. O. (1961). Public Opinion in American Democracy. New York：Knopf.

Ranney, Austin (1990). Governing：An Introduction to Political Science.

Englewood Cliffs. New Jersey：Prentice-Hall.

中央選舉委員會，公民投票結果，2012 年 5 月 6 日，
https://web.archive.org/web/20120506003437/http://web.cec.gov.tw/files/11-1000-2243-1.php

「中華民國地方性公民投票」，維基百科，2018 年 8 月 10 日，
https://zh.wikipedia.org/wiki/中華民國地方性公民投票「公投法三讀過關 打破鳥籠門檻全調降」，自由時報，2017 年 12 月 12 日，版 2。

王業立（2011）。**比較選舉制度**。台北：五南圖書。

余元傑、林文斌主編（2017）。**民主法治與生活**。新北市：新文京出版公司。

王寶玲（2014）。**反核？擁核？公投？**台北：華文聯合。

呂亞力（1979）。**政治學**。台北：五南圖書公司。

吳文程（1996）。**政黨與選舉概論**。台北：五南圖書。

李雲漢（1991）。中國國民黨遷台前後的改造與創新（1949-1952）。**近代中國，87**。

胡佛（1998）。**政治參與與選舉行為**。台北：三民書局。

陳義彥主編（2006）。**政治學（下）**。台北：五南圖書。

張金鑑(1980)。**動態政治學**。台北：七友出版公司。

詹文雄(1981)。**政治學導論**。台北：聯鳴文化公司。

齊光裕（1996）。**中華民國政治發展**。台北：揚智文化。

談子民（1979）。**政黨論**。台北：正中書局。

華力進（1984）。**政治學**。台北：經世書局。

鈕先鍾（1984）。**國家戰略論叢**。台北：幼獅文化事業公司。

謝復生（1992）。**政黨比例代表制**。台北：理論與政策雜誌社。

李惠宗（2006）。**中華民國憲法概要**。台北：元照。

李雲漢（1991）。**中國國民黨遷台前後的改造與創新**（1949-1952）。近代中國，87。

齊光裕（1996）。**中華民國政治發展**。台北：揚智文化。

國際民主和選舉協助研究所（International IDEA）主編，（2013）**選舉制度設計手冊**。
香港：商務印書館有限公司。

CHAPTER 7 民主政府體制

> 如果人類是天使，那麼便不需要政府。如果由天使統治人類，那
> 麼對政府便不需要任何的控制。
>
> 讓野心對抗野心。
>
> ──詹姆士‧麥迪遜(James Madison)
> 美國建國先賢、第四任總統

壹、前言

在 20 世紀之前的東方，並沒有所謂的民主生活。民主這個概念是從西方引進的舶來品。西方概念中的民主和相對應的政府體制，源遠流長，可以上溯到西元前的希臘城邦國家。當時的哲學家們思考、爭辯著一些問題，如人們為什麼要組成政府呢？組成政府的意義到底是什麼？控制政府的統治者和被統治者間，究竟是怎樣的關係呢？然而之後的歷史發展，歐洲也和中國一樣曾經有許多君主、皇朝存在，也產生了如中國「皇帝天子說」的「君權神授」，和類似中國「率土之濱，莫非王土」之「朕即國家」的皇權、專制思維。然而唯獨孤懸海外的英國發展出民主的想法。英國和不少歐陸國家一樣都有皇室，彼此間都還有姻親關係。但英國率先進入工業化時代則讓她與眾不同。15、16 世紀的工業化造就了都市和中產階級的興起，原本依賴土地和農作的貴族和皇室因而沒落。統治國家的皇室為擴張領土和抵禦外侮而需要金錢支援戰爭，累積財富的工業家和中產階級便成為皇室眼中的搖錢樹。但新興階級也不甘被皇室壓迫，要求皇室必須召開由人民組成的會議來審議皇室（代表政府）要求的稅收。需錢孔急

的皇室最後答應了，這些會議便成後世國會的源頭，人民也開始有力量對抗皇室。如美國獨立戰爭前，美洲移民即高喊「沒有代表就不繳稅」。民主的思想的源頭就此流傳廣播。

17 世紀的哲學家們眼見新興民主思潮出現，紛紛思索理論基礎，其中最重要的是英國人洛克(John Locke)和霍布斯(Thomas Hobbes)。兩人都從相同的假設開始他們的推論。他們說，在原始狀態下，人們都是自由的。不過，霍布斯說，就因為每個人都是自由的，所以是個以力服人，為了自己的自由而侵犯他人自由的恐怖社會。但洛克的自然狀態則較不這麼恐怖，人們還是具有自保的權利，只是人人對權利認知不同，保障有限。接下來他們也都認為，為了脫離此種「不好的」原始狀態，人們會相互簽訂「社會契約」(social contract)。然而，霍布斯說，人們簽約後只能將固有權利完全交給「巨靈」（Leviathan，或譯利維坦，意指政府），並完全服從，否則社會仍會發生混亂、內戰，再回到原始狀態。洛克則認為，人們簽約保留最基本的自由和平等權利，僅自願放棄攻擊他人和侵犯他人自由的權利，並將之賦予政府，好維持社會的安全和秩序。他進一步說，若政府不保護人民權利的基本要求，不維持社會安全，那這樣的政府還要服從嗎？他因此主張人民有抵抗政府的權利(right of resistance)：政府若無能完成其被賦予的責任，人民便可將其推翻掉，由新的政府接手，以完成其責任。這便是西方近代民主、民權思想最具體的說法。

人們組成了政府，但政府如何組成呢？人民如何控制政府、避免政府侵犯人民的權利呢？在世界各國的憲政過程中，有許多的主張和辯論，本章第貳節討論最重要的權力分立(separation of powers)和相互制衡(checks and balances)。第參、肆節簡介世界上主要的政府制度：英國的議會內閣制(parliamentary system)、美國的總統制(presidential system)、法國的半總統制(semi-presidential system)，並說明可能的優點和難題。第陸節則討論

台灣現行政府制度引起的各種憲政問題，第柒節則以民主政治、權力分立
及相互制衡、責任政治，進一步比較各種政府制度的優缺點。

貳、民主政府體制的理論

西方的民主政府理論傳統卻是由分權制衡出發，因為西方哲學一向以
人性本惡為出發，這可追溯到基督教信仰中的人類「原罪」(original
sin)。人類既然具有原罪，人類組成的政府自然也含有罪惡，前述的霍布
斯就認為，人類要麼留在自然狀態，要麼便只能將權力賦予巨靈。兩害相
權，取其輕，政府乃成為無可避免的「必要之惡」(necessary evil)。但
「必要之惡」的為惡能力須受到最大的限制，因而就引申出分權和相互制
衡理論：制衡則使政府內部分權、相互牽制，才不會讓權力集中。

一、分權

洛克 1690 年出版《政府論次論》(The Second Treaty on Government)，
認為人民對政府有抵抗權，使政府受到控制，政府內部也必須分權。洛克
認為，政府至少可分為兩個權力：立法權和執行權。立法權用來制定法律
以保障人民的人身、財產等自由，執行權則是執行法律，以保障人民的自
由。他還認為人類具有權力欲望，若一人、一機構身兼立法和執行兩權，
難免權力過大，如在執行法律時發現法律不利於己，便有修法以利己需的
欲望，而失去法律不偏不倚，一視同仁的意義。以現代的話語來說便是
「裁判兼球員」！如此的政府便極可能越來越變質成只保障有權者的利
益，而失去政府原先保障全體社會成員利益的初衷。這個想法在西方一直
留傳，如美國建國先賢麥迪遜(James Madison)即說「權力集中就是暴
政」，英國著名的政治家、哲學家阿克頓勛爵(Lord Acton)也說了一句類似
的銘言：「權力使人腐化，絕對的權力，絕對腐化」。

法國的孟德斯鳩(Charles de Secondat, baron de Montesquieu)進一步闡述分權理論，他在 1748 年出版的名著《法意》（De l'esprit des lois，或譯為《論法的精神》）討論英國憲法，他自稱觀察英國憲政運作時發現他的分權理論，認為政府有三種權力，即立法權、執行權（後世稱為行政權）和司法權。孟德斯鳩對立法和執行權的說明和洛克大同小異，但他特別將司法權自執行權中獨立出來，因為法院執行民政法規所擁有的裁判權必須不偏不倚，故須獨立於立法和行政之外。孟德斯鳩的主張成為後來美國建國先賢制訂憲法的重要原則，也成為晚近民主國家立憲的重要參考。

二、制衡

孟德斯鳩主張權力必須嚴格分離，否則無法保障人民的自由。而當法官身兼立法者時，法官便有了專斷的權力，因為他自己立法，自己裁決，可以完全不理會人民。而當三權為同一人或機關所有時，孟德斯鳩說，「那就完蛋了」。因此，他進一步認為權力不只要分立，還要以權力制約權力，也就是制衡：讓立法、行政相互牽制或彼此輔助，如立法機關對行政機關的執行權可以有抗議權(remonstrance)，行政機關則可因執法問題要求立法機關召開、修法。司法權對其他兩權的制衡，因為他認為司法應是絕對獨立的，法官只能作為法律的喉舌。不過，美國後來發展出的「違憲審查」(judicial review)則顯然比孟德斯鳩所想的，更具有積極性（見第肆節）。

分權理論看來似乎很嚴格，但實際上行政權常因執行需要，會主動提出法律草案或修法建議，這便涉及立法過程；立法權也會因否決或修正法律而涉及行政執行，如減稅；司法權則會因法規解釋和判決而影響行政執行，違憲審查權甚至可以直接宣告行政措施或法律「違憲」(unconstitutional)而失效。因此，就現代社會而言，三權之間越來越緊密相

合，而難以絕對分權。此外，孟德斯鳩雖然自稱其權力分立理論來自對英國憲政運作的觀察，但實際上英國議會內閣制的核心精神並不是權力分立，而是權力融合(fusion of powers)，因為掌握議會多數便可以組成內閣，進而控制行政權，且英國的終審法院實際上也在貴族院中的司法委員會（2009 年之前）。而就輔助嚴格權力分立的制衡原則來說，兩者之間其實有矛盾存在：權力互相分離卻又互相干預，反而混淆了另一個民主政治所重視的原則－責任政治(principle of accountability)，因為人民無法在權力相互制衡下可以明確地知道，誰該負責。所以，打破政治僵局的制度設計便成為我們可以區辨誰該負責的線索。

參、議會內閣制

17 世紀之後王室相對衰弱和民主思想的抬頭，讓英國逐漸由君主專制走向貴族政治。因為此時還是以有無土地和繳稅與否，作為是否有投票權的標準，所以廣大的勞工階級和女性都還沒有投票權。成年公民的普選權直到一次世界大戰後才實現。然而英國自 1688 年的「光榮革命」後即已實現了英王權力虛化，議會和內閣(cabinet)權力擴大的民主化。現行英國議會內閣制的運作如圖 7-1 所示，以下進一步說明：

一、議會至上

英國人不說他們的政府體制是內閣制，而是議會民主(parliamentary democracy)，因為內閣的行政權力源於議會。英王威廉 1689 年簽署議會提出的「權利清單」(Bill of Rights)，同意英王不得未經議會同意而徵稅、不得干涉法律及不得干涉議會的言論自由。英國議會權力自此提升，英王遂成為沒有實權的虛位君主。英國議會是兩院制：貴族院(House of Lords)和

平民院(House of Commons)。貴族院由世襲貴族、終身貴族（不能世襲）、主教等組成，不經民選；平民院議員則由選民選出。兩院誰的權力大呢？法律雖須兩院共同同意才能通過，但因貴族院是發動「光榮革命」的主要推手，所以自 17 世紀末後主導了英國政治，20 世紀前的英國首相都由貴族院議員擔任。但隨著貴族和地主階級沒落、平民階級上升，1911 年兩院妥協、通過議會改革法，規定貴族院對平民院通過的預算法案若一個月內未決議修正，即視為通過。1949 年通過的《國會法》更進一步規定，貴族院對平民院通過的非預算法案只有 12 個月的延宕權，沒有否決權力。貴族院從此成為歷史遺蹟，但仍然對平民院和內閣具有引起輿論的一種制衡力量。不過，1999 年工黨政府提出貴族院改革，取消世襲貴族，改為選舉。但因選舉方式尚未獲共識，改革進行階段留下 92 名終身貴族議員，另外再單獨設立最高法院取代貴族院中的司法貴族，作為英國的終審法院。英國最高法院於 2009 年 10 月設立，共有 12 位法官，不具備貴族院議員身分。

二、議會內閣制的原則

英國沒有一部法律叫做憲法，有關政府運作的規則分散於各個法律之中（所以被稱為不成文憲法國家）。因為法律由議會通過而決定（因此又被稱為柔性憲法國家），所以英國議會權力至高無上。英國學者曾說，英國國會除了不能讓男人生孩子外，什麼都可以做！而隨著 19、20 世紀英國殖民地的擴大，一、二次大戰後獨立的英國殖民地，也多以英王為象徵性元首，政府體制沿襲英國的議會內閣制。留有皇室的國家也以英國政府體制為模範，當然也有不以國王為元首的共和國採取議會內閣制，如義大利、德國。

英國議會內閣制是歷史演進所成，依據學者的歸納，如圖 7-1 所示議會內閣有以下特徵：

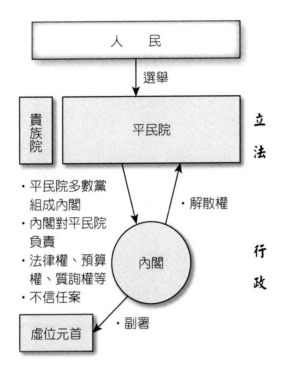

・平民院多數黨組成內閣
・內閣對平民院負責
・法律權、預算權、質詢權等
・不信任案

⊃ 圖 7-1　英國議會內閣制下的權力分立和制衡關係

（一）虛位元首

英國諺語稱「英王無誤！」為什麼議會內閣制的國王或總統不會做錯事？原因在於他（她）沒有權力可做什麼事。因為不做，所以不錯。如前所述，英王已經沒有實權，實權掌握在民選而生的內閣，元首對內閣通過的決議或議會通過的法案，一概不過問，馬上簽字。法案除有元首簽名外，旁邊還會有首相或相關主管部會首長的簽名，稱為副署 (countersignature)，才有效力。因為元首的簽名象徵著法案成為國家法律，但為法律負責任的是副署的官員。所以，沒有副署的法律也就沒有效力。

元首因無實權，所以可以由世襲君主擔任或由間接民選（如由議會選出）的總統擔任。元首除了國家榮典外，有兩項和行政有關的權力：任命首相和解散議會。但這兩個權力都是被動的，若具有主動性質，元首便會涉入日常行政事務，也不可能超然中立，甘心做個虛位元首。元首任命首相權力受限於議會的生態，元首只能被動任命議會多數黨黨魁為首相或總理(prime minister、chancellor)。而當議會中沒有過半數政黨時，元首只能等待議會形成多數政黨聯盟，再任命其領袖為首相。因任命權只是象徵性的，元首也就沒有首相免職權。而解散議會須由首相提出，用以解決議會內的政治僵局，元首只能被動接受，不能拒絕，否則也會涉入政爭中。總之，議會內閣制元首的權力幾乎都是象徵性和被動的。

（二）權力融合

議會內閣制的「權力融合」顯現在：(1)議會多數黨（聯盟）組成內閣，內閣掌握行政權力。(2)議會的司法委員會作終審法院，或另設一個最高法院，但不具備宣告法律、法規違憲的權力。

1. 立法和行政的連鎖

(1) 首相和閣員通常具有議員身分。但也有國家如日本，規定常任文官也可以擔任，但不能超過半數。閣員因具有議員身分，所以內閣制的政治人材養成並不是專才式，而是通才式。若執政時間夠長，他們通常會輪流擔任幾個部會的部長。而首相常是議員連任次數較多、歷任多個部會首長，具有豐富行政、政治經驗者。在兼任制下，內閣制部會首長通常負責政策的政治判斷，如政策是否為選民所贊同，會否危及內閣支持度等。至於日常行政工作和政策起草多委由常任文官。這是政治和行政的分工。

(2) 內閣備詢義務：內閣既由議會多數黨派組成，內閣提出的法案和政策自會被議會多數通過，沒有所謂「朝小野大」問題。雖也可能因議會多數黨派無法順利結盟，而由相對少數派組成內閣，但這個情況少見且不尋常，通常無法維持很久。其次，內閣既由議會而生，自然便須對議會負責。故議會內閣制有時又被稱為責任內閣制。在責任政治原則下，內閣必須接受議員質詢，首相和部會首長則有答詢義務。質詢者通常是在野黨，或被稱為反對黨。相對於內閣，議會中的最大反對黨會組成「影子內閣」(shadow cabinet)，常和內閣官員在平民院議場中針鋒相對。

(3) 倒閣和解散議會：議會內閣制的執政黨受到在野黨的制衡。在野黨的制衡是所謂的「忠誠反對黨」，是忠於國家而對執政者加以監督的。制衡方式除了質詢閣員外，還有通過譴責案，而最激烈的方式則是對內閣提出不信任案(confidential vote)。有時不信任案是針對個別閣員，即使通過，也不涉及內閣危機，但若是針對首相或是全體內閣則「代誌大條」。不過，在內閣由議會多數組成的正常情況下，少數在野黨提出的不任案通常不會通過的。若「意外」通過，即表示議會中的執政黨分裂，有自己人投下不信任票，此時不再獲得議會信任的內閣便須辭職。但內閣也有相對應的抗衡武器，即提請國王或總統解散議會（必須接受），重新選舉以訴諸民意，再由選後的議會多數派組成內閣，回復常態。由於選舉成本和不確定性頗高，執政和在野都會慎重考慮此終極武器的使用，由此我們也看到議會內閣制權力融合中的權力制衡層面。

2. 立法和司法的連鎖

　　孟德斯鳩曾批評立法和司法若由同一機關掌握，則能為所欲為。但議會內閣制中的法院若有違憲審查權，便違反了民選議會至上原則。傳統

上，英國貴族院的司法貴族都是法官出身，並不涉入議會政治事務，所以實際上立法和司法也是分離的。因此，英國工黨執政時提出另立最高法院的法案，便未遭遇太多阻力。然而，也有議會內閣制國家，如德國設立具有違憲審查權的憲法法院，德國人也習以為常，但誠如已故政治學者鄒文海(1988：122)所說：「內閣的提案能在議會順利通過，是內閣得到議會的信任，然而此順利通過的法律卻被法院認為違憲而宣判無效，豈非法院也有了不信任內閣之權？發生這一類情形時，內閣如解散議會，則議會是擁護內閣的，殊無解散的理由；內閣如因此而撤換法官，則又將損害司法獨立的精神；內閣將進退失據，其狼狽之情，不難想見。」

肆、總統制

相對於英國人的保守和傳統，前去美洲殖民地的移民較有勇於突破和冒險犯難精神。1776 年美國獨立戰爭後，北美 13 州形成鬆散的邦聯(confederation)，各州各自為政，有關各州的事務必須由各州代表齊聚討論。有識之士認為一盤散沙的狀況不利於 13 州發展，而產生制憲運動。關於美國憲法該如何制定的討論，《聯邦論》(The Federalist Papers，或譯《聯邦黨人文集》) 集結了美國制憲先賢如麥迪遜、漢彌爾頓(Alexander Hamilton)和約翰杰(John Jay)等人的論點。他們的共識是，反對英國的君主立憲、議會內閣制，因為英國的民主制度無法防止引起美國獨立的不公、不義，主張另闢谿徑，自創出全新的民主政府體制。各州制憲代表1787 年於費城簽署美國憲法，是全世界第一部民主成文憲法。之後除在1791 年通過 10 條有關人權的增修憲法條文外，220 多年來也只通過 17 條增修憲法條文。不過，其中有兩條是禁酒令和廢禁酒令，所以嚴格來說，只有 15 條修憲文。

一、三權分立

　　美國憲法本文幾乎都在規範聯邦政府組織內部的功能和權力分配，且完全依照立法、行政和司法三權分立的原則來規範如圖 7-2 所示，以下加以說明：

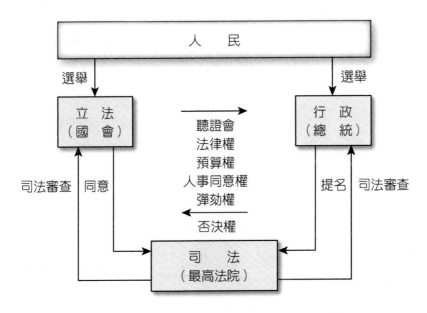

⊃ **圖 7-2　美國總統制下的權力分立和制衡關係**

（一）兩院制

　　美國國會採取兩院制：代表州權的參議院(the Senate)和代民權的眾議院(House of Representatives)。美國採取兩院制除因平衡州權和民權外，另一個原因是區分國會的預算權和人事同意權：眾議院作為聯邦政府預算的把關者，參議院則有聯邦政府官員的人事同意權。立法權則由兩院分享，法案須經兩院同意才算通過，一般先由眾議院通過法案再送交參議院審議，若無問題即表決通過。若參議院有所異議，則可以提出修正案或建

議，再交眾院決議後通過。不過，為免兩院往返耗時，依國會法規定可召開兩院聯席委員會決定。因此，雖然在提出法案上以眾議院為主，但參議院也常常加入自己的意見，要求眾議院員通過。

兩院議員皆由人民直接選舉產生，都可連選連任，但是任期和人數都不一樣。眾議員(congressman/congresswoman)任期 2 年，人數依憲法本文規定是每州至少 1 名，再依人口多寡而增加，建國之初總數為 65 名。但隨著人口越來越多，依照人口數計算的眾議員人數也越來越多，故 1922 年國會立法規定眾議員總數為 435 名。參議員(senator)則由各州選出，每州 2 名，現有 100 名參議員，議長由副總統兼任，主持日常議事的臨時主席則由參議員互選，多由最資深的多數黨領袖擔任。參議員任期 6 年，但第一屆的任期分為三類，有任期 2 年、4 年及 6 年，因為希望每 2 年可以改選三分之一，以和眾議院一樣能及時注入最新的民意。由於總統任期為 4 年，每 2 年的國會議員選舉即被稱為期中選舉，選舉結果常被視為是對總統施政的評價。

（二）總統

年滿 35 歲、在美國居住 14 年以上的美國公民皆可擔任美國總統。但憲法本文中還對總統資格有其他限制：一是在憲法實行時即為美國公民者，二是在美國本土出生而成為公民者。所以因移民而歸化為美國公民者即無法擔任總統。首位黑人美國總統歐巴馬(Barack H. Obama)因父親為肯亞籍，常被反對派人士攻擊無資格擔任總統。後來他公開出示他於夏威夷州的出生證明後，還是有反對者表示不信。

美國總統任期 4 年，但在憲法本文中並沒有規定連任屆數限制，而是由首任總統華盛頓(George Washington)立下只擔任 2 任總統的憲政慣例，往後的總統也都不超過 2 任。唯一的例外是 1933 年成為美國第 32 位總統的小羅斯福總統(Franklin Delano Roosevelt)，第 1 任時以「新政」(New

Deal)使美國經濟自大蕭條中轉危為安而連任。在第 2 任屆滿前又逢第二次世界大戰，因大戰長達 6 年，他再因戰時危機又連任至第 4 任，之後於任內病逝，由副總統杜魯門(David Truman) 繼任總統。他在連任後提出第 22 條修憲文，規定無論何人只能擔任 2 次總統。

美國總統由選舉人團(Electoral College)選出，是間接選舉。選舉人票數為參眾兩院議員數總和 535 加上華盛頓特區的 3 票，所以只要獲得 270 張選舉人票即可當選。為何美國建國元勳不採取總統人民直選？原因是他們考量到當時公民受教育者不多，且地廣人稀、交通不便，恐有太多候選人參選而選不出過半數的總統，所以設立一個中間的團體來代表人民選舉總統。時至今日，由於政黨政治的運作，已經和直接選舉無異。如共和及民主兩黨都在各州推出黨籍選舉人候選人，當選的選舉人基本上會依照人民投票結果投票。不過這種制度由於「贏者全拿」(winner-take-all)的原則，而出現普選票多的總統候選人輸給普選票少者的怪象。這在美國歷史上總共出現了五次，最近的一次是 2016 年的川普總統(Donald Trump)，敗選者則是希拉蕊·柯林頓(Hillary Clinton)。

美國總統身兼國家元首和行政首長，一方面象徵著國家團結，另一方面也負擔日常行政事務。美國總統可以任命聯邦行政官員組成內閣負責行政推行（議員不得兼任閣員），但沒有如內閣制的總理，也少有內閣會議，最多是由總統主持的會報而已。一般而言，首席閣員是國務卿(Secretary of State)，但主要負責外交，也沒有指揮其他部會的權力，所有閣員都只對總統負責。然而總統也有自己的辦公室（俗稱白宮）和國家安全會議。許多重要政策，特別是外交事務，國安會的國家安全顧問也有相當大的權力，相關部會官員和白宮顧問間的衝突屢屢出現。而美國聯邦政府中也有主管官員由總統提名，但執行不受總統管轄的獨立行政委員會，似乎也與三權分立不合。

（三）司法

美國是聯邦制，所以各州有地方（刑事、民主或兩者合一）、地區（上訴）和州法院（州的最高法院）。而一些更基層的單位還有保安官(sheriff)，對一些輕罪具有調查和審判權。在聯邦部分，司法權由聯邦最高法院和依國會立法而設立的各級聯邦法院分享。聯邦法院依國會立法而設立，區分為上訴法院和地方法院。此外還有為了特別目的如針對關稅、貿易、賠償等的專門法院。而唯一依據憲法設立的聯邦最高法院(Supreme Court)則負責國際性的爭議及以州政府為一造的案件。

所有聯邦法院的法官皆由總統提名，經參議院同意後任命。對總統的提名，參議院一般不會反對，因被提名者皆須經聯邦調查局和司法部調查，美國律師協會也會出具被提名人報告。不過，還是會有少數的爭議人選，特別是對最高法院法官的提名上，參議院都會嚴加把關。不只因為美國的法官必須獨立審判，更因為最高法院法官有「司法審查」的權力，這9名終身職法官的立場和理念，對法律和司法的影響不僅重大而且時間長久。如美國「新政」時期，小羅斯福總統的政府干預經濟政策，屢屢被保守的最高法院宣告為違憲，氣得他威脅說將要修法增加法官人數、為法官加派「助手」，最高法院後來才稍加「合作」。但總統也只能等待最高法院法官報請退休後，才能提名自己的人馬。

二、相互制衡

美式總統制的三權分立除了權力的分工外，另一個重點是彼此井水不犯河水，如總統沒有對國會提案的權力，也不能解散國會，同時不得干預最高法院的判決。而國會也不能對總統提出不信任案，只能追究總統的行政責任或犯罪，且須由參議院提出彈劾案，出席者三分之二同意才能通過。最高法院則遵從憲法，依國會通過的法律，公平審判，也不能主動過

問總統的行政。不過，相互獨立的另外一面就是相互制衡，以防止任一權力獨大。

首先，參議院對總統的人事權也有「建議和同意」的權力，偶爾會對總統提名的聯邦最高法院法官、駐外大使有「異見」，甚至迫使總統在正式提名前撤回。此外，參議院對國際條約的同意權，也深深影響著總統的外交權，如一次大戰後即否決威爾遜總統(Woodrow Wilson)大力提倡之國際聯盟加入條約。預算審議權則是對總統提出的政府預算最有力的控制，因為預算案沒有通過，聯邦政府各機構便無法運作了。自 1976 年以來，美國聯邦政府共出現 18 次部分或全部停擺。最近的一次是，參眾兩院對歐巴馬政府提出的健保改革法案大有意見，而未及時通過預算案，使聯邦政府在 2013 年 9 月 10 日至 10 月 17 日的 18 天之間完全停擺。此外，國會也可以提出各種法案，其中還可能夾帶著執行經費的「撥款法案」（是在聯邦政府預算外的財政法案），要求行政部門依法執行。但這種法案常常會因出於議員間的地方利益或是不同黨議員間的利益交換而來，所以又被稱為「肉桶立法」(barrel legislation)、「滾木立法」(logrolling legislation)。最後，美國國會雖不能如內閣制國會可質詢內閣，行政官員也無出席國會備詢的義務，但其具有調查權，可藉舉行聽證會(hearing)要求行政官員（總統除外）出席作證，若拒不出席則有「藐視國會」之罪，會被關起來的。

不過，總統對立法部門也有制衡的武器，可以對國會通過的法律加以「否決」(veto)。由於憲法規定國會通過的法案須經總統簽署才發生效力，因此總統有權不予簽署，不簽署即不發生效力。通常總統在國會通過前，若有意見，即會公開宣稱未來將加以否決。若國會不願修改而原文通過的話，即可能面對總統的否決，國會議員們便須考量總統否決後，國會兩院是否能以三分之二的絕對多數來反否決，慎重考慮是否要修改法案。

當然，總統也會在宣稱將否決前，思考會不會遭到國會的反否決。雙方都會仔細思考，以免灰頭土臉，故形成立法和行政間的相互制衡。而在對司法的制衡上，國會最大的武器是人事同意權，如最高法院法官中親總統派為多數，國會便較會希望和其立場接近者接任法官。

最後，司法對行政和立法的制衡是「司法審查」，最高法院有權對國會通過的法律、總統的行政命令宣告違憲。在美國憲法本文中，並沒有明確賦予最高法院此種權力，而是在 1803 年，最高法院對「馬伯里對麥迪遜」(Marbury v. Madison)案作出判決，最高法院院長馬歇爾(John Marshall)主撰的判決理由認為，雖然國會有權通過法律，但法官則有權判斷什麼是法律，而法律違反憲法便明顯是無效的。所以，馬歇爾認為司法審查是憲法未明文，但卻暗示最高法院有的權力，他名之為「默示權力」(implied powers)。最高法院往後以此權力左右著美國的政治、經濟和社會，其中有多項判決影響著美國的社經發展，如保障言論自由、終結種族歧視等。

伍、半總統制

半總統制也常被稱為「雙首長制」，是取其行政權由總統和內閣總理兩者分享之意，代表國家是法國。法國第五共和半總統制的建立是因為第四共和時期，議會力量過大，行政部門無力對抗，致內閣壽命短暫。但1958 年領導制定第五共和憲法的總統戴高樂(Charles de Gaulle)為什麼不主張採行美式總統制呢？原因是當時議會派強力要求戴高樂必須在議會內閣制基礎下增加行政的力量。而由前節對英國內閣制的討論，可知英國內閣組成表面上是源自議會的支持，實際上真正的支持來源是占議會多數派的執政黨。內閣有強力團結的議會多數支持，多數派領導的內閣自然強而有力。但法國不是如此，在沒有任一黨派於議會過半數情況下，沒有堅強多

數支持的內閣自然軟弱無力。如果英國也是多黨政治，英國的議會內閣制恐怕也會和法國一樣。所以，內閣的行政弱勢和議會的強勢，是社會原因造成的。但社會因素無法短期解決，戴高樂只好寄望於修改制度。結果，法國的制度已經偏離英式議會內閣制很多，但也不如美式總統制的強調權力分立，而是強調立法和行政間的制衡，如圖 7-3 所示，以下加以說明。

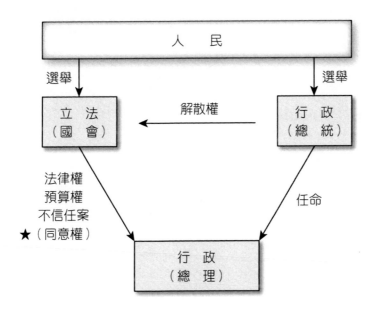

⊃ **圖 7-3　法國半總統制下的權力分立和制衡關係**

一、國會與總理

法國採取兩院制，上院名為參議院(Sénat)，是間接選舉選出，主要代表各省。下院則名為國民會議(Assemblée nationale)。法國上院力量不若美國參議院強，因為：一、憲法雖然規定兩院都為國會，法律案由兩院通過，但若兩院意見不合時，以國民會議為主。二、憲法明文規定內閣總理政治責任負責對象是國民會議。所以，一般說的法國國會係指國民會議。國民會議議員

任期 5 年，採「二輪投票」制選出。此種制度趨向造成多黨體系，又再強化了法國傳統的多黨政治。以下說明國民會議的權限。

（一）國會不再至上

議會內閣制的原則是議會至上，甚至包括解釋憲法的權力。但國民會議沒有這項權力，而是另外設置的憲法委員會負責。憲法委員會設有九名委員，總統、國民會議議長和參議院議長分別任命三名，其主席由總統任命，而前任總統則是當然委員。憲法委員會有司法審查的權力，有關政府組織的法律必須經過該會審查，其他法律也可以在公布前，由總統、總理、兩院議長或 60 名議員，提請審查。

（二）立法權受限

雖然國民會議和英國眾議院有類似的立法權，但卻受到重重限制：(1)禁止議員兼任閣員。這是為了杜絕第四共和期間，議員為入閣而生的政治權謀。(2)法律制定受限制。國會只能在憲法中列舉的範圍內制定法律，政府對未列舉者有權力制定規章規範。此外，原屬於應由法律規定的事項，但若國會委任政府制定規章，國會對政府的規章便不能過問。(3)限制國會開會期間不得超過半年，如此等於減少國會監督政府的時間。

（三）預算權削弱

國民會議不可以藉修改政府預算案或提出的法律案，來增加財政支出或減少財政收入。而且認定其提案是增加支出或減少收入者，不是國民會議，而是政府。發生爭議時，則由憲法委員會決定，且國民會議若不在 70 天內議決政府提出的財政（預算）法案，政府可以條例逕行實施。這兩項規定大大削弱了國民會議對政府的監督權。

（四）政府立法權提升

　　總理有提出法律案的權力，且國民會議必須優先審議政府的草案，如此政府便有如國民會議的程序委員會，可以決定法案審查的優先次序。此外，政府（指內閣）還可提出包裹表決，以中止國民會議對法案的冗長審查和修正動議。其三，對國民會議不願通過的法案，總理還可宣布該法案由其負責，若國民會議在 24 小時內沒有對總理提出不信任案，或不信任案未通過，該法案即被視為通過。

（五）對不信任案的限制

　　和內閣制的國會一樣，國民會議可以對總理（不是對內閣或個別閣員）提出不信任案，但有不少限制：必須有十分之一的議員連署，48 個小時後才可以表決，贊成不信任案票數必須超過全體議員總數（不是出席議員數）的一半，才能通過。若不信任案未通過，則國民會議在一年之內不能再對同一總理提出不信任案。

（六）沒有彈劾總統權

　　內閣制國會沒有必要有彈劾虛位總統的權力，美國參議院則有彈劾實質權力總統之權。照說法國總統具有實質權力（見下討論），國會應有彈劾權。但實際上法國國會沒有這個權力，而由憲法規定的最高彈劾法庭來審議決定。

二、提高總統權力

　　第五共和削弱國會的權限，相對提高總理對抗國會的權力，以免避過去頻頻倒閣的壞處。而在立法權相對削弱，行政權力相對增強的同時，第五共和也增加了總統權力，使行政部門看似有兩個領袖。而相對於總理，總統有許多特別的權力，如憲法規定總統「確保公權力正常運作」、「保障

國家獨立」、「領土完整」等抽象文字，給人總統是國家守護者的印象。而在具體的權力方面，法國總統有不少美國總統沒有的權力，所以絕非議會內閣制的虛位元首，分述如下：

（一）總統直接民選

和美國總統一樣，法國總統也由全國公民直接選出，總統「守護國家」的國家元首象徵性獲得了保證，對也是民選的國民議會，便有了制衡的合法性和正當性。而其任期長達 7 年，還可以連任一屆，最長可以當 14 年的總統。不過，法國在 2000 年修憲縮短總統任期為 5 年，和國會議員任期一樣。

（二）任命總理

總理組成內閣領導政府，但總統有權任命總理，不需要國會認可或同意。這項規定明顯和內閣制不一樣，因為就字義來解釋，總理不須內閣的信任，其合法性來自總統的任命，總統也等於是總理的上司。在 1958 年到 1986 年間，法國總統和總理都是同一黨派，所以運作起來像是美國總統制。但若國會多數派和總統的黨派不同時，會發生什麼情況？法國憲法中也給了總理不少對抗總統的權力，使得行政部門內部有發生爭議的可能。

（三）解散國會權

美國因為三權分立，總統沒有解散國會的權力；內閣制則因權力融合讓總理有權提請元首解散國會，元首則因虛位而必定照准。但在法國，解散國會的主動權不在總理，而是總統，雖然規定他還要諮詢總理、兩院議長，但這只是形式而已。

（四）法案再審及提交公民複決

在美國，國會通過的法律須由總統簽署才有效力，不簽則沒有效力，所以總統有否決權，但法國總統沒有。雖然法律仍須由總統簽署才發生效力，但若總統有意見時，則有提交國會再審權。國會雖不可以拒絕，但也沒有美國國會的反否決規定。因此總統和國會可能陷於不斷的再審循環中。對此，法國總統有將法律提請憲法委員會審查是否違憲的權力。而對於修憲草案，總統也有權提交公民複決，但草案須由總理或國會提出，總統不能自己提出來。

（五）緊急命令權

美國總統、英國首相都有緊急命令權，這個權力在法國則是總統的權力，但卻受到三種限制。首先是兩個前提限制：(1)必須在共和制度、國家獨立、國土完整或國際條約的執行有「嚴重且立即的威脅」時。(2)前述的威脅阻礙憲法公權力的正常運作時。其次是形式限制：當發生這樣的狀況時，總統還要「正式」諮詢總理、兩院議長和憲法委員會後，必須昭告全國，才能發布緊命令。最後是執行限制：發布緊急命令時，國會應自動集會監督，且總統不能解散國會，不能修憲。而國會若認為總統濫權時，還可以狀告最高彈劾法庭。

三、共治

由上可見，法國政府體制兼有總統制和議會內閣制的特徵，但在實際運作上是如何呢？已故法國學者杜弗傑(Maurice Duverger)認為，法國制度的運作已經有別於前述兩種制度，而且較傾向總統制，所以將其名為半總統制。這個名詞也被廣為接受。他將半總統制定義為：一、有一個直接民選的總統；二、總統握有相當權力；三、有一個和總統相對而掌握政府及

行政權力的總理和內閣,而其之能在位的原因是議會並不反對。由先前的討論,可見杜弗傑的歸納甚有道理。

然而杜弗傑定義中的第三項並不存在於法國憲法之中,而是法國的憲政慣例。如前所述,總統任命總理並不需要國會的同意,但當國會多數派和總統屬黨不同時,總統是要任命國會多數派同意的人擔任總理,還是要依照自己的意志任命,而這會不會引起國會多數派的反對?主導制憲的戴高樂是法國右派領袖,在 1966 年便想要讓法國和美國一樣,那怕國會由左派占多數,他還是要主導行政權。但後來一直沒有發生總統黨派和國會多數黨派不一致的狀況,直到 1986 年左派總統密特朗(François Mitterrand),因為總理任期和議會任期的時間差,在他任期剩下 2 年時,新選出的國會由右派占了多數。但他的想法和戴高樂不一樣,考慮到他 2 年之後還想競選連任,在當時民意已經支持右派的情況下,他決定任命總統大位競爭對手、右派領袖席哈克(Jacques Chirac)擔任總理,形成前所未有的「左右共治」(cohabitation),建立了任命議會多數派領袖擔任總理的憲政慣例。

這次共治因 1988 年密特朗連任,隨即解散國會、左派再獲國會多數而結束。但在共治期間,積極領政以求競選下屆總統的席哈克主導內政,甚至分享外交權;密特朗則克制權力行使,但也時常以憲法權力介入行政事務,雙方為下屆總統互別苗頭。而第二次共治的 1993 年,係因國會大選後再由右派占多數,無法連任的密特朗任期只剩 2 年,沒有雄心壯志加上身罹癌症,也就不再積極干涉,便依例任命右派的巴拉度(Edouard Balladur)擔任總理。1995 年席哈克如願擔任總統,和國會多數黨派一致。但 2 年後,席哈克為了推行改革政策,主動解散國會,希望獲得更多民意支持,不料右派敗選,席哈克只好依慣例任命左派的喬斯平(Lionel Jospin)為總理。第三次共治時間更長達此屆國民議會議員任期的 5 年。喬斯平任

滿 5 年，席哈克則因誤判形勢、有志難伸，只能克制其權力。2000 年時，在席哈克也表態支持下，法國通過修憲縮短總統任期為 5 年，和國會議員的改選時間和任期一致，未來出現共治的情況只有法國人民「分裂投票」時，才可能出現。

法國學者認為法國的憲政運作是，當總統和國會多數同一黨時，即如總統制，反之若不一致時，就轉軌(alternation)為議會內閣制。而台灣修憲後的政府體制憲法修文和法國十分類似，但運作情況則完全不一樣，反而和戴高樂所想的一致。

陸、台灣政府體制

中華民國憲法是民國 36 年在中國大陸的南京制定並行憲。雖然《憲法》前言指係依據國父孫中山的《三民主義》訂定，不過，在當時各黨派的現實和理想的政治互動中，已經和孫中山「權能區分」的想法有非常大的差別。憲法本文中的政府制度向來被學者認為較偏向議會內閣制，但1990 年代的 7 次修憲使政府體制發生重大變化，如國民大會「虛化」、監察院因委員由間接民選改為總統提名、立法院同意而成為準司法機關、總統直接民選及權力擴大和立法院的擴權。雖然修憲的方向似乎是朝向美式總統制，但也沒有完全廢止憲法本文中議會內閣制特徵的條文，原因在於國民黨和民進黨在歷次修憲中的「妥協」和「交換」。

修憲後的憲政機制被認為是和法國類似的「半總統制」，三權分立與相互制衡關係如圖 7-4 所示。

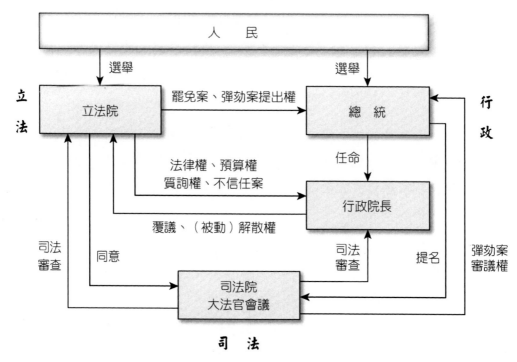

立 法　　　　　　　　　　　　　　　　行 政

司 法

➲ **圖 7-4　台灣半總統制下的權力分立和制衡關係**

一、總統

　　總統原由國民大會選出，國民大會則由人民選出。但在 1994 年修憲時，將總統改為「自由地區全體人民直接選舉」。可能原因有二，一是國民大會代表、立法委員和監察委員等「萬年民意代表」在 1992~1993 間年全部退職改選，民意機關獲得前所未有的民意基礎，然而相對的行政首長卻仍然沒有經過民意洗禮，國民黨遂思考改變總統選舉方式。當年在黨內有直接民選和由選舉人團選出的「委任直選」爭議，最後在前總統李登輝主導下，定調直接民選。另一個可能的原因是，面對中共不斷的文攻武嚇，中華民國的總統希望能獲有全台灣性的民意基礎，以作為台灣對外的代表。而民進黨人則考量，無法在全面改選的立法院中取得多數，而主張朝向總統制的修憲。

（一）總統的資格

依《憲法》45 條規定，年滿 40 歲的國民即可被選為正、副總統。而《正、副總統選舉罷免法》中也沒有如美國憲法中的「美國本土出生」限制條款。正、副總統搭擋競選，列印在同一張選票，交選民自由投票選出，由最高票者當選。若有兩組人馬競爭，獲勝一組必然取得過半數選票。但若有三組以上人馬競爭，則只要獲得相對多數選票即當選。所以有可能發生當選一組的得票，比落選的兩組（包含以上）得票總數低，造成「相對不贊成」者占絕對多數的情況。所以前總統李登輝在 1996 年第一次直接民選總統時，一直呼籲要讓他得票過半數，最後也如願以償，獲得 54%的選票。但 2000 年總統大選，民進黨的陳水扁則只以 39.3%，相對贏了親民黨宋楚瑜的 36.8%和國民黨連戰的 23.1%。

總統任期在直選前為 6 年，直選後則改為 4 年，得連任一次。而總統既由人民選出，依理人民也可罷免。依《憲法增修條文》第 2 條規定，對正、副總統的罷免案由全體立法委員的四分之一提出，全體立法委員的三分之二同意後提出，再經公民投票，投票率須達 50%以上，同意票過半數才算通過。

罷免是針對政治責任的追究，而當正、副總統有犯罪時，則須追究其「法律責任」。但憲法並未明確規定犯了什麼罪，可以提出彈劾案，只規定由立法院提出彈劾案，聲請司法院大法官會議審理，經憲法法庭判決成立時即成立，被彈劾者應立刻解職。憲法本文沒規定立法院如何提出彈劾案，而在 2012 年月修正通過的《立法院職權行使法》則僅規定程序：須經全體立法委員 1/2 以上提議，以書面詳列彈劾事由，交程序委員會編列議程提報院會，並不經討論交付全院委員會審查。審查時得由立法院邀請被彈劾人列席說明，審查後提出院會以無記名投票表決，如經全體立法委

員 2/3 以上贊成即通過[1]。2013 年 1 月司法院提出《大法官審理案件法》修正案規定，須有 3/4 以上的大法官出席評議，出席者的 3/4 同意通過（但同意人數不得低於大法官現有人數總額 2/3）即成立彈劾案。被彈劾者須立即解職，五年內不得再參選並擔任公職[2]。但此修正案迄今尚未通過，目前尚維持 3/4 以上的大法官出席評議，出席者的 2/3 同意即判決、解職，然無不得參選的規定。

（二）總統的職權

中華民國的總統具有多項職權，除象徵性代表國家元首外，其餘憲法上規定的如發布法令、外交、發布戒嚴和緊急命令、赦免、授與榮典、任免文武官員、提名司法院長（及大法官）、監察和考試委員等看似實質權力者，實際上都需要行政院長和相關部會首長的副署，或是須經行政院會議決議、立法院同意，否則不生效力。因為副署即是負責，同意則是最後的決定權。但總統有幾項權力是不用副署和立法院同意的，其中一項是增修條文第 2 條規定的「為決定國家安全有關大政方針，得設國家安全會議及所屬國家安全局」。依《國家安全會議組織法》規定，該會是總統的「諮詢機關」，最後仍由總統決策。然而總統的決策是否可以決定行政院的決策呢？就必須考量到總統與行政院長的關係。而總統的另一項重大權力就是任命行政院長，不需立法院的同意。任命不是提名，提名必須經過同意，所以提名權是受到同意權限制的相對權力，但任命權則是主動且是絕對的權力。因此，行政院長看來就是總統的下屬了。然而總統和行政院長的關係，還要再考量行政院長和立法院間的關係。

---

[1] 參見立法院網頁：

http://www.ly.gov.tw/02_introduce/0201_intro/introView.action?id=8&itemno=02010800

[2] 參見司法院大法官網頁：

http://www.judicial.gov.tw/constitutionalcourt/p10_02.asp?id=109099

> **總統：虛位或實權？**
>
> 2010 年 11 月 5 日台北地方法院合議庭審判長周占春在對前總統陳水扁涉嫌收受國泰、富邦蔡家、元大馬家共 7 億新台幣金錢，介入金控併購案的判決中認為，我國憲法關於總統職權係採取列舉規定，行政院長職權採概括規定，故金融機關合併事項並非總統職權，因此不符《貪污治罪條例》第 5 條第 1 項第 3 款之職務上收受賄賂罪規定中有關「對於職務上之行為」的犯罪要件，判決無罪。判決書並指陳前總統「僭越」總統法定職權，「誤解」總統職務可以包山包海。但特偵組批評該判決「昧於事理、僭越憲法」，認為總統不是虛位元首，其職權也不限縮在憲法所列舉的事項，而是具有實質影響力，而提出上訴。翌年 10 月 13 日，台灣高等法院採取實質影響力見解，判決陳前總統 18 年有期徒刑。2012 年 12 月 20 日，最高法院判處 10 年有期徒刑，併科罰金 1 億元，三審定讞。

二、立法院

立法委員原本任期 3 年，依增修第 4 條規定，2007 年底選出的第 7 屆立委任期為 4 年，人數由 225 人減為 113 人。「立委減半」最早由台灣團結聯盟提出，原因是因為自 1998 年精省後，將原來的 128 名立法委員增加到 225 人，給省議員「轉跑道」。但因為 1998~2000 年之間，國大和立委的國會議政十分混亂、出軌，甚至被國際媒體傳為笑話，2000 年成立的台聯便以「立委減半，終結亂象」為立委選戰主軸，後來被納入修憲。但學者多認為立委減半和立法品質沒有絕對關係，反而可能讓幾名立委就能在委員會決定法律草案，是立委的實際擴權，往後所有中央補助地方的款項，立委可能都要過問，甚至比縣市長支配的預算還多。而台聯在 2007 年的立委選舉中全軍覆沒，除因立委減半外，也與立法委員選舉制度改變有關（參見第 6 章的討論）。

（一）立法院的職權

依三權分立原則，立法院的立法權是最基本的權力。行政院和司法院、考試院，就其職掌都能提出法律案交立法院審議。立法院依三讀程序通過立法後，由總統發布法律而生效力。至於其他的權力，則多是基於權力制衡原則而來。以下說明這些權力：

1. 預算權

行政院須在下個會計年度開始前 3 個月，提交下年度預算案給立法院審查。預算案被視為法律案，所以也須經三讀程序。每年立法院最熱鬧的時候就是 10~12 月之間，常常可以看到立法委員針對預算和備詢的行政官員相互爭辯。在審查預算時，立法院除不能增加預算總數額，大法官會議並解釋說，立法院也不能在總額之下調整各個科目數額。因此立法院只能在通過、刪除中作決定，沒有第三條路。若不通過，則政府下年度就無法執行公權力了。

2. 監督權

立法院有眾多制衡行政院的權力，其中最重要的是增修條文第 3 條，規定行政院向立法院負責，負責的內容和範圍是：

(1) 質詢權：行政院須向立法院提出施政方針和施政報告，故立法院在開會時，可向行政院長和部會首長質詢。

(2) 文件調閱權：立法院為了監督行政院可要求行政院提供相關資訊和文件。但大法官會議也解釋說，立委個人沒有這個權力，必須由委員會或全會等「集團行使」。而且對獨立行使職權的機關，也有所限制。

(3) 既然行政院對立法院負責，所以立法院可對行政院長提出不信任案，程序是須由全體立法委員 1/3 以上連署提出，提出 72 小時後即應在 48 小時內採記名表決投票。若有全體立委 1/2 以上贊成，行政院長應在 10 日內辭職，同時「得」提請總總解散立法院。不信任案若未通過，立法院針對同一行政院長，在 1 年內不得再提出不信任案。

3. 對總統的權力

立法院每年集會時「得」聽取總統國情報告。立法院對總統的報告只能聽，不能問。而總統可以去，也可以不去。所以聽報告只是立法院的形式權力。實質的監督則是可對總統提出彈劾和罷免案，已如前所述。

4. 提出憲法修正案

增修條文第 12 條規定，只有立法院有權提出，且須由立法院立委 1/4 提議，3/4 出席，出席立委 3/4 決議，才能提出修憲案。修憲案公告半年後，再經公民投票過半數通過。

（二）行政院

《憲法》第 55 條規定，行政院是國家最高行政機關。所以行政院除了院本部外，還設置了許多執行部會。歷經二十餘年的討論，行政院組織調整、簡併機關和精減人力，於 2012 年正式上路。行政院的組織詳情可參閱其網頁，大體可區分為首長制的部、合議制的會，及獨立行使職權的獨立機關。而依增修條文第 3 條規定，行政院向立法院負責，所以有備詢的義務，且行政院長有被提出不信任案的可能，但行政院長也有相對的制衡權力。

第一是覆議權。增修條文第 3 條規定，當行政院針對立法院通過的法律案、預算案和條約案，認為窒礙難行時，經總統核可，在決議案送達行

政院 10 日內，移請立法院覆議。立法院須在 7 日內自行集會，開議 15 日內決議。逾期未決議則原決議失效，若經全體立委 1/2 以上決議維持原案，則行政院長應接受。1/2 的規定其實對行政院不利，因為原來的決議便只須過半數即能通過。第二是「被動」提請總統解散立法院。當立法院通過行政院長不信任案後，行政院院長應於 10 日內辭職，並得同時呈請總統解散立法院。換句話說，解散立法院是被動的權力，行政院長無法主動提請總統解散立法院。

三、立法院、行政院長和總統的三角關係

行政院對立法院負責，立法院對行政院有多種監督權，但行政院對立法院的兩項制衡權力，可說並不甚有力，其中還涉及總統的權力。總統對行政院長的權力很大。首先，行政院長由總統任命，不用立法院同意。但行政院卻要對立法院負責，所以立法院可對行政院長提出不信任案。因此，行政院長要能獲得立法院的信任，才能推展政務，否則即可能「政不出行政院」。當總統和國會多數派一致時，總統理應會是國會多數派領袖，總統、行政院長和立法院多數自然像是一家人一樣，合作無間。

而當總統和立法院多數不同黨派時，行政院長究竟要聽誰的？2000 年民進黨陳水扁總統就任總統後，立法院在 2001 年年底改選前仍然由國民黨占多數，這段將近 1 年半的時間內，陳水扁總統先後任命不為國民黨贊同的國民黨員唐飛及民進黨員張俊雄擔任行政院長，造成行政院和立法院的對立。當立法院和行政院衝突時，依照憲法規定，立法院有權對行政院長提出不信任案。占立法院多數的國民黨若提出不信任案，毫無疑問一定會通過。如此，可以迫使民進黨籍總統任命國民黨屬意的行政院長。但當時的國民黨擔心才於總統大選失敗，民進黨聲勢正隆，不敢提出不信任案，以免行政院長提請民進黨籍總統解散國會，重新改選時，失去立法院

多數。而不願意任命立法院多數國民黨同意人選擔任行政院長的陳水扁總統，因行政院長無主動向總統提請解散國會職權，只能呼籲選民在 2001年底的立委改選讓民進黨成為多數黨。在立法院和行政院的焦土對抗下，台灣政局和政策可說空轉了 1 年半，這段期間核四停建案、金管會晚於金控法通過，都對往後造成無法估算的政治、經濟和社會影響。另一個「空轉」是民進黨在 2016 年 1 月、3 月先後贏得立法院多數、總統大位時，因立委 2 月就職，總統 5 月才就職，形成約 3 個多月的「朝小野大」。前總統馬英九認為此時應由多數黨組閣，但民進黨反對，希望國民黨內閣好好「看守」，到新總統就職。此種情況只要減少總統和立委就職日期落差即可。然而，前述法國憲法的規定和台灣一樣，卻產生了總統任命國會多數派領袖為總理的憲政慣例，形成「共治」，總統只作為消極性的國家元首，以謀求立法和行政的一致性。未來台灣選民若出現「分裂投票」，總統政黨和立院多數黨不一致，也有可能再次出現「空轉」。

此外，不論總統和國會多數是否一致，行政院長皆為總統任命，但若兩人意見不合時，依《憲法》規定總統又沒有免職權，可能形成政治僵局。所幸原來讓行政院長在總統之前顯得弱勢之解散國會、覆議的核可權，便成了可能解決辦法。如 2006 年初，時任行政院長的謝長廷不滿立法院審議 2006 年中央政府總預算結果，決定向立法院提出覆議，但未獲前總統陳水扁同意，便自己辭職下台了。而前總統陳水扁在 2008 年 1 月底「退回」行政院長張俊雄因立法院改選而提出的辭職案，原因也是行政院長任命，不用立院同意，立法院改選和行政院無關。

台灣的制度與法國制度非常相似，同樣都可以被歸類為半總統制，但憲政的運作卻大不相同，而較具有衝突性，其因在於當總統和國會多數派不一致時，總統是否任命國會多數黨派接受的人選，擔任閣揆。若是，則使半總總制的運作較偏向議會內閣制。美國學者 Shugart and Carey (1992)

將此名為「總理－總統制」(premier-presidentialism)。若否，則使這種半總統制的運作偏向總統制，且因為國會少有制衡總統的權力，而使這種制度的總統權力高於美式總統制，因此被稱為「總統－國會制」(president-parliamentarism)。也有學者稱之為「超級總統制」，俄羅斯、1990 年代中期的波蘭，和 2000 年後的台灣，皆為明顯的例子。由上可見，政黨政治對憲政運作的重大影響。台灣未來的民主之路還有許多難關要克服，形成以協調、容忍的精神，取代衝突、對抗的氣氛，才能補充制度的不足。

柒、結語

什麼政府體制比較好呢？是議會內閣制、總統制，還是半總統制呢？我們以民主政治、權力制衡、責任政治這三個標準，再加上政黨體系作為變項來比較。

首先，議會內閣制以民主政治來說，是由人民選出國會，再由國會多數組成內閣掌握行政，因此行政權的正當性來自國會，國會的正當性來自人民，故不講究立法和行政的制衡，而有「勝者全拿」的特性。這個特性是國會多數派獨大，好處是責任清楚，因為在野黨沒有實質上的憲政制衡權力（除非國會多數分裂，才有可能倒閣），施政責任自然在執政黨身上，由人民以定期改選的方式，評判執政黨。但若議會內閣制中的國會沒有明顯多數，則組成聯合內閣的方式，便常會因多數聯盟不斷變動而使不信任案的提出成為常態，以致倒閣頻繁，也就無法確定施政責任。所以德國發展出「建設性不信任案」(constructive vote of no confidence)規定，以減低倒閣潮可能。

建設性不信任案

當國會內的在野黨欲對總理（或首相）提出不信任案時，必須連帶提出下任總理（或首相）人選，一但不信任案通過，該人選也就當選總理（或首相），可以著手組閣。其目的是防止在野黨為反對而反對，只想要現任總理（或首相）下台，新內閣組成留待各黨討論而造成行政權不連續，政府領導空轉的情況。所以建設性的不信案也被稱為負責任的不信任案。

其次，總統制以民主政治原則來說，總統和國會都由人民選出，都對人民負責，避免了「贏者全拿」的特性，形成以權力分立為主，相互制衡為輔的常態。若總統和國會多數派相同，則屬於一致政府，權力制衡的程度便降低，責任政治就十分清楚，執政黨的政治責任也由人民定期選舉總統和國會議員來評斷。但若總統和國會多數不同黨派，權力制衡即成常態，施政責任則因兩者對抗，形成分立政府而不清楚。這個僵局除了一方妥協外，只有留待任一方改選了。美國紐約時報專欄作家弗里曼(Thomas L. Friedman)曾因美國共和黨對民主黨歐巴馬政府的政策動輒反對，造成政治、政策僵局，說希望「讓美國成為中國一天，這對從經濟到環保等一切事務都是有意義的。我不是只想要成為中國一秒，而是要讓我（們）的民主在運作時有同樣的權威(authority)、專注和堅持到底」、[3]「成為中國一天，但不要兩天」的感歎(Friedman, 2008)。

---

[3] 參見弗里曼受訪時的發言影片：
https://www.youtube.com/watch?v=eM2ZoX9PCZ4。他並對美國總統制在政黨惡鬥的情況下多所批評，可參見 Friedman(2009)。

　　其三，就半總統制來說，其和總統制一樣，總統和國會皆由人民選出，皆具有民主正當性，在「總理－總統制」下，國會多數派即為執政黨，「贏者全拿」程度較議會內閣制稍低，因民選總統還有些微制衡力量。但在「總統－國會制」下，若總統和國會多數派一致，則「贏者全拿」特性和總統制一樣，甚至因為總統還有些特別的權力，而使國會少數派難以制衡，但因此也使得責任政治更加清楚。而若總統和國會多數不一致時，不僅權力相互制衡成為常態，總統和總理的施政也可能因國會多數的反對，而令不出行政部門，造成責任政治不清，且立法和行政對抗的激烈程度，可能比總統制的分立政府還更嚴重。表 7-1 簡述半總統制的政治後果。

■ 表7-1　半總統制下可能組合的政治結果

總統	總理	國會 多數黨	國會 少數黨	類型	政治結果
◎	◎	◎	△	多數政府	總統實際上是國會多數黨領袖，總理只是總統的幕僚長兼國會的代理人。立法和行政合一，總統權力可能比總統制的總統還大。
◎	◎	△	◎	少數政府	總統實際上是國會少數黨領袖，總理只是總統的幕僚長兼國會的代理人。但行政和立法間常出現僵局。
◎	△	△	◎	左右共治	行政權轉軌，總理成為最高行政首長，總統權力縮小至憲法規定底線，多以外交、國防為主；總理則專責財經、內政。

問題與討論

1. 權力分立和相互制衡既然可能會降低政府的行政效率，為什麼民主國家還是選擇它作為政府制度設計的基本理念？

2. 在權力分立和制衡的原則下，本章介紹的各種政府體制中，哪一種最容易區辨出政治和行政責任歸屬？

3. 每個制度對政治僵局都有解決的方法，試加以說明並思考哪一種「成本」最少？哪一種「效率」最高？哪一種有利行政權或立法權？

4. 台灣會出現「藍綠共治」嗎？

5. 如果你是制憲者，請問你偏好哪種政府體制？為什麼？目前的憲法應該如何修改呢？

參考書目

吳重禮、吳王山主編（2006）。**憲政改革：背景、運作與影響**。台北：五南圖書。

李惠宗（2001）。**中華民國憲法概要：憲法生活的新思維**。台北：元照。

阿爾當等著，陳瑞樺譯（2001）。**法國為何出現左右共治？歷史、政治、憲法的考察**。台北：貓頭鷹出版社。

鄒文海（1988）。**代議政治**。台北：帕米爾書店。

Friedman, T. L. (2008). *Hot, Flat, and Crowded: Why We Need a Green Revolution and How It Can Renew America*. New York: Farrar, Straus and Giroux.本書有中譯本：弗里曼。**世界又熱又平又擠：全球暖化、能源耗竭、人口爆炸危機下的新經濟革命**。台北：天下文化。

Shugart, M., & Carey, J. M. (1992). *Presidents and Assemblies: Constitutional Design and Electoral Dynamics*. New York: Cambridge University Press.

網頁

Friedman, T. L. (2009, September 08). Our One-Party Democracy. *The New York Times.*（弗里曼。我們的一黨式民主。紐約時報網，9 月 8 日）：

http://www.nytimes.com/2009/09/09/opinion/09friedman.html?_r=0。2014/6/10。

CHAPTER 8　國際和兩岸關係

　　我聯合國人民同茲決心，欲免後世再遭今代人類兩度身歷慘不堪言之戰禍，重申基本人權，人格尊嚴與價值，以及男女與大小各國平等權利之信念。彼此以善鄰之道，和睦相處，集中力量，以維持國際和平及安全，接受原則，確立方法，以保證非為公共利益，不得使用武力，運用國際機構，以促成全球人民經濟及社會之進展。

聯合國憲章[1]

　　我們沒有永遠的盟友，也沒有永久的敵人。但我們的利益是永遠和永久的，遵循這些利益才是我們職責所在。

英國外相潘莫斯頓爵士(Lord Palmerston)，1848[2]

壹、為什麼要了解國際關係

　　台灣是位於東亞、瀕臨太平洋的一個海島，自荷蘭時期即有國際貿易。在二次大戰後，國民政府來台也是以國際貿易作為經濟發展策略。生活在台灣的人們理應廣泛了解國際現勢，理解其他國家的政治、經濟、社會和文化等的發展。然而，台灣的公民素養教材中少有國際關係和現勢的材料，主要資訊來源的媒體，無論是網路、廣播、電視、報章雜誌也都少有國際新聞。即使有，也多是奇聞、趣事。由此看來，台灣的民眾似乎不甚重視國際現勢。然而，大家身旁卻有許多非台灣本地的事物存在，最淺

---

[1]　http://www.un.org/chinese/aboutun/charter/preamble.htm

[2]　原文是"We have no eternal allies and we have no perpetual enemies. Our interests are perpetual and eternal and those interests it is our duty to follow." 參見 http://news.bbc.co.uk/hi/english/static/in_depth/uk_politics/2001/open_politics/foreign_policy/morality.stm（英國國家廣播公司）

而易見的是日、韓流行文化和戲劇。其他如看奧斯卡得獎名片，身上穿「阿曼尼」(Armani)服裝、手提「香奈兒」(Chanel)和「波特」(Portor)提包，足蹬「耐吉」(Nike)球鞋，更別提「麥當勞」(McDonald)、「星巴克」(Starbucks)等美式餐飲了。大家打量一下自己，就知道「國際化」或「全球化」具體而微地顯現在身上了。

不過，金車文教基金會在 2007 年的學生國際知識調查卻顯示，只有近 6 成 5 的受訪學生知道世界衛生組織，5 成學生知道石油價格掌控在簡稱 OPEC 的石油輸出國組織，近 7 成學生不知道 2012 年奧運將在英國倫敦舉辦、僅 6 成學生知道台灣有幾個邦交國。金車基金會給台灣的學生下了一個「國際關係不正確，國際事務認知不及格」的評語（聯合報，2007）。4 年之後的 2011 年調查更顯示，知道台灣邦交國正確數字的學生竟然不到 3 成（聯合報，2011），比前次調查更低。2015 年的調查則指出，雖然國際事務資訊近 8 成來自網路，但卻有一半受訪同學表示，不了解國際事務（蘋果日報，2015）。在現今全球化、網際網路、電子通訊高度發達的時代中，這些調查結果顯得非常諷刺。本章即希望提供同學們具體而微，淺入淺出的國際關係發展與重要議題。

對台灣而言，最重要的對外關係應是兩岸關係了。自 1990 年代起，特別是 2000 年後，台灣政學媒界即在思考台灣的經濟發展是否只能依賴號稱「世界工廠」的中國大陸。據非正式估計，約有 80 萬名台商在中國大陸活動[3]，有媒體甚至估計，2012 年時已經高達 200 萬人（遠見雜誌，2013）！未來同學們就業後，也有可能被要求派駐中國大陸。而台商在中國大陸投資被騙時有所聞，台商的保護更與兩岸之間關係有相當大的關

---

[3] 依海峽交流基金會估計。參見：

http://www.seftb.org/mhypage.exe?HYPAGE=/service/service_item.asp&cid=1

係。然而大家又常聽到台灣遭受中共打壓，例如政府推動加入聯合國的行動受到中共阻撓，台灣的邦交國又常被「挖牆腳」，中共要求其邦交國、國際組織如世界衛生組織(World Health Organization, WHO)稱我們為「中國‧台灣」，是中國的一省。為什麼兩岸關係會是這種「經濟熱、政治冷」，「經濟互動高、政治互信低」的奇怪情況。因此，本章也特別簡介兩岸關係的發展及現狀。

本章安排如下，第貳節簡介國際關係的發展，第參節介紹重要的國際組織如聯合國、世界貿易組織、歐洲聯盟和亞太經濟合作會議，第肆節則簡述當前重要國際關係議題如民族衝突、全球化和氣候變異，第伍節則簡介台灣的對外關係和兩岸關係，第陸節為結論。

 ## 貳、國際關係的發展

一、美蘇對峙的冷戰

同盟國在二戰末期即在思考戰爭後的安排，1944 年 8 月、10 月，美、蘇、英、中四強在美國華盛頓近郊的敦巴頓橡樹園(Dumbarton Oaks)開會決定在戰後設立國際組織「聯合國」(United Nations, UN)。來自 50 個國家的 282 名代表在 1945 年 5 月 25 日召開聯合國制憲會議，通過共 19 章 111 條的《聯合國憲章》，翌年聯合國開始運作，總部祕書處設於美國紐約。聯合國雖然在二戰後成為各國間集體安全(collective security)的機制，其決策也由一會員國一票的方式決議，但實際卻由大國所控制。在美蘇因意識形態不同而對立情況下，聯合國成為兩大強國集團的外交戰場。在此「冷戰」(Cold War)期間，雖無大規模戰爭爆發，但區域性戰爭兩造背後多有美蘇的影子，這些戰爭因而被稱為「代理人戰爭」(agent war)。

如 1950 年代的韓戰、1960 年代的越戰、1970 年代的阿富汗戰爭和 1980 年代的兩伊（伊朗、伊拉克）戰爭，背後就是美國對共產主義勢力的「圍堵」(containment)。在東亞區域，有《美日安全保障協定》、駐軍韓國和支援台灣，以圍堵蘇聯和中共、北韓、越南的共產力量。在美國的軍事保護和市場開放下，作為反共陣營前線的日本和台灣、韓國、香港、新加坡等「亞洲四小龍」採取出口導向工業化，快速發展經濟。

　　冷戰之所以沒有進展成全面戰爭的「熱戰」，有學者認為是美蘇兩大集團相對平衡的軍事力量，尤其雙方都有足以摧毀地球數十次的核子彈數量，一但發生戰爭，難保人類和地球不會因此滅絕。這個說法被稱為「核子嚇阻理論」(Theory of Nuclear Deterrence)，所形成的和平則名為「核子恐怖平衡」(Nuclear Terrorist Balance of Powers)。冷戰期間世人無不擔心核子戰爭意外爆發，美國知名軍事作家湯姆·葛蘭西(Tom Gramsci)便寫了數本以此為主題的小說，還被拍成電影。由於世界末日陰影在冷戰中十分濃厚，1947 年美國芝加哥大學的《原子科學家公報》 (Bulletin of the Atomic Scientists)虛擬了一個世界末日鐘(Doomsday Clock)，最初距代表世界末日的子夜剩 7 分鐘，爾後則因應局勢變化撥前或撥後，警告世人防止核子戰爭爆發。

二、後冷戰的國際秩序

　　1980 年代末期的東歐共產國家政經改革、1990 年東西德統一和 1991 年蘇聯解體標示著冷戰的結束，世人以為世界和平指日可待，聯合國也應該更能發揮解決爭端、引導和平的功能。日裔美籍學者法蘭西斯·福山(Francis Fukuyama)更指出「人類歷史的終結」將是資本主義和民主政治的政經體制。但這種樂觀的情緒和美國刻意壓抑擴張力量的時代，因 2001 年 9 月 11 日發生「基地組織」(Al-Qaeda)恐怖攻擊美國的 911 事件而瓦

解。人們此時才驚覺到，原來以前被意識形態對立所壓抑的民族、宗教衝突問題，其實在 1990 年代便以東歐巴爾幹半島上波士尼亞、塞爾維亞的相互屠殺顯現，只是歐美國家並沒有妥善處理，徒留人類相殘悲劇的導火線。與此相似的是以色列和阿拉伯世界的衝突，因為美國長期支持以色列，引來激進阿拉伯分子的抗議，才會發生 911 事件。

911 事件之後，國際政治關係、經濟關係並沒有停頓，而「基地組織」首腦奧薩瑪‧賓‧拉登在 2011 年 5 月間被美國特種部隊擊斃後，世界仍然持續運作，國際上的各種往來，依然頻繁熱絡。其中有兩個國際趨勢的變化與台灣的生存發展最密切相關：一、中國大陸的經濟在度過 1997 年亞洲金融風暴後迅速崛起；二、美國的政經實力在 2008 年的金融海嘯以後，不再獨霸全球。下一節先簡介當前重要的國際組織。

參、重要國際組織簡介

國際關係除了國家外，國際組織也扮演重要角色。國際組織在二次大戰後如雨後春筍般出現，本節簡介國際上很重要，台灣也十分重視的四個國際組織：聯合國、世界貿易組織(World Trade Organization, WTO)、歐洲聯盟(European Union, EU)和亞太經濟合作會議(Asia-Pacific Economic Cooperation, APEC)。

一、聯合國

聯合國於 1945 年 10 月 24 日成立，起初會員國只有 51 個國家，2011 年時已有 193 個國家。聯合國總部設在美國紐約，設立宗旨是「維護國際和平及安全；發展國際間之友好關係；合作解決國際間屬於經濟、社會、文化及人類福利性質之國際問題，增進對於全體人類之人權及基本自由之

尊重；並構成一協調各國行動之中心，以達成上述共同目的。」聯合國相關的國際組織多達五十多個，其中包括六大機構：聯合國大會、安全理事會、經濟暨社會理事會、國際法院、托管理事會及祕書處，其中祕書處負責日常事務運作，托管理事會（成員與安理會同）則在 1994 年後結束業務。

聯合國並不是凌駕各會員國主權之上的世界政府，故由全體會員國代表組成的大會作為最高決策機構。會員國無論領土大小、經濟發展高低、軍力強弱都只有一票，以投票來議決事項。一般而言採取多數決，但在與和平、安全、新會員國入會及預算等的決議上，則採取三分之二多數決。因此，台灣若要成為聯合國的一員，必須至少獲得 127 個國家的贊成。大會的另一個重要職權是選舉安全理事會中的非常任理事國，及其他理事會和機關成員，並根據安全理事會的建議任命秘書長。聯合國大會雖然標榜一國一票，但歷來多只是各國宣傳之所，其決議常為大國主導。聯合國大會也常針對人類共同關心事項提出願景，如 2000 年通過的「千禧年宣言」(Millennium Declaration)不僅關心傳統的和平、安全，也關心環保和消滅貧窮的問題。聯合國的相關機構世界銀行(World Bank)近來即以消滅貧窮為目標，積極協助發展中國家。

聯合國安理會依據「聯合國憲章」有維護國際和平與安全，調查、調解及解決國際爭端，處置威脅和平或侵略的行為（包括對侵略者採取軍事行動，促請會員國實施經濟制裁和武力以外的其他措施），對加入聯合國及「國際法院規約」提出建議，最後是向大會建議秘書長人選（現為曾任葡萄牙總理、聯合國難民署高級專員的安東尼歐·古特瑞斯(António Guterres)），以及和大會共同選舉國際法院的法官。

作為決策核心的安理會由美國、俄羅斯、英國、法國和中國等五個常任理事國，及其他十個非常任理事國（任期兩年，不得連任）組成。其中

常任理事國還享有否決權，任何議案只要任一有常任理事國反對，即無法成案。這個規定實有違聯合國大會一國一票的精神。

　　聯合國轄下有許多國際組織，目前台灣很重視總部設於瑞士日內瓦世界衛生組織(World Health Organization, WHO)。其最高決策機構為一年一度的世界衛生大會(World Health Assembly, WHA)，目前有 194 個會員國，日常行政則由 34 個國家派員組成的執行委員會負責。世衛組織成立宗旨是使全球人民都儘可能獲得最好的健康水準，因此結合會員國人材和資源，並成為醫療及衛生資訊交換平台，長期致力於消除各種威脅人民生命和健康的傳染病。台灣在 1971 年退出聯合國以後，一直無法正式參與世界衛生組織的活動，分享國際衛生資訊，直到 2003 年香港爆發「嚴重急性呼吸道症候群」(Severe Acute Respiratory Syndrome, SARS)，台灣也遭波及，參與世衛組織才出現曙光。由於 SARS 傳播迅速、致死率高，引起世界各國的高度恐慌。當時台灣被世衛組織劃為中華人民共和國的一省，無法直接和世衛組織交換疫情資訊與防疫對策，這在人員跨國流動迅速的時代，嚴重影響國際防疫的效率。當時我國政府就以「人道」為訴求，積極推動參與世衛組織的各項活動、分享防疫資訊。直到 2009 年初，台灣才以「台北聯絡點」(contact point in Taipei)名義加入《國際衛生條例》(International Health Regulations, IHR)，被納入世界防疫體系。未來若發生重大公衛事件或疫情時，台灣的代表可直接與世衛組織聯繫並出席世衛組織的緊急防治會議，但台灣在世衛大會身分仍然只是觀察員。2017 年 5 月則發生 WHO 基於「一中原則」未獲邀參與 WHA 的情事。

　　經過 60 餘年的運作，聯合國作為各國溝通、了解，化解衝突的國際組織，成果頗多，如戴天藍色頭盔的聯合國維和部隊(Peacekeeping Force)，在 1970~1980 年代非洲國家種族衝突時，分隔衝突雙方的努力，獲得 1988 年的諾貝爾和平獎。但未來聯合國還須面對許多挑戰，有待各國努力。

二、世界貿易組織

1995 年 1 月 1 日成立的 WTO 可說是經濟方面的聯合國。除了下轄原有的「關稅暨貿易總協定」(General Agreement on Tariffs and Trade, GATT)，另外有針對智慧財產權的《智財權相關貿易協定》(Trade-Related Aspects of Intellectual Property Rights, TRIPS)。在推動貿易自由化上，WTO 並不是凌駕各國之上的超政府組織，而是所有決議皆由全體會員國共識決，由會員國相關部長組成的部長會議作為決策機構；日常事務、爭端解決、貿易政策審議則由理事會負責。理事會下則設有有關貨物貿易、服務貿易、智財貿易的三個會議。所有會員國都可參與前述所有機構。

WTO 延續 GATT 的基本精神「無差別待遇」(nondiscrimination)，具體的原則是

- 最惠國待遇(most favoured nation)：一國給予某國某商品優惠待遇（如關稅稅率），也一體適用其他會員國家的同種商品。
- 國民待遇(national treatment)：外國商品和國內生產者享有同樣的待遇。
- 較自由的貿易(freer trade)：經由漸進式地相互協商達成消除貿易障礙。
- 可預期性(predictability)：成員國須相互遵守協調及增加透明性，以使貿易各方對相互間的行為和結果可有確實的期待。
- 促進公平競爭(fair competition)：允許成員國課徵額外進口稅額以對抗不公平貿易。
- 鼓勵發展與經濟改革(development and economic reform)。

WTO 的爭端解決程序十分具有創意，爭議的兩造可在兩個月內先行協商，期間也可要求 WTO 總幹事進入協調。在協商不成後，原告可要求WTO 設置評議會聽取兩造意見並作成建議書交由理事會裁決。當兩造之

一不服理事會裁決時，可再要求理事會設置上訴機構再加以裁決。若被告仍然不服時，WTO 希望雙方再次協商雙方都能接受的補償措施。若協商破裂，則原告可要求理事會同意，對被告給予有限度的貿易制裁。這個程序基本上是尊重會員國主權的。

　　台灣在 2002 年 1 月 1 日以「台澎金馬個別關稅區」為名加入，中國大陸則先在 2001 年 12 月 11 日加入。兩岸加入後，有不少人期待可以在 WTO 的架構下進行對等的互動。但 2005 年 8 月到 2006 年 9 月間兩岸發生毛巾傾銷爭議時，台灣並沒有選擇 WTO 的爭端解決程序，而以國內制度的方式，由經濟部貿易調查委員會受理雲林縣毛巾業者提出的中國大陸毛巾傾銷案後，決定課徵反傾銷稅。其間雖然同意具中國大陸商務部官員身分者出席聽證會，但畢竟沒有雙方諮商的程序，也就難以建立雙方協商爭議的模式。

單一國（國家）State

　　國家具有主權(sovereignty)，具有對內最高，對外獨立意涵。前者指在一國疆域中最高的權力，任何團體或個人必須服從；後者則是其他國家不得干涉。

邦聯 Confederation

　　指主權國家間為自我防衛、經濟或關稅，外交政策等的合作，所組成的國家間合作制度。

聯邦 Federalism

　　兩個以上的單一國放棄主權國家地位，將外交、國防、財經制度、司法等交給共同設立的聯邦機構執行，但可在不違反聯邦憲法下自定邦憲法，仍然維持其自治權。

政府間主義 Intergovernmentalism

也可譯為跨政府主義，指主權國家間組成國際組織，國際組織的決策係由全員一致決議而定。會員國保有自主權，國際組織的行政機構則以提供政策建議和諮詢為主，如聯合國的大部分國際織組多屬此類。

超國家主義 Supranationalism

主權國家間組成國際組織，國際組織的決策則由會員國多數決議而定，因此少數會員國可能會被迫接受。國際組織的行政機構人員雖由國際組織的會員大會任命，也會提供政策建議和諮詢給全體會員，但其決定卻對會員國具有拘束力。歐洲聯盟混合政府間主義和超國家主義兩種形式。

三、歐洲聯盟

1951 年成立的六國煤鋼共同體，可說是歐洲整合的雛型，之後再逐步擴大成員國及整合項目如關稅、農業政策、經濟與貨幣政策等。經過近 30 年的整合，1986 年決定建立共同市場，讓區內的人員、貨物、勞務和資本都可自由流通。1991~1993 年簽訂、各國議會陸續批准的《馬斯垂克條約》(Maastricht Treaty)俗稱為歐盟條約，是歐洲進一步整合成經濟和貨幣同盟的詳細規定。歐盟共同使用的貨幣「歐元」(Euro)在 1999 年 1 月 1 日出現，2002 年 1 月 1 日開始流通，歐盟成為國際經濟整合的典範。而經過數次「東擴」，歐盟目前有 28 個會員國、歐元區成員則有 19 國。歐盟成員並不一定採用歐元，如英國。歐洲整合對外國人的便利除了關稅、標準一致外，還有其他好處，如 1995 年申根公約(Schengen Agreement)生效後，法國等 15 個簽約國取消邊境管制，公民得以自由往來，取得區內任一國簽證者也可自由往來。「申根」現有 26 國，對外國旅行者而言，十分便利，但也引起方便犯罪組織、恐怖分子跨境恐攻的疑慮。

　　歐盟是由會員國家放棄部分主權，讓渡給合組的超國家組織，比起聯合國更進一步。歐盟的超國家機構如表 8-1 所示，約略依三權分立所設計。此外，負責管理歐元和歐元區貨幣政策的歐洲中央銀行(European Central Bank, ECB)，也是一個超國家機構。歐盟在經濟整合上雖然順利建立關稅同盟和歐元區，然而 2010 年發生的歐債危機則凸顯歐盟貨幣整合和會員國財政政策分歧的衝突。而在政治、共同外交、歐盟未來進一步的政治整合方向上，各國意見也不一。如歐盟制憲會議在 2003 年 7 月提出歐洲憲法草案，迄目前為止仍有許多會員國無限制延後審議，而制憲會議主席季斯卡(Valéry Giscard d'Estaing)出身的法國還以公民投票否決，顯見會員國對憲草的意見分歧。歐盟各國領袖乃在 2007 年 12 月 13 日簽訂《里斯本條約》(Treaty of Lisbon)替代憲草，希望增進歐盟決策的民主性，如強化歐洲議會權力，使其得與歐洲理事會平起平坐。此外，還賦予歐洲公民提議權，只要 100 萬公民連署即可要求歐洲執委會審議特定政策議案。不過，一向對歐盟運作大有意見的英國，在 2016 年 6 月公投脫離歐盟(Brexit)「意外」通過，造成歐盟國家、全球震驚！

■ 表8-1　歐洲聯盟的五大機構

機構名稱	組成	功能
歐盟理事會 (Council of the European Union)	依議題不同，由會員國相關部長組成，故有不同性質的理事會同時開會。	立法機構，審理執委員提出的法案，歐洲議會還有預算否決權。
歐洲議會 (European Parliament)	1979年後議員由公民直選，任期5年。	
歐洲執行委員會 (European Commission)	目前由會員國各任命一名所組成，互選主席1名。	行政機構，提出議案。

■ 表8-1 歐洲聯盟的五大機構（續）

機構名稱	組成	功能
歐洲法院 (Court of Justice)	28名法官和9名司法總長(Advocates General)組成，由會員國政府任命。	最高司法機構，解釋、裁判歐盟法律。
歐洲審計院 (Court of Auditors)	28名審計員組成，任期6年，由歐盟理事會諮詢歐洲議會後任命。	檢查歐盟收支帳目，公布年度報告。

資料來源：europa.eu/

英國脫歐

　　英國在外交上有「光榮孤立」(Splendid isolation)的傳統，在二次大戰之後對是否加入歐洲區域整合，在國內有相當激烈的辯論，直到 1973 年才加入。而作為歐盟象徵之一的歐元在 2002 年開始流通時，英國符合加入條件，卻不願使用。2000 開始年代，歐盟採取「東擴」政策(Eastern Enlargement)接納越來多的前東歐共產國家，許多東歐民眾也順勢移民到英國，尤以波蘭籍為大宗。這些移民多從事水電工、建築工、雜貨店、小販等基層行業。2008 年全球金融海嘯打擊英國經濟，致使英國民眾不滿移民「搶工作」。保守黨支持者中的疑歐派(Eurosceptics)有許多轉而支持主張脫歐的英國獨立黨(UKIP)。2015 年英國國會大選，英國獨立黨選前聲勢高漲，保守黨首相柯麥隆(David Cameron)因而宣布說若保守黨勝選，將發動脫歐公投，以安撫疑歐派支持者。保守黨後來「意外」勝選，單獨執政。保守黨政府雖然承諾會舉辦公投，但立場是留歐(Briremain)，並強調會向歐盟爭取特別待遇。不過，公投結果是 51.9%贊成脫歐，柯麥隆辭職下台。繼任的梅伊(Therea May)原屬留歐派，但承諾會依執行公投決定。歐盟也呼籲英國依《里斯本條約》第 50 條，開始脫歐的法定程序。

四、亞太經濟合作會議

當 1980 年代 GATT 的烏拉圭回合談判(Uruguay Round)遲無進展時，歐洲、北美、南美等地的區域經濟整合風氣日盛，亞太國家也急於彼此間的經濟整合。在澳洲的積極奔走倡議下，結合亞洲和太平洋周邊國家的 APEC 在 1989 年澳洲坎培拉會議後成立，台灣則在 1991 年以中華台北的名義和中國大陸、香港一起受邀加入。APEC 目前有 21 個會員，標榜「開放性區域主義」(open regionalism)，以有別於北美自由貿易區(North American Free Trade Agreement, NAFTA)、EU 等內向型的貿易集團或經濟整合體「區內自由、區外保護」的性質。APEC 推動經貿自由化、無差別待遇(nondiscrimination)，一方面強化區內的經濟整合，但是也不排斥、歧視區域外的組織和國家。

APEC 的組織架構有四級，由上至下分別是：(1)經濟領袖會議，(2)專業部長會議、部長會議與 APEC 企業諮詢委員會，(3)APEC 祕書處與部長會議下的資深官員會議，(4)功能性委員會或工作小組，如預算管理委員會、貿易暨投資委員會等。一年一度的經濟領袖高峰會自 1993 年開始，依例宣示 9~10 月舉行之部長會議通過的決議，部長會議因此實質上是 APEC 的決策機構，但決策係採取共識決，並無強制力，需要會員的自願實行。

APEC 成立迄今約 30 年，在增進會員內的資訊互通和相互了解上有重大進展，在經貿自由化上，各會員國也紛紛宣示在 2010~2020 年間達到完全自由化，也有研究評估將增加區內的工作機會。但整體而言，各國自由化程度不一，經濟發展程度高低懸殊，尤其決議不具強制性，也使人懷疑 APEC 的功能到底何在，其標榜的「開放性區域主義」究竟為何？

APEC 雖是台灣可以少數在國際露臉的官方場合，但其區域經貿整合成效不佳。2005 年便有部分 APEC 成員國發起、組成「跨太平洋夥伴關係」(The Trans-Pacific Partnership, TPP)，希望成員國有更進一步的貿易自由化。2010 年美國更加積極參與，希望透過 TPP 整合跨太平洋和東南亞國家的經貿合作。但 2016 年美國川普總統上台後，脫離 TPP，其餘 11 國在 2018 年 3 月通過「跨太平洋夥伴全面進步協定」(Comprehensive and Progressive Agreement for Trans-Pacific Partnership, CPTPP)，等半數國家國立法機關通過即施行。而東南亞國家組成的東南亞國家協會(Association of Southeast Asian Nations, ASEAN)也不落人後，在 2011 年發起將以東南亞國協和與國協簽訂自由貿易協定(Free Trade Agreement, FTA)的國家進一步深化貿易自由化，組成「區域全面性經濟夥伴」(Regional Comprehensive Economic Partnership, RCEP)。

自由貿易協定全球風起雲湧、鄰近兩大區域的經濟整合活動如火如荼，但台灣在此落後甚多，除在 2004~2008 年與與尼加拉瓜等五國簽訂 4 項 FTA。2010 年後和非邦交國之間，僅與紐西蘭、新加坡簽有自由貿易協定，引起政府的危機感，希望加快腳步。但與中國大陸的簽訂的《海峽兩岸經濟合作架構協議》、《海峽兩岸服務貿易協議》也屬 FTA，則引起眾多爭議與抗議。而民進黨政府於 2016 年 5 月再執政後，則以「新南向政策」積極與東南亞、南亞展開合作，特別是東協的成員。

肆、當前重要國際議題

21 世紀的現在，仍然延續著前個世紀末遺留下的國際問題，本節簡介一些重要的問題：民族衝突、經濟全球化、氣候變異。

一、民族問題

　　民族自決在 20 世紀初由理想主義者美國前總統威爾遜(Thomas W. Wilson)提出，也贏得廣泛接受，但在一些民族、種族、族群衝突之處，少數民族仍然無法自決，如前南斯拉夫的科索沃(Kosovo)發生阿爾巴尼亞人和塞爾維亞人的流血衝突。戰爭雖在 1999 年結束，但科索沃則遲至 2008 年才宣布獨立。而非洲地區的種族問題更為嚴重，衝突的血腥程度更令人難以想像，如西非的賴比瑞亞(Liberia)因為自美國解放的黑奴後裔和當地原住黑人間的長期衝突，在 1989 年發生內戰，一年中有十萬人被殺，數以百萬計的難民逃亡鄰國。長期內戰在聯合國派出維和部隊後於 2003 年底才告一段落。另一個更令人匪夷所思的是盧安達(Rwanda)的內戰，圖西族和胡圖族的衝突引起 1994 年的種族大屠殺，3 個月內全國人口 750 萬人中有 50 萬人被殺，200 多萬人成為流亡鄰國的難民。雖然聯合國事後派維和部隊進駐約 3 年時間，但兩族群的對立，迄今仍法妥善解決（張亞中主編，2004）。

　　而在先進的歐美地區，也有嚴重的種族和宗教衝突問題。如 20 世紀初信仰天主教的愛爾蘭欲自信仰英國國教的英國獨立，但英國嚴厲打壓，愛爾蘭獨立人士因而組織反抗，甚至採取暴力、恐怖攻擊活動。1921 年英愛戰爭後，愛爾蘭終於具有獨立地位，但北愛爾蘭六郡仍受英國統治。北愛的愛爾蘭共和軍(Ireland Republic Army, IRA)和英國之間衝突不斷，1972 年 1 月 30 日甚至爆發英國軍警屠殺愛爾蘭人的「血腥星期天」事件。英國和愛爾蘭在 1993 年簽訂協議，同意讓北愛行使自決權利，IRA 才在 1994 年宣布停火，結束暴力活動，改採議會路線。此外，加拿大說法語的魁北克地區（原為法國殖民地，1763 年被讓予英國）也屢屢要求自以英語為主的加拿大聯邦獨立。不過，魁北克並沒有暴力的獨立運動，而是溫和型的體制內議會訴求。獨立派人士（被稱為主權派）最後爭取到以魁北克地區人民公民投票決定。主權派人士信心滿滿，以為法語人口占八成的魁

北克獨立公投會輕易過關，沒想到 1980 年代以來的兩次獨立公投都沒有通過，第二次的 1995 年公投更僅以 50.4%對 46.6%，些微差距而已（張亞中主編，2004）。而英國的蘇格蘭在 1707 年和英格蘭組成聯合王國後，獨立運動也綿延不絕。2014 年 9 月，蘇格蘭舉辦的獨立公投雖未通，但贊成票達投票者的 44.7%，逼近半數！令英國政府嚇出一身冷汗。

與民族有關的衝突常常涉及宗教問題。已故的杭廷頓(Samuel P. Huntington)1993 年提出「文明的衝突」(Clash of Civilizations)一語，他以全球主要宗教來畫分不同的文明區域，並認為以基督新教為主的西方（東歐以外的歐洲、美洲、澳洲）與以伊斯蘭教為主的中東將會生嚴重衝突。杭廷頓的觀點引起許多爭議和批判，但 2001 年的 911 事件似乎「證明」了他的先見之明。發動 911 恐攻的蓋達組織，及更加激進的伊斯蘭國組織 (Islamic State of Iraq and the Levan, ISIL，但常稱為 Islamic State of Iraq and Syria, ISIS)的出現，促使美國積極反恐，英、法等西方國家也不遺餘力支持，也引發激進伊斯蘭教組織升高恐怖主義活動的範圍和規模，也對英、法本土發動恐怖攻擊，如 2005 年 7 月 7 日在英國倫敦地鐵站造成 77 年死亡；法國在 2015 年 1 月發生《查理週刊》(Charlie Hebdo)辦公室恐攻事件，造成 20 人死亡；11 月發生巴塔克蘭劇院(Bataclan)恐攻，造成 130 人死亡；2016 年 7 月發生尼斯恐攻，造成 84 人恐亡。據估計，自 911 事件至 2018 年 8 月中，累計全球已有 3 萬三千多人因伊斯蘭激進組織的恐怖攻擊而喪生。[4]

此外，南亞的印巴問題、中亞的俄羅斯車臣問題、伊拉克和土耳其交界的庫德族問題，中國大陸的新疆、西藏獨立問題，印尼亞齊省的獨立問題等，都是民族自決、民族問題，但因涉及領土、國防安全和宗教，而更

---

[4] 參見 https://www.thereligionofpeace.com/。

加複雜。有待人類發揮容忍精神、有創意地消弭難解的民族、宗教衝突問題。

二、全球化與反全球化

全球化(globalization)一詞何時出現人言言殊，[5]但這個名詞於 2000 年後在台灣的媒體中一直被頻繁使用。那時爭議的焦點是，經濟全球化的結果，使各國資本都往投資獲利高、生產成本低廉、市場廣大的地區集中。當時已經濟改革、開放二十餘年的中國大陸，正吸引著世界各國資本競相投資，而成為世界工廠。一派認為，台灣因 1996 年的「戒急用忍」政策，使台資無法大量投資中國大陸，不僅錯失商機，也有礙經貿立國的精神。但另一派則以為，全球化並不是中國化，去中國大陸投資、設廠，不應該是台灣經濟唯一的活水源頭。在這個爭論中，全球化被多方的討論，也被重重的誤解。

為什麼會發生全球化？學者公認有幾個原因，1970 年代以來，基礎設施的科技進步，如通訊科技和網際網路、超音速客機運量越來越大、海運貨櫃船隊的速度提升等，使人員與貨物的跨國流動越來越方便。這對於傳統藉著控制人員進出國境、對國內經濟活動課稅、發行本國貨幣以彰顯傳統主權的國家構成極大的挑戰。全球化論者因此認為，因為跨國投資的成本降低了，越來越多的廠商會選擇到工資低廉、稅負較輕、環保標準較寬鬆的地區去投資生產。如果一個國家的工資太高、稅負太重、環保標準太嚴格，就很難吸引外國企業前來投資，甚至本國的大企業也可能要把生產基地搬到外國去，以降低生產成本。為了讓大企業把根留在國內，並且吸引外國企業前來投資，各國政府只能壓低基本工資、降低賦稅水準和環保

---

[5] 有學者認為約在 1940 年代出現，參見林文斌、陳尚懋(2010)對全球化的討論。

標準。如果有哪一個政府膽敢堅持提升基本工資、調高稅賦和環保標準，勢必會嚇跑國外投資者，本國企業也會出走，結果就是失業率飆高，人民不滿，政府垮台。[6]

不過，懷疑全球化者也大有人在，他們認為全球化論言過其實，國際貿易、國際金融的流量其實也和一次世界大戰前差不多而已。而全球化表象下其實是經濟區域化(regionalization)，主要的經濟重心是在北美、歐洲和東亞。而全球化論提出的跨國企業，其實也是以國家為主要基地的，所以他們都集中在制度完善的先進國家，而不是在法治落後的地區(Hirst and Thompson，2005)。另一種質疑全球化的論點則是承認全球化是既成事實，但帶來的不是雨露均沾式的好處，而是強者恆強、弱者恆弱，強者剝削弱者的世界。如跨國企業到勞力低廉的國家設廠，雖然增進該國就業率，但勞工的工作環境卻遠遠比不上保護勞工制度較佳的歐美，甚至還有童工、女工長時工作的不人道要求。這些工廠被認為是血汗工廠(sweatshop)，這派人士批判說，你我身上穿的、用的東西，都有這樣的成分。世界主要的牛仔褲代工廠、台灣年興紡織在尼加拉瓜的工廠，即曾被國際人權團體控告。2010 年鴻海集團所屬的富士康公司在大陸的工廠發生數起員工跳樓案，使富士康也被批評為血汗工廠。該公司後來極力改善環境及待遇。

不過，不管全球化所形容的現象是否以前就存在，我們目前確實發現，也感受到了。如美國的麥當勞、星巴克到處都有，美國的嘻哈音樂、街舞文化深深感染年輕人，學界、政界、媒體界也常常言必稱美國。批評者稱所謂的全球化，其實是「美國化」，或乾脆名之為「麥當勞化」(McDonaldization)。這種文化的趨同性，讓一些以本地民族和文化自傲的

---

[6] 　此種現象被名為「競相下流」(race to the bottom)。

人們感到焦慮，如法國對法國文化的保護，對英語的敵視。即使是英國人也自認美國的流行文化是種文化侵略。而在台灣，接受或讚美美國文化者大有人在，如有反對美國牛肉進口，卻沒有反麥當勞化或反美運動。我們也常聽到有人說，台灣應該反省自己不自覺歧視外勞、外配的態度。

由上可見，全球化雖然號稱使世界差異縮小，日趨一致，但對人類平等的對待仍然有待進步。於此，我們要思索的是，全球化到底是種進步的力量，還是突顯了差異，也就是全球化和未全球化的差別。如 2011 年 9 月中美國紐約發生「占領華爾街」運動，抗議人士提出的「1% vs. 99%」口號，便是意圖彰顯在資本主義全球化下所造成之「貧者越貧，富者越富」、「贏家通吃」(winner-take-all)的不公義社會現象。當今所謂的「反全球化」分子，正提醒著我們應當反省，如何推升全球化下弱者的權益。

三、氣候變異

2007 年諾貝爾和平獎由美國前副總統高爾(Al Grore)和跨政府氣候變異研究小組(Intergovernmental Panel on Climate Change, IPCC)共享（代表受獎的是一位台灣出身的科學家郝慰民）。高爾的貢獻是積極奔走全球演講、宣揚和警告世人必須重視溫室效應和氣候變異的嚴重性。高爾演說集結成的紀錄片《不願面對的真相》(An Inconvenient Truth)，倍受好評。而 IPCC 則是聯合國下的聯合國環境署和世界氣象組織合組的科學家團隊，他們獲獎在 1994 年發表一份重要研究報告，首次證實了溫室效應(greenhouse effect)和人為地球暖化(global warming)的關連及其對氣候造成的影響。這是諾貝爾和平獎再次頒給非關國際政治和促進國際和平的個人和團體，突顯地球暖化的問題的嚴重性和難以解決。

為何會發生地球暖化問題？這必須由地球大氣層的生態自我均衡作用及溫室效應談起。地球因為有大氣層，讓太陽在白天照射的熱量不會在夜

晚時全部反射回太空,而保留部分的熱量在大氣層內,讓地表溫度不致於極熱、極冷。這個情況就是溫室效應,因為太陽輻射波長較短,可以完全透過大氣層,但地表反射的卻是長波,大氣層吸收長波的能力較佳,所以大氣層內可以維持一定的溫度。大氣層中吸收長波的氣體被稱為溫室氣體,如一氧化二氮、二氧化碳、甲烷、氟氯碳化物、臭氧、水氣等。這些氣體因為地球生態系統的自然平衡而保持一定的數量,所以大氣層的溫室效應氣體也就長期保持穩定,使地球的溫度維持穩定狀態。但人類三百年來的工業化文明,為了動力而燃燒煤炭、石油,產生大量的二氧化碳,已經使地球的均衡功能無法負荷。2007 年 2 月,IPCC 發表的報告指出,即使人為的溫室氣體不再增加,地球暖化的情況在數世紀內也不會停止(聯合國新聞,2007)。該報告還指出,自 18 世紀中葉以來,大氣中溫室氣體濃度增高是人類活動的結果,目前大氣中二氧化碳含量比工業革命前高35%,預估到了 2100 年,氣溫將很可能增加 1.8~4°C。

全球暖化會造成什麼危害?科學家認為最可能的害處是,氣候和天氣的極端、多變,如以往氣溫稍冷的歐洲、北美竟然在這幾年來紛紛出現熱浪;難得出現水災的東歐竟然發生洪水。台灣這幾年的暖冬和夏季最高溫度一直攀高的情況也是。在氣溫升高後,南北極的冰山、冰蓋和多處的冰河都融化,導致海平面上升。前述的 IPCC 報告更發出嚴重警訊說,北冰洋的海冰將在 21 世紀末葉融化消失,歐洲阿爾卑斯山冰河也會融化;地中海沿海區則會因為夏季的熱浪而幾乎無法居住;部分太平洋島國將被上升的海水淹沒;非洲和南亞等地乾旱區將會擴大,旱災更加嚴重;澳大利亞著名的大堡礁很可能將在數十年內滅亡。到 2080 年,將有 11~32 億人口遭受缺水之苦,飢餓人口將增加 2~6 億,其中非洲和孟加拉等貧窮國家將會受創最重(台灣環境資訊協會,2007)。

該怎麼辦?聯合國及國際間已對溫室氣體減量作了許多努力,如常被

當作冷媒的氟氯碳化物，因為破壞臭氧層嚴重，各國在 1987 年簽訂《蒙特婁議定書》決定逐年減量、研發替代品，最後在 1996 年禁用。至於溫室氣體減量，聯合國環境與發展大會在 1992 年也簽訂《聯合國氣候變遷架構公約》(United Nations Framework Convention on Climate Change, UNFCCC)，簽約國同意控制溫室氣體排放量。其中關於二氧化碳減量，各國另在 1997 年簽訂《京都議定書》(Kyoto Protocol)，以 1990 年的排放量為基準，2004 年 12 月開始減量。原本堅持不接受的澳洲在 2007 年 12 月 12 日批准。美國在小布希總統任內拒絕送交國會審議，形同不執行，繼任的歐巴馬總統，雖然面對國會的反對，但在 2009 年宣布將盡力在 2020 年將溫室氣體減少量達到 2005 年時的 17%的水準。2009 年 12 月間各國通過《聯合國氣候變化框架公約哥本哈根協議》(Copenhagen Accord)，同意保持全球平均溫度不高於前工業化時代溫度 2°C 的政治承諾，並由已發展國家在 2010~2012 年間籌資 300 億美元建立「哥本哈根綠色氣候基金」，以支持發展中國家對抗對氣候變遷。然而在 2012 年 12 月的框架公約第 18 次會談判中，日本、加拿大、俄羅斯和紐西蘭都宣布不加入《京都議定書》的第二次承諾期，而發展中國家和工業化國家間也對相互負擔的責任，看法不一。2016 年 11 月通過的《巴黎協議》，在《京都議定書》的基礎上，各國同意努力將氣溫升幅限制在工業化前水準加上 1.5 ℃內。但美國總統川普(Donald Trump)在 2017 年 6 月宣布美國將退出。相對的，中國大陸則宣示會堅定履行。

伍、台灣對外關係

1949 年國民政府來台，在美國的支持下，仍然保有聯合國常任理事國的席位。直到 1968 年尼克森(Richard M. Nixon)當選美國總統，美國的國

際戰略改成聯合中共以牽制蘇聯，我國才在 1971 年退出聯合國。此後，台灣的外交關係與兩岸關係就有密切的連動。舉例來說，大家都知道台灣曾經派出農耕隊，前往非洲和拉丁美洲國家協助當地居民，此舉實與中國在此區域的外交攻勢有所關係，才會派出農耕隊力圖「鞏固」邦誼。再如大家耳熟能詳的「金錢外交」、「金援外交」，其實是被媒體所污名化，也是台灣為了對抗中共的外交挖牆腳，所做對應策。只是當兩岸雙方都競以金援作為建交或維持邦交的手段時，任何一方得利，都不是絕對的得利：因為付出了高額的外援給目標國；而在外交爭奪戰失利一方的損失，更是「賠了夫人又折兵」，甚至還被目標國家譏笑和教訓說：「國際政治上沒有永遠的朋友！」[7]

一、台灣對外關係

民進黨政府 2016 年 5 月再執政後，聖多美普林西比、巴拿馬、多明尼加、布吉那法索、薩爾瓦多，先後在 2016 年 12 月、2017 年 6 月、2018 年 5 月初、5 月底、8 月下筍宣布與台斷交。截至 2018 年 8 月，和台灣有正式邦交的國家共有 17 國，如表 8-2 所示，大多位於中南美、大洋洲和非洲。[8]其中唯一的歐洲國家是羅馬天主教廷。教廷未與中共建交，還與台灣維持邦交的重要原因是，共產主義主張無神論，而中共也以主權為由，拒絕教廷對中國大陸各教區神職人員的派任，而自行派任。所以中共

---

[7] 外交部 2005 年 10 月 25 日發表聲明指，塞內加爾總統瓦德致函給陳水扁總統宣布與中國「復交」，並在函中表明「國家間沒有朋友，只有利益」。參見外交部網頁(http://www.mofa.gov.tw/News_Content.aspx?n=5028B03CED127255&s=07A61F449A3FF22C)

[8] 2013 年 11 月，位在非洲的甘比亞共和國宣布和台灣斷交，政府和甘比亞駐台大使同感訝異。由於馬英九總統在 2008 年上任後，對外政策採取「活路外交、兩岸休兵」原則後，未再發生與邦交國斷交事件，中國大陸外交部隨即表示，他們並未與甘比亞有任何接觸，「澄清」與台甘斷交無關。

和教廷長期以來都處於緊張關係，不過近年來中共態度有所軟化，教廷也不再堅持，雙方關係日益緩和，因此台灣媒體每隔一陣子就會報導「教廷與我關係可能生變」的消息。

■ **表8-2　迄2018年8月底台灣的17個邦交國**

地區	國名
亞太	帛琉共和國Republic of Palau
	吐瓦魯Tuvalu
	馬紹爾群島Republic of the Marshall Islands
	索羅門群島Solomon Islands
	吉里巴斯共和國Republic of Kiribati
	諾魯Republic of Nauru
拉丁美洲及加勒比海	瓜地馬拉共和國Republic of Guatemala
	巴拉圭共和國Republic of Paraguay
	聖文森St. Vincent and the Grenadines
	貝里斯Belize
	海地共和國Republic of Haiti
	尼加拉瓜共和國Republic of Nicaragua
	宏都拉斯共和國Republic of Honduras
	聖克里斯多福及尼維斯Saint Christopher and Nevis
	聖露西亞Saint Lucia
非洲	史瓦帝尼Eswatini
歐洲	教廷Holy See

資料來源： 中華民國外交部
(http://www.mofa.gov.tw/AlliesIndex.aspx?n=0757912EB2F1C601&sms=26470E539B6FA395)。

　　以近代建立的外交慣例來說，兩國建交會互設使館，派任大使，但台灣邦交國不多，和國際上重要的國家如美、日、英、法等維持如經濟、社會、文化等「非正式關係」，可說是台灣離開聯合國、陸續和其他國家斷交後，蔣經國、李登輝總統一脈相承的「務實外交」傳統。台灣以「台北經濟文化代表處（辦事處）」為駐外機構，其他國家也會設有對等機構，如美國的美國在台協會(American Institution of Taiwan, AIT)，日本是日本台灣交流協會，英國是英國貿易文化辦事處等。台灣派駐他國的外交官大多不會被給予外交特權如豁免權、通關禮遇等，但美國則給台灣外交人員有此特權。一般而言，台灣的外館除了外交部人員外，僑委會、經濟部、國防部、教育部多會派員，其他如情報、國安單位也會派員駐外。這些單位大多「合署辦公」，由外交部派駐的代表統合指揮。

　　除了正式和非正式外交關係，台灣也參加國際組織。國際上的國際組織繁如星辰，但多以主權國家為加入條件。台灣因中共「一個中國」的外交圍堵政策，而不被多數國家承認具有主權國家身分，所以無法加入，其中尤以與聯合國相關的國際組織最多，如國際勞工組織(International Labor Organization, ILO)、WHO、世界銀行等。不過，在不限於主權國家為成員身分者，台灣即有參加的空間。目前台灣以官方身分參加，具有正式會員資格(full member)的國際織組織，共有 37 個，多屬經濟性質。此外還有以「觀察員」(observer)、「仲（副）會員」(associate member)、準會員(corresponding member)、「合作非會員」(cooperating non-member)等[9]，形式參加。

---

[9] 可參見外交部網頁：
　　http://www.mofa.gov.tw/igo/cp.aspx?n=DED5DAB0D6C7BED6。

二、兩岸關係

　　台灣的對外關係和兩岸關係有密切關聯，甚至可以說兩岸關係決定了外交關係，原因就是中共堅持中華人民共和國(The People Republic of China, PRC)是代表中國的合法政府，台灣是中國的一部分，所以兩岸問題是中國內政問題。因此基於國際法上主權獨立、外國不干涉內政的原則，在多數國家與中共建交、中共參加多數國際組織的情況下，台灣的對外關係受到極大限制。台灣官方也一直想要突破困境，政策方向自「漢賊不兩立」、「彈性外交」、「務實外交」，一直更迭。但台灣官方仍然感到中共對台灣外交突圍的打壓，所以自 1990 年代之後一直小心翼翼地調整和定位兩岸關係基調，如被俗稱為「兩國論」的「特殊的國與國關係」、「一邊一國」等。

　　在第二次世界大戰後，原本是同一國家的地區因為美蘇對峙、劃分勢力範圍的原因而產生了分裂。如德國分為自由民主的西德和共產主義的東德，朝鮮半島也分成共產主義的北韓和親近美國的南韓，中南半島則有共產北越和親美的南越。中國則因為國民黨和共產黨的內戰，國民黨戰敗而輾轉遷移到台灣，形成今日所稱的兩岸關係。兩岸關係和東西德關係、南北韓關係間的差異是，東西德和南北韓都相互承認對方是主權獨立的國家，所以各自能和第三國建立外交關係，也都一起參加國際組織，同時「雙方」都抱持著將來會有統一之日的想法。但兩岸關係完全沒有這些特徵，而成為國際上獨一無二的例子。

三、兩岸關係的起點

　　在二次大戰期間蔣介石領導的中華民國政府在國際上代表中國，雖然國民政府在國共內戰後失去中國大陸，實際只控制台澎金馬，但在東西方冷戰對峙下美國對台灣的支持，戰後順理成章保住各個國際組織上的會

籍。不過，中共實際上控制中國大陸的事實令各國無法忽視，中共也一再強調中華民國已經在 1949 年 10 月 1 日後消失，取而代之的中華人民共和國是真正的新中國。國共雙方第一次的外交戰爭是 1951 年由各國為與日本簽訂和平條約而召開的舊金山和平會議。此時出現了由中華人民共和國參加，還是由中華民國參加的爭議，因為雙方都堅持代表中國，背後也各有美蘇兩大強國的支持。為了順利簽訂和約，最後妥協接受英國的提議，決議兩者都不參加，由日本日後自行決定和那方簽約。日本屬於美方陣營，也未與中共建交，國民政府外交部長葉公超挾著美國的支持，快速和日本舉行和約會議，在 1952 年 4 月 28 日簽訂《中日和約》。

《中日和約》還有一個插曲是引發所謂的「台灣地位未定論」。二次大戰末期的 1943 年 12 月 27 日，美中英首腦在埃及舉行「開羅會議」，會議後發布「開羅宣言」，對日本於戰爭期間獲取的土地在戰後處分的決議，有關台灣的原文如下：

All the territories Japan has stolen from the Chinese, such as Manchuria, **Formosa**, and **The Pescadores, shall be restored to the Republic of China**. Japan will also be expelled from all other territories which she has taken by violence and greed. The aforesaid three great powers, mindful of the enslavement of the people of Korea, are determined that in due course Korea shall become free and independent.

這段話的重點是，日本必須將自中國奪取的土地歸給中華民國(R.O.C.)而韓國則應自由及獨立。依過去台灣官方的解釋是，「開羅宣言」具有國際法性質，是台灣在戰後還給中華民國的依據。但主張「台灣地位未定論」者則認為，會議宣言不僅未經與會首腦簽字，事後也僅以美國國務院發布的新聞稿件出現，算不得有什麼國際法效力，其效力必須有正式條約來承

認，如前總統李登輝即在 2006 年說根本沒有所謂的「開羅宣言」。他們進一步主張，由於《舊金山和約》第二條 b 項只訂有「日本放棄對台灣及澎湖群島的一切權利、權利根據及要求」(Japan renounces all right, title and claim to Formosa and the Pescadores)，沒有寫要將台灣歸還給中華民國。但對韓國則如「開羅宣言」所言，明訂必須使其獨立的文字。而中華民國和日本單獨訂定的《中日和約》同樣再重述前述文字，1978 年中華人民共和國和日本再簽訂的《中日和約》也沒提及台灣誰屬，而在中共的壓力下，日本還補上一句「日本已經放棄對台灣的主權，所以對台灣的歸屬，無法置喙」。因此他們認為，在國際法上台灣的地位既未被確定，依民族自決的原則即可由台灣人民自己決定前途，成為台灣獨立的國際法根據。

但歷史學者林滿紅(2008)則認為台灣地位已在 1952 年《中日和約》中確定了，因為《中日和約》第 10 條規定，和約生效後，「中華民國國民」包括：（一）台、澎既有居民及其後裔；（二）1949 年後從大陸移住台、澎，且具中國國籍者及其後裔。她據此推論若台、澎不為中華民國領土，則原來是日本國民的台灣人如何成為中華民國國民。所以《中日和約》雖未明定日本將台、澎放棄給誰，但由前述條文可知日本放棄的對象是中華民國。馬英九總統上任後以此主張台灣地位已經確定，還曾迫使數次在公開場合主張台灣地位未定的日本駐台代表齋藤正樹於 2010 年底去職。

無論如何，中華民國只控制台澎金馬，而中共實質控制中國大陸的事實讓各國無法忽視。1971 年美國在聯合國提出「中國雙重代表」案，國民政府雖然認為違反其「漢賊不兩立」主張，但若被通過也還能保留席位，也就默然接受。無奈情勢比人強，該案遭到否決，中華民國駐聯合國大使周書楷搶先在大會宣布「中華民國退出聯合國」，接著聯合國大會 2758 號決議，通過由阿爾巴尼亞等 23 國提出的「恢復中華人民共和國在聯合國組織中的合法權利」案「承認中華人民共和國政府的代表是中國在聯合國

組織的唯一合法代表」、「把蔣介石的代表從它在聯合國組織及其所屬一切機構中所非法占據的席位上驅逐出去」。[10]國民政府稱此為「排我納匪」，中共的說法則是「中華民國被逐出聯合國」。

四、美中三公報和台灣關係法

1970 年代的冷戰氣氛降低，美蘇逐漸和解，中共也以「乒乓外交」走出國際孤立，但卻是台灣外交受挫的年代。首先美國國務卿季辛吉(Henry A. Kissinger)密訪中國，接著總統尼克森於 1972 年 2 月 28 日訪問中共、簽訂《上海聯合公報》、1978 年 12 月卡特(Jimmy Carter)總統宣布美中已協訂《建交公報》，1979 年 1 月 1 日起生效，和中共建交。當時台灣民眾驚惶失措，大批民眾辦理移民美、加、澳的情況，只有後來 1997 年香港主權移交給中共時可比。在此緊急關頭下，國民政府「動員」美國國會親台派議員提出法案，在 4 月通過《台灣關係法》(Taiwan Relations Act)，設法讓美國政府有和台灣維持斷交後關係的法源。其中最重要的規定是繼續提供台灣防禦性武器，而當台灣受到威脅時，美國政府將會採取「適當行動」。《台灣關係法》引起中共不滿，思考如何反擊，結果素來和台灣友好的美國總統雷根(Ronald W. Regan)於 1982 年訪問中國並簽訂《八一七公報》，美國承諾「一段時間」後將停止對台軍售。

在美中三公報中，美國由《上海公報》的「認知(acknowledges)一個中國」[11]，到《建交公報》之「承認(recognizes)中華人民共和國是代表中

---

[10] 全文參見聯合國網頁：https://www.un.org/chinese/ga/ares2758.html。

[11] 中文原文是「美國方面聲明：美國認識到，在臺灣海峽兩邊的所有中國人都認為只有一個中國，臺灣是中國的一部分。美國政府對這一立場不提出異議。它重申它對由中國人自己和平解決臺灣問題的關心。」參見美國在台協會網頁：https://www.ait.org.tw/zhtw/our-relationship-zh/policy-history-zh/key-u-s-foreign-policy-documents-region-zh/u-s-prc-joint-communique-1972-zh/。

國的唯一合法政府」[12]，到《八一七公報》同意「逐年降低對台軍售的質量」，顯示美國對台的支持逐次降低。美國的兩岸關係立場是以「美國利益」為優先，而不是台灣的利益，如《上海公報》中有「和平地解決台灣問題，是符合美國的利益」；《台灣關係法》中也載有「總統如遇台灣人民的安全或社會經濟制度遭受威脅，因而危及美國利益時，應迅速通知國會」。不過，《八一七公報》實行的結果，也不如中共所願，如 1992 年美國老布希(George Bush)政府同意出售 150 架 F-16A/B 型戰鬥機給台灣，引起中共抗議美國違反公報協議。但美國認為出售的機型是最舊的，且屬於「防衛型」武器，不是「攻擊型武器」。後來的「紀德艦」也是以相同的理由賣給台灣。不過，出售「神盾級」軍艦則因為涉及反飛彈的「戰區防禦系統」(Theater Missile Defense, TMD)擴及台灣，而受到中共強烈抗議，迄今尚無下文。由此可見，美國自有一套詮釋其利益的看法。

五、1990 年代後的兩岸關係

1980 年代的三公報是美國對兩岸問題解決的官方態度，其中最重要的是「一個中國」及「和平解決」。而中共在文化大革命後，於 1980 年代開始展現較不敵視台灣的立場，在「世界上只有一個中國，台灣是中國的一部分，中華人民共和國是中國的唯一合法政府」的基調上，頻頻放出「和平統一」、「一國兩制」的「示好」政策。台灣表面上不為所動，但大陸政策則悄悄由「反攻大陸」改為「三民主義統一中國」。兩岸各說各話情況直到 1980 年代末期才有所改變。李登輝總統於 1991 年初成立「國家統一委員會」，在兩岸統一的前提下提出《國家統一綱領》，規劃出近程交流、

---

[12] 中文原文是「美利堅合眾國承認中華人民共和國政府是中國的唯一合法政府。在此範圍內，美國人民將同臺灣人民保持文化、商務和其他非官方關係。」參見美國在台協會網頁：https://www.ait.org.tw/zhtw/our-relationship-zh/policy-history-zh/key-u-s-foreign-policy-documents-region-zh/u-s-prc-joint-communique-1979-zh/。

中程建立互信合作，遠程協商統一的三階段，並具體提出各階段要完成的事項，是台灣官方有始以來最確定的兩岸關係政策指導原則。在此原則下，行政院內成立大陸事務委員會，負責執行大陸政策，並成立名為民間團體，實具官方性質的「海峽交流基金會」，與大陸對口單位「海峽交流協會」展開實際對話，由首任海基會董事長辜振甫和首任海協會長汪道涵領銜協商，因此被稱為「辜汪會談」。

九二共識

　　1992 年 11 月台灣的海基會與中國大陸的海協會於香港進行事務協商。雙方就「一個中國」原則內涵討論時，海基會提出「雙方均堅持一個中國原則，但一個中國的涵義，認知各有不同」。海協會則主張「在事務性會談中只要表明堅持一個中國原則即可，不討論其政治意涵」，所以可以同意海基會建議各自口頭表述。「九二共識」一詞後由國民黨兩岸文膽蘇起提出，意指前述兩會在 1992 年會談時所達成的共識，即「一個中國，各自表述」。但前總統李登輝、陳水扁和當時的陸委會主委黃昆輝後來都不認為有「九二共識」。陳水扁更認為「九二共識」是兩岸對「兩岸之間『沒有共識』的共識」。直到目前，民進黨仍然主張沒有「九二共識」，國民黨和共產黨則主張有，其關鍵在於民進黨認為台灣是主權獨立的國家，不接受中共的「一個中國」。

　　兩岸間的友善互動並沒因為辜汪會談而持續，一方面因為中共繼續在國際上採取外交戰和圍堵戰，李登輝總統則以「務實外交」爭取非邦交國，以外交援助爭取建交作為對抗。在此背景下，兩岸關係出現緊張也就不足為奇。1991 年李登輝總統提出「以中國大陸為台灣經濟腹地」的說法，間接鼓勵了台商投資中國大陸，但台灣官方隨後發現不對，因為資金、技術和人材不斷地輸出到對岸。為了分擔投資風險，經濟相關單位適

時提出「南向政策」，鼓勵並支持台商到東南亞投資。但台灣官方認為成效不大，李登輝總統遂在 1996 年 9 月提出「戒急用忍」原則，限制台商對大陸投資。

然而兩岸交惡早在 1993 年，李登輝總統發表「階段性的兩個中國」，認為現狀就是兩岸分治。但中共認為台灣不認同統一目標，採取文攻武嚇策略。台灣坊間開始出現一些書籍，以假設性的口吻說兩岸交惡，將使中共武力犯台，其中最著名的就是聲稱中共解放軍將要犯台的《一九九五閏八月》一書了。雖然事後並未發生，但 1995 年倒真成了兩岸關係最低迷的一年，因為該年 6 月李登輝總統突破中共對美國的壓力，成功以私人身分訪問美國，在其母校康乃爾大學發表「民之所欲，長在我心」演講。演講中指台灣是「主權獨立」政治實體的說法，讓中共將其定位為「獨台」，「必須觀其言、聽其行」。之後台灣國民大會修憲，通過總統由台澎金馬地區民眾直接選舉，也引起素為對台鷹派的中共解放軍不滿，導致 1995 年 7 月和 11 月將導彈發射到高雄南方和基隆北方海面的兩次導彈危機。

1996 年李登輝順利連任當選首屆直接民選總統，翌年接連發表「一個分治的中國」、兩岸是「特殊國與國關係」（俗稱兩國論），已經不再將中共定位為「叛亂團體」，並主張台灣不是地方政府。中共對此則強烈反彈，指李登輝總統已經不只是「獨台」，而是「台獨」了。兩岸的緊張關係，使中共要求美國表態，如 1999 年 9 月，中共國家主席江澤民訪美，美國總統柯林頓(Bill Cliton)說「兩國論」已經帶給中國和美國雙方「更多困難」。但柯林頓也說，若中國（對台灣）訴諸武力，會對美國「造成嚴重後果」。「我們將繼續維持尼克森總統以來採行的政策，這個政策有三大支柱，即一個中國、和平解決台灣問題和兩岸對話」（聯合報，1999）。

六、民進黨和國民黨的統獨立場

　　一般多認為國民黨主張統一，民進黨主張台獨。然而，當前台灣已歷經民進黨和國民黨的執政，台灣和中國大陸之間，在民進黨執政時，沒有宣布獨立；在國民黨執政後，也沒有宣布立即統一。兩大政黨的兩岸政策看來並不是統獨兩分法即可區別，身為選民的我們有必要思辯兩黨的兩岸政策有何區別。

（一）民進黨的兩岸主張

　　「台灣獨立」是民進黨中不可忽視的聲音，但陳水扁總統當選前的 1999 年，黨內即通過《台灣前途決議文》，主張台灣已是主權獨立國家，國號為中華民國，不須再建立「台灣共和國」，藉此緩和黨內台獨力量，訴求「第三條路」。陳水扁並在 2000 年 5 月 20 日的就職演說中說：「只要中共無意對台動武，本人保證在任期之內，不會宣布獨立，不會更改國號，不會推動兩國論入憲，不會推動改變現狀的統獨公投，也沒有廢除國統綱領與國統會的問題」的「四不一沒有」主張，以緩和中共和美國的疑慮。

　　同年年底他更進一步打破李登輝時期的「戒急用忍」對大陸投資政策，改以「積極開放，有效管理」，放寬對大陸投資的政策方針。此政策受到台商歡迎，但引起李登輝和主張「台灣優先」之團體、媒體和人士的不滿，批判將造成「錢前大陸、債留台灣」的惡果。但民進黨政府仍然持續開放與大陸交流，如以金門作為兩岸三通口岸，稱為「小三通」。但在 2002 年 11 月，陳水扁透過視訊對在東京召開年會的「世界台灣同鄉會」演講時說：「台灣不是別人的一部分；不是別人的地方政府、別人的一省，台灣也不能成為第二個香港、澳門，因為台灣是一個主權獨立的國家。簡言之，台灣跟對岸中國一邊一國，要分清楚。」

　　「一邊一國」的主張當然引起中共不滿，而寄望 2004 年總統大選，國民黨能奪回政權，重啟國共和談。而以胡錦濤、溫家寶為首的中共新領導班子於 2003 年中接班，在穩定內部後也開始重新調整對台政策，被認為是「軟的更軟，硬的更硬」。軟的部分是趁國民黨主席連戰赴大陸訪問時，宣布給予台商多項利多，如台灣農產品進口免關稅。而民進黨政府選後也採取不談地位、只談實際的務實立場，委派民間業者在澳門和中國大陸業者協會談妥；2005 年 2 月更實現前所未有的兩岸包機直航。然而，胡溫體制對台強硬的部分是於 2005 年 3 月由全國人大通過《反分裂法》，除重申中共固有立場，如台灣問題是中國內政問題，主張加強交流和一國兩制外，更重要的是將不放棄武力犯台明文化。《反分裂法》不僅造成美國緊張，也引起不少台灣人民反感。結果海峽兩岸關係越來越緊張。陳水扁在 2006 年 2 月底宣布國統綱領「終止適用」(cease to apply)回應，2007 年 3 月出席台灣人公共事務會(FAPA)25 週年慶時發表「四要一沒有」，主張「台灣要獨立，台灣要正名，台灣要新憲，台灣要發展；台灣沒有左右路線，只有統獨的問題。」

　　由上述的主張和時間來看，在 2000 年總統大選之前，在野的民進黨兩岸政策論述隨著選舉的迫近，越來越較不強調台獨主張。執政的 2000 年和 2004 年選後初期，也都不強調台獨主張而重視事務性工作。但在執政後期，則越來越凸顯台灣獨立論述，中國大陸自然也高調反應。2008 年民進黨在總統選舉中落敗，民進黨主席蔡英文在 2012 年成為總統參選人。蔡英文 1999 年曾擔任李登輝總統「兩國論」研究小組的負責人。其在台灣和中國大陸是不同的國家的立場上，似乎毫無疑問。然而，在成為民進黨總統候選人後，對兩岸政策的說法則是「不排除在不預設政治前提下，與中國進行直接並實質的對話」、「民進黨若再重返執政，會延續前朝政策，不會橫柴入灶」，對於《兩岸經濟合作架構協議》(Economic

Cooperation Framework Agreement, ECFA)存廢與否也不至於進行公投。以上似乎顯示，在野的民進黨在選前，兩岸政策走向較淡的台獨色彩。民進黨的兩岸政策和選舉期程似有密切關係。

2012 年總統敗選後，兩岸政策被認為是民進黨最大的「罩門」。民進黨因而在 2013 年 5 月至 12 月間召開接連召開 4 次中國事務委員會、九次對中政策擴大會議。2014 年 1 月發表《對中政策檢討紀要》。認為民進黨1999 年提出《台灣前途決議文》已為多數台灣人民接受；強調台灣與中國的關係定位，必須尊重台灣住民的意志與決定；兩岸交流不得傷害台灣主權及安全；兩岸協商應謹守民主程序與資訊透明原則、應制定《兩岸協議監督條例》（童振源、李曉莊主編，2015：301-314）[13]。再次成為民進黨總統候選人的蔡英文，毫無意外地贏得 2016 年的總統大選。她在選前的電視政見發表會中強調「維持現狀，以確保台灣人民的選擇權」、「根據中華民國現行憲政體制，並且基於民主原則，在最大的民意基礎上，來推動兩岸政策」。至於「九二共識」，她認為是國民黨創造出來的，即使國民黨內也有不同的「版本」，但「民進黨沒有否認 1992 年兩岸會談的歷史事實」（中國時報，2015）。而在 2016 年 5 月 20 的就職演說中，她指出會尊重 1992 年兩岸兩會秉持相互諒解、求同存異的政治思維，溝通協商達成若干共同認知與諒解的「歷史事實」，並再次強調兩岸要在四個既有的事實與政治基礎上，持續推動兩岸關係和平穩定發展：一、1992 年兩岸兩會會談的歷史事實與求同存異的共同認知；二、中華民國現行憲政體制；三、兩岸過去 20 多年來協商和交流互動的成果；四、台灣民主原則及普遍民意（自由時報，2016）。不過，中共認為民進黨政府「沒有完成考卷」，仍然要求台灣須承認、遵守「九二共識」。但蔡英文總統一直沒有公開承認，行政院長賴清德則公開表示他是務實台獨工作者。

---

[13] 詳見民進黨網頁：http://www.dpp.org.tw/upload/policy/20140425172302_link.pdf

（二）國民黨的兩岸政策主張

國民黨的兩岸政策主張在 2000 年下台之前，應以李登輝前總統的言論為代表。但 2001 年後，李氏與國民黨分道揚鑣，其兩岸關係論述自然無法再代表國民黨。當時接任黨主席的連戰提出「階段性邦聯制」的說法，有別於先前李氏的「特殊國與國關係」，意味著兩岸未來仍有統一的時間和機會。但是未來如何發展，眾人並不知道。國民黨的立場只有在掌握總統大位後，才有可能實現。2008 年第 12 任總統大選，國民黨推出馬英九和蕭萬長搭檔競選。蕭萬長在 2000 年國民黨下野後即自行推廣「兩岸共同市場」理念，希望兩岸間貿易可以達到「零關稅」，同時也能使大陸廣大市場為台灣企業和人才所用。在兩岸經濟上，馬英九依賴蕭萬長的理念，在兩岸政治方面，馬英九在 2005 年 12 月初，以國民黨主席身分對美國雜誌《新聞週刊》表示，國民黨的終極目標是統一，但仍然沒有時間表。此種說法被稱為「終極統一論」。之後他一再於受訪時不斷表達相同言論，不過，也強調訪問當時的兩岸情況都還未準備好統一，也沒有相關條件。因此，兩岸必須建立相關架構，促進兩岸交流正常化，相互充分了解後，在時間成熟時，由兩岸人民決定是否統一。

以馬英九為主的國民黨兩岸政策主張雖然是「終極統一」，但目前的進行式則是維持兩岸現狀，且是強化兩岸交流和互助的現狀。具體的政策原則是，馬英九在 2008 年 3 月當選之後一再強調的兩岸「新三不政策」：在中華民國憲法的架構下，維持不統、不獨、不武的現狀。「不統」是任內不談統一，「不獨」是任內不推動台灣獨立，「不武」是不使用武力解決兩岸的爭端，同時也在中華民國憲法的架構下（增修條文前言有「為因應國家統一前之需要」用詞），實踐 1992 年「一中各表」共識。

2008 年國民黨執政後，迄 2014 年 3 月止，兩岸兩會已經進行 10 次會談，其中還包括兩岸之間簽訂的 ECFA、《兩岸服務貿易協議》（簡稱《服

貿》)。《服貿》的簽訂引起眾多民間團體質疑，認為對中國大陸開放投資服務業將造成台灣國家安全、就業機會減少的威脅。但政府則主張《服貿》也相對讓中國大陸開放台灣投資對岸的服務業，而服務業正是台灣的強項，對台灣業者是利多政策。不過，公民團體則強烈抨擊中國大陸對台的開放多有限制，且政府欲強行由立法院「備查」完成行政程序，使整個《服貿》有如「黑箱作業」，故而發動「占領立法院」運動，發生「太陽花學運」。學運之後，政府同意公民團體要求，提出《兩岸協議監督條例》草案，在立法院中和民間版草案一同審查。而 2016 年 6 月時，再執政的民進黨政府宣布撤回前行政院版的草案，但民進黨版草案沿用「兩岸為兩區」、「協議文本備查猶會發生 30 秒審查」、「對公民參與審查攏統規定」、未列「影響主權議題者不可談」，飽受參與「反服貿」的民間團體批評。

兩岸之間的交流越來越頻繁，層級也由民間升級到官方，如在國民黨執政的 2014 年 2 月，行政院陸委會主委王郁琦前往北京和中共國台辦主任張志軍會談，張志軍則於 6 月回訪台灣，是兩岸分治以來，首次的兩岸中央層級現任官員會談。此後，當時的民進黨籍地方首長如高雄市陳菊、台南市長賴清德也都曾前往中國大陸訪問或促銷。而 2015 年 11 月 7 日，即將卸任的總統馬英九與中國國家主席習近平在新加坡舉行的「馬習會」，更是兩岸分治以來首次的領導人會談，成為全球矚目新聞。在會中，馬英九提出包括「鞏固九二共識，維護和平現狀」的五點宣言[14]。

兩岸之間由敵對到交往，以及歷經傾向獨立和統一的民進黨和國民黨輪流執政，已經模糊台灣民眾的統獨態度。表 8-3 是陸委會歷年對台灣民眾的統獨立場調查，其中可見「終極獨立論」越來越高，「終極統一論」

---

[14] 全文詳見行政院大陸委員會《總統出席「兩岸領導人會面」》：
http://www.mac.gov.tw/ct.asp?xItem=113539&ctNode=5628&mp=1&xq_xCat=2015。

則越來越低，但主張維持現狀無論是在 1990 年代，或是 2008 年之後，甚至目前，都是約占 8 成的主流民意。所以，傾向台灣獨立的前總統陳水扁曾公開宣示任內不會宣布台灣獨立，傾向統一的前總統馬英九也曾表示在任內不會統一。然而兩岸維持的現狀是什麼？會維持多久？目前沒有答案，蔡英文在總統大選辯論時也說，她主張的「現狀」和馬英九「現狀」有所差異，因此「維持現狀」也處於「一個現狀，各自表述」的狀況。不過，可以確定的是，一到台灣的中央級選舉，統獨問題總是兩岸的焦點議題。

■ 表8-3　行政院陸委會對台灣民眾統獨立場調查，%

選項／調查時間	1996 年 8月	2001 年 3月	2006 年 3月	2011 年 5月	2012 年 3月	2016 年 3月	2017 年 6月	2018 年 8月
儘快宣布獨立	6.3	5.6	4.7	6.6	6.1	6.5	7.0	4.1
維持現狀以後走向獨立	9.9	12.2	15.3	19.2	15.7	19.8	14.3	13.5
永遠維持現狀	19.3	16.7	21.2	27.2	29.9	25.6	26.0	23.2
維持現狀，看情形再決定獨立或統一	34.1	37.5	41.5	32.6	32.4	31.8	30.5	36.4
維持現狀以後走向統一	22.0	21.4	10.6	9.4	8.2	8.6	10.1	12.6
儘快統一	4.8	3.0	1.1	0.8	1.5	1.1	3.5	4.5
不知道／無意見	3.6	3.6	5.6	4.2	–		8.4	5.6

資料來源：整理自行政院大陸委員會「民眾對當前兩岸關係之看法」民意調查：
https://www.mac.gov.tw/News.aspx?n=34D9690F2F8BCE53&sms=B5449820D7077
391。2018/8/10。

陸、結語

　　當前的國際關係熱門議題除了戰爭與和平外，因為全球化而產生的諸種問題如地球暖化、國際經貿發展等也受到人們的重視。如何解決問題？又涉及到國家間貧富不均的問題，如經濟發達國家使用能源多，造成地球暖化也應負較多責任，但當前卻是地球上所有國家一起承擔後果，包括廣大的貧窮國家。而貧窮國家在追求經濟發展時，又常以低度的環保標準吸引先進國家高度污染的外資，也造成經濟發展和環境保護的兩難困境。已發展國家對發展中國家的環保要求也引起「過河拆橋」的批評。身在台灣的我們該如何面對這種種的問題？如何對國際社會做出獻？除了抽象的理想外，更必須多幾分實際可行的行動方案。

　　而在所有國際關係中，影響台灣最深的就是兩岸關係了。以 2010 年馬英九總統和民進黨主席蔡英文就 ECFA 的辯論來說[15]，雙方都認知到經濟發展對台灣的重要性，但台灣和中國大陸間的經貿往來和投資日益數量龐大，即使民進黨執政也無法降低兩岸經貿往來。因此國民黨主張和中國大陸簽訂 ECFA 才能增加出口到大陸、保障台商在大陸的投資，才能讓台灣經濟創造新的黃金十年。但民進黨則認為，國民黨是走向中國，再和中國走向世界，但他們主張台灣應走向世界，再和著世界一起走向中國。不過，雙方可能都有盲點，國民黨主張和中國大陸先不談政治矛盾，如外交休兵、活路外交，要趁中國大陸經濟發展之機，讓台灣搭上順風車。但這卻無可避免地讓各國認為台灣和中國大陸在統一或政治立場上一致，如2006 年 2 月英國 BBC 新聞節目專訪馬英九時稱，其立場和北京一致，又如 2011 年 5 月德國南德日報詢問馬英九總統有關兩岸是否已要統一；

---

[15] 辯論文字資訊可見主辦單位公共電視網頁：http://talk.news.pts.org.tw/2010/04/ecfa-ecfa-ecfa-ecfaecfa-ecfa26950ecfa.html。

2011 年 6 月，英國 BBC 記者質問馬英九總統，台灣經濟是否太過依賴中國大陸而危及自主性。2016 年 5 月，民進黨政府上任前後，中國觀光客來銳減，引起台灣觀光業者的恐慌，可為一例。而民進黨主張台灣應以主權國家的地位和中國大陸交往，但無可避免地會遭受中國大陸的反對，無法和世界一同走進中國，卻又認知到全球化及中國大陸崛起下的兩岸經濟關係日益密切，無法背對中國大陸。因此，再執政後，一方面宣布會持續兩岸交流，但也提出分散中國風險的「新南向政策」，鼓勵台商前進東南亞。

　中國大陸在政治和經濟上是「和平崛起」，還是「威脅崛起」？是會威脅世界和平，還是成為世界經濟發展的火車頭？台灣會不會被吸入這個被部分人稱之為「經濟黑洞」的經濟體？如英國投資銀行巴克萊在 2014 年 6 月發布《哈囉中國、再見台灣》報告書所言，台灣在高科技產業的優勢不只已被中國大陸相關產業超越，甚至已被取代（吳凱琳，2014）！在 2015 年，中國提出《十三五規劃》、《中國製造 2025》、宣布全力提升「紅色供應鏈」，更引起台灣半導體、電子、資訊訊業者深深危機感。在如此大國旁邊的台灣，實應深深思考因應對策。

問題與討論

1. 為什麼會發生戰爭？兩岸間會否發生戰爭？美國或日本會派兵協助台灣嗎？你的答案和推論依據是什麼？

2. 經濟全球化是「叢林法則」嗎？台灣在經濟全球化中處於怎樣的位置？

3. 面對全球氣候變異，你認為世界各國該如何合作？

4. 對於兩岸關係，你的主張是統一、獨立或維持現狀？為什麼？

5. 中國大陸在兩岸間的各種協議中，都有對台灣放權讓利的示好措施，您認為這會增進台灣民眾對中國大陸的好感嗎？

參考書目

Hirst, P., & Thompson, G.著（2005）。**全球化迷思**。台北：群學。

Friedman, T. L.著（2005）。**世界是平的**。台北：雅言文化。

大前研一（1993）。**無國界的世界**。台北：聯經。

尼古拉‧史登(Nicholas Stern)，鄭麗文譯（2009）。**全球新政：氣候變遷下的世界經濟改造計畫**。台北：如果。

林文斌、陳尚懋（2010）。全球化的發展與爭辯，收於明居正主編，**國際關係綜論**。台北：晶典文化，頁 551－569。

林滿紅（2008）。**獵巫、叫魂與認同危機－台灣定位新論**。台北：黎明文化。

張亞中主編（2004）。**國際關係與現勢**。台北：晶典文化。

陳隆志、陳文賢編（2008）。**聯合國：體制、功能與發展**。台北：新學林。

童振源、李曉莊主編（2015）。面對：民進黨菁英的兩岸未來。台北：時報文化。

聯合報（1999 年 9 月 12 日）。柯林頓認為「兩國論」給情勢帶來更多困難。**聯合報，2**。

聯合報（2007 年 11 月 30 日）。邦交國有幾個？六成學生答對。**聯合報，C4**。

網站

中國時報（2015 年 12 月 25 日），蔡英文談兩岸政策：回歸九二兩岸精神，取自 http://www.chinatimes.com/realtimenews/20151225005433-260407。2015/12/25。

台灣環境資訊協會（2011 月 5 月 24 日）。聯合國權威報告：人類導致全球暖化證據確鑿。台灣環境資訊協會，取自 http://e-info.org.tw/node/19423。2011/5/24。

自由時報（2016 年 5 月 21 日）。《520 就職演說全文》蔡英文：願與對岸持續對談，取自 http://news.ltn.com.tw/news/politics/breakingnews/1702617。

吳凱琳（2014）。台灣，再見？外資巴克萊：台灣科技優勢將被中國取代。**天下雜誌**，取自 http://www.cw.com.tw/article/article.action?id=5059391。2014/6/27。

蘋果日報（2015）。學生國際觀調查　77%認為中國對台經貿發展重要。**蘋果日報**，取自 http://www.appledaily.com.tw/realtimenews/article/new/20151006/705775/。2015/10/6。

遠見雜誌，（2013）。從前登陸像成吉思汗，現在台青登陸是白骨精。**遠見雜誌**，取自 http://www.gvm.com.tw/Boardcontent_22051.html。2013/3。

聯合國新聞（2011）。聯合國：人類導致氣候變暖證據毋庸置疑。**聯合國新聞**，取自 http://www.un.org/chinese/News/fullstorynews.asp?newsID=7230。2011/5/25。

聯合報（2011年11月23日）。金車國際觀調查／逾半台生：日本對台最友善。**聯合報**，取自 http://mag.udn.com/mag/newsstand/storypage.jsp?f_ART_ID=355863。2011/11/23。

New Wun Ching Developmental Publishing Co., Ltd.

New Age · New Choice · The Best Selected Educational Publications — NEW WCDP

新文京開發出版股份有限公司
NEW
WCDP 新世紀·新視野·新文京 — 精選教科書·考試用書·專業參考書